HISTOIRE
METALLIQVE
DE LA
REPVBLIQVE
DE
HOLLANDE
PAR M. BIZOT

HISTOIRE METALLIQUE

DE
LA REPUBLIQUE
DE HOLLANDE.

Par Mr BIZOT.

A PARIS,

Chez DANIEL HORTHEMELS Libraire, ruë faint
Jacques, au Mécenas.

M. DC. LXXXVII.

AVEC PRIVILEGE DU ROY.

A MONSEIGNEUR
LE MARQUIS
DE SEIGNELAY
CONSEILLER DU ROY
EN TOUS SES CONSEILS,
SECRETAIRE D'ESTAT
ET DES COMMANDEMENS DE SA MAJESTE'.

*M*ONSEIGNEVR,

*N*OVS voyons peu d'Histoires qui dans l'espace de six vingts ans renferment autant de choses memorables que celle de la Republique de Hollande;

EPISTRE.

elle contient d'étranges revolutions , & tout ce que
l'amour de la liberté eſt capable de faire entreprendre aux hommes : mais de tous les evenemens qui la
compoſent , il n'y en a pas de plus extraordinaire
que la rapidité des Conquêtes de LOUIS LE
GRAND & le prodigieux ſuccés de ſes Armes :
on ſçait combien y contribuerent les ſoins de feu
Monſeigneur vôtre Pere , & avec quelle conduite
il pourvût à la ſubſiſtance des Armées. Cette Guerre
ne l'empécha point de faire fleurir en France les
beaux Arts : celuy de graver les Medailles qu'on avoit
negligé , luy eſt redevable de ſon rétabliſſement ; il
remplit le Cabinet du Roy des Quarrez & des Poin-
çons de l'Hiſtoire Metallique de France qui étoient
diſperſez , dont j'eus l'honneur de faire la recherche
ſous ſes ordres , & comme s'il n'eût pas ſuffi pour
ſon Zele que les victoires de Sa Majeſté euſſent été
écrites par les meilleures plumes , il en fit faire des
Medailles ſur toutes ſortes de metaux , afin qu'elles
fuſſent un jour l'admiration de la poſterité. Vous
avez , MONSEIGNEUR , le même zele pour la
gloire de nôtre Prince ; on voit revivre en Vous
cette genereuſe fermeté que donne une vertu ſolide;
cette application infatigable & les autres qualitez
qui ont rendu vôtre illuſtre Pere le parfait modele
d'un homme d'Eſtat ; cet éloge eſt dû à ſa memoire,
& ſi la gloire du Regne fait ordinairement celle du

Miniſtere

Ministere , il faut avoüer qu'il a été un Ministre accomply , puisque son Maitre est l'amour de ses peuples , la terreur de ses ennemis , l'appuy de ses alliez & le protecteur des Loix , des Arts & des Sciences. On peut dire , MONSEIGNEUR , que Vous avez succedé de tres-bonne heure aux vertus paternelles , & que l'on a toûjours reconnu en Vous une force de genie qui devançoit vos années ; En effet le succés de l'entreprise de Genes que le Roy Vous confia & qui a fait tant de bruit dans l'Europe , ne doit-il pas être mis au rang des plus celebres évenemens de nôtre siecle : Vous passâtes tout d'un coup de la Theorie du Cabinet à l'execution de ses plus hardies resolutions : les Ordres que Vous don-nâtes en cette occasion ont marqué une experience consommée ; Vous punites l'insolence d'une Ville su-perbe , elle fut foudroyée & les ruines de ses Pa-lais seront longtemps les funestes monumens du ju-ste ressentiment de nôtre Invincible Monarque ; sans la soûmission de ces orgueilleux humiliez , Vous leur auriez encore appris à respecter la plus redoutable Puissance de la terre. La prudence & la vigueur que Vous témoignâtes , MONSEIGNEUR , en cette action & la capacité que Vous faites paroître dans le maniement de tant d'affaires importantes , montrent que le Ciel vous a enrichi de ces talens singuliers , qu'il ne donne qu'aux personnes qu'il

EPISTRE.

deſtine aux premiers Emplois ; Ainſi , Mon-
Seigneur, *comme l'on voit en l'Hiſtoire Metallique de Hollande tous les differens caraĉteres
des vertus , je ne ſçaurois la mieux preſenter qu'à
Vous qui poſſedez ce qu'il y a de plus pur & de
plus ſublime dans la Morale & dans la Politique;
elle Vous appartient même par des titres bien legi-
times , puis que Monſeigneur vôtre Pere m'avoit
permis de luy offrir cet Ouvrage , & que Vous
avez la bonté de me continuer la même proteĉtion
dont il avoit bien voulu m'honorer : Ie Vous ſupplie
donc d'agréer ce foible témoignage de ma reconnoiſ-
ſance , & de croire que je ſuis avec un profond
reſpeĉt ,*

MONSEIGNEVR,

Vôtre tres-humble &
tres-obéïſſant Servi-
teur , BIZOT.

AVERTISSEMENT.

OUTES les Medailles sont Antiques ou Modernes ; les Antiques sont comprises sous les noms d'Hebraïques, de Greques, de Romaines, de Puniques & de Gotiques : je ne parleray dans cet Avertissement que des Greques, des Romaines & des Gotiques. Les Greques sont anciennes; nous en avons d'Archelaus, d'Amintas, de Philippes & d'Alexandre le Grand Rois de Macedoine ; les Romaines se divisent en Consulaires & en Imperiales ; les Consulaires n'ont paru que quatre cens quatre-vingts quatre ans aprés la fondation de Rome , & les belles Imperiales ne passent point l'Empereur Heraclius. Les Gotiques sont partie des Imperiales ; on les appelle ainsi , parce qu'elles ont été faites du temps des Gots & dans la décadence de l'Empire : elles se ressentent de l'ignorance de leurs siecles , où les Barbares avoient banny des Provinces, civilisées les Arts & les Sciences. A l'égard des Modernes, elles ont été fabriquées dans l'Europe Chrétienne depuis que la domination des Gots y a été éteinte, & que l'Architecture, la Sculpture, la Peinture & la Graveure, y ont refleury : la premiere frapée est celle de Jean Hus en 1415, & si l'on en voit

de plus anciennes elles font fauffes ou reftituées ; nous n'en trou-
vons point en France de frapées avec l'effigie du Prince , avant
le Regne de Charles VII. La premiere qui a un bufte eft de
celle de Charles VIII. & d'Anne de Bretagne que la Ville de
Lion leur offrit en 1494 ; nous avons feulement des Monnoyes
qui juftifient depuis douze cens ans les trois Races & la Suc-
ceffion de nos Rois , ce que n'ont point les autres Monarchies.
On doit auffi mettre au rang des Monnoyes une piece de Charles Comte d'Anjou qui étoit Frere du Roy Saint Louïs & qui
regnoit en Sicile en 1266 : cette piece qui ne fe trouve qu'en
or a toûjours paffé pour une Monnoye , quoyqu'elle foit frapée
à la maniere des Medailles Antiques & qu'elle ait plus de relief
que les Monnoyes ordinaires.

COMME l'agreable & l'utile font la perfection des inven-
tions humaines & que ces deux qualitez fe rencontrent enfemble dans les Medailles Antiques , c'eft avec juftice que les curieux les aiment & qu'ils en eftiment la connoiffance : en effet
la plûpart des Antiques font extremement belles ; on y remar-
que la grandeur du deffein , l'intelligence & la tendreffe qui
regnent dans les Ouvrages des bons Maîtres ; on prend plaifir à
poffeder les plus rares & les mieux confervées , à connoître les
veritables , à découvrir les fauffes & à developper les myfteres
des diverfes figures qu'elles reprefentent. Ce plaifir fait que tant
d'honnêtes gens en font paffionnez & que la curiofité des Medailles Antiques eft fi dominante ; l'utilité qu'elles apportent
n'eft pas moindre que la fatisfaction qu'elles donnent : c'eft par
leur fecours qu'on difcerne la verité d'avec la fable , qu'on fournit des preuves à l'Hiftoire , qu'on diffipe fes tenebres , qu'on
remplit fes fragmens , qu'on explique les paffages obfcurs des
Auteurs , qu'on reconnoît les Anacronifmes & qu'on éclaircit
la Geographie ; elles nous apprennent le culte & la Religion
des Anciens , les victimes & les inftrumens de leurs Sacrifices,
les habits de leurs Pontifes , de leurs Augures , de leurs Sacrifi-
cateurs : les Armes & les machines dont ils fe fervoient à la
Guerre , les differentes Couronnes qui faifoient la recompenfe
des fervices rendus à la Patrie , & la pompe de leurs triomphes ;
elles nous enfeignent les Deïtez qui étoient particulieres aux
Villes , aux Republiques & aux Royaumes ; les noms & les fuites des Familles , l'origine & les revolutions des Eftats : enfin
ces Medailles font autant de leçons & d'exemples que l'Antiquité

quité a laiffez pour nous faire imiter les peuples , qui par le moyen des Medailles ont rendu leur memoire éternelle. Les Grecs & les Romains ont été ceux qui ont eu le plus de paffion & le plus de prévoyance pour l'immortalité ; ils ne fe font pas contentez d'infcrire fur le marbre leurs Victoires , leurs Conquêtes , leurs Colonies & les actions memorables de leurs Heros , de leurs Princes , de leurs Capitaines & de leurs Magiftrats ; ils en ont encore fait graver des Medailles fur les plus folides metaux , afin de faire paffer leur gloire toute pure & toute entiere à la pofterité. La prévoyance de ces Nations fi fpirituelles a été heureufe , les Statuës , les Colomnes , les Obelifques , les Piramides & les Temples , ont été prefque tous détruits pendant que les Medailles fe font confervées dans les ruines des plus fuperbes Edifices ; c'eft pourquoy nous poffedons tant de Greques & de Romaines que le temps n'a pû devorer , & qui ont triomphé de la barbarie des fiecles & de l'avarice des hommes.

Si l'on aime les Medailles Antiques à caufe qu'elles font agreables & utiles , pourquoy n'aura-t-on pas auffi de l'amour pour les Modernes qui ne manquent ni d'agrément ni d'utilité ? il y en a beaucoup d'une beauté achevée ; les figures y font en plus grand nombre que dans les Antiques : elles reprefentent des Sieges , des Combats fur Mer & fur Terre , des Entrées , des Ceremonies & tout ce que la Paix & la Guerre , la Vie & la Mort , la Naiffance , le Mariage & les Funerailles , la Politique & la Religion peuvent produire de celebre , de magnifique , de venerable & de fublime. A l'égard de l'utilité , j'eftime que les Modernes donnent plus de lumieres que les Antiques , & qu'elles font plus capables de tranfmettre aux fiecles futurs la gloire des Empires & des hommes illuftres : car la plûpart de leurs legendes marquent le jour , le mois , l'année , le lieu & les circonftances des évenemens ; au lieu que les infcriptions des autres font courtes & fimples , prefque toutes fans datte & fans aucunes particularitez des actions. Nos Medailles ne loüent que le merite ; quelques Antiques donnent des loüanges à des perfonnes qui en font indignes : Antoine y traite l'impudique Cleopatre de Déeffe ; l'infame Elagabale y prend le titre de Saint ; & il femble que les Anciens ayent voulu éternifer dans leurs Medailles les crimes & les débauches des Tiberes , des Caligules & des Nerons , auffi bien que les vertus des Auguftes & des

Trajans. Les devifes qui n'ont point entré dans les Antiques fe
mêlent heureufement dans les nôtres avec leurs corps & leurs
ames & y font un effet admirable ; cependant un fameux Au-
teur appelle la devife la fcience de la Cour , & dit qu'elle reprefente l'Hiftoire naturelle , la Poëfie , la Morale & tout ce que
les belles lettres ont de plus charmant & de plus Hiftorique.
Ajoûtez à cela que les plus rares Medailles Antiques font les plus
fujetes à être fauffes , que leur prix exceffif les a fait contre-
faire avec tant d'artifice qu'il eft malaifé de les diftinguer ; &
qu'au contraire l'on reconnoît facilement quand les Modernes
font frapées ou moulées : j'avoüe que l'Antique eft la fource
& le premier exemplaire de l'art & que nous fommes obligez
aux Anciens de plufieurs connoiffances qu'ils nous ont données;
mais nous devons rendre juftice aux Modernes , & demeurer
d'accord que les deux derniers fiecles & le nôtre ont perfe-
ctionné des chofes que les precedens avoient inventées , &
qu'ils en ont trouvé qui leur étoient inconnuës. La France &
l'Italie ont produit d'excellens Graveurs : ceux de France les
plus habiles font Jean Goujon , dans l'autre fiecle , & Jean Varin
dans celuy - cy , defquels nous avons des Ouvrages qui feront
toûjours eftimez. Le Cabinet des Medailles du Roy eft le premier de l'Europe ; & M. le Marquis de Seignelay a le plus confiderable qui foit dans le Royaume aprés celuy de Sa Majefté.
Je nomme en cet endroit quelques Perfonnes choifies qui aiment & qui connoiffent le Moderne.

M. LE DUC D'AUMONT.	M. L'EVESQUE DE PAMIERS.
M. DE MATIGNON.	LE R. P. DE LA CHAISE.
M. DE HARLAY PROCU- REUR GENERAL.	LE R. P. DU MOLINET.
	M. HEDELINE.
M. DE LAMOIGNON AVO- CAT GENERAL.	M. LE COMTE DE VAUX.
	M. DE GUENEGAUD.
M. DE BAVILLE SON FRERE.	M. DE BONREPAUX.
M. LE PRESIDENT BIGNON.	M. LE COMMANDEUR DE GAU.
M. LE PRESIDENT DE LA PROUTIERE.	M. DE NIERT.
	M. RAINSANT.

M. DE LA CHAPELLE.   M. PETIT.

M. MOREAU.   M. DE MONTARSY.

M. LE NOSTRE.   M. DE LONGPRE'.

M. VAILLANT.   M. GAILHARD.

M. DE BLOIS.   M. CHARLETON.

M. BODELOT.

LA paſſion que j'ay toûjours eu pour le Moderne m'a fait entreprendre d'écrire l'Hiſtoire Metallique de la Republique de Hollande, dont j'ay paſſé pluſieurs années à rechercher les Medailles ; les Republiques ont ordinairement la noble ambition de s'immortaliſer : celle de Hollande a imité les Grecs & les Romains, & s'eſt appliquée avec beaucoup d'exactitude à faire fraper des Medailles des principales actions qui la regardent. J'oſe aſſurer que l'Hiſtoire que j'en donne n'en ſera pas deſagreable, parce que nous avons divers Auteurs qui ont écrit de l'Antique ; & que du Moderne il n'y a que Luckius qui a fait le dernier ſiecle où il rapporte peu de Medailles de differens Eſtats, & le R. P. du Molinet qui nous a donné l'Hiſtoire Metallique des Papes : mais avant que de commencer celle de Hollande, il eſt à propos de dire quelque choſe de l'origine & de l'établiſſement de cette Republique.

LES dix-ſept Provinces des Pays-bas ſont ſituées entre la France, la Lorraine, l'Allemagne & l'Ocean ; elles contiennent quatre Duchez, Brabant, Luxembourg, Limbourg & Gueldre ; huit Comtez, Flandre, Hollande, Zelande, Artois, Hainaut, Namur, Zutphen & le Marquiſat du Saint Empire ; & cinq Seigneuries, Utrecht, Friſe, Oweriſſel, Groningue & Malines : on les appelle Belgiques, parce qu'elles ſont partie de la Gaule qui portoit autrefois ce nom. Ces Provinces qui ont eu long-temps leurs Seigneurs particuliers, furent la plûpart uniës ſous la Maiſon de Bourgogne, & paſſerent à celle d'Auſtriche par le Mariage de Marie fille de Charles le Hardy dernier Duc de Bourgogne, avec Maximilien d'Auſtriche ; elles furent enſuite jointes à la Monarchie d'Eſpagne par le Mariage de Philippes leur fils, avec Jeanne fille de Ferdinand d'Arragon & d'Iſabelle de Caſtille : elles demeurerent aſſez tranquilles juſques ſous le Regne de Philippes Second Roy d'Eſpagne. Ce

Prince severe & naturellement ennemy des Privileges de ses
Sujets , oublia le serment qu'il avoit fait de conserver ceux des
Provinces : il y établit le Tribunal de l'Inquisition , y fit eriger
de nouveaux Evêchez & publier le Concile de Trente ; la Duchesse de Parme en avoit le gouvernement , & le Cardinal de
Granvelle y étoit le premier Ministre : la haine publique contre
ce Cardinal & tant de nouveautez odieuses , furent les premieres causes de l'union de la Noblesse pour la liberté du Pays. Le
Cardinal en ayant été rappellé par Philippes , les Confederez
esperoient que la publication des Decrets n'auroient pas de suite
quand ils apprirent que la Gouvernante avoit eu ordre d'Espagne
de les faire executer ; cela fut cause de la fameuse Requête qui
leur fit donner le nom de *Gueux* : elle fut presentée à la Gouvernante dans Bruxelles , par Henry de Brederode , décendu des
anciens Comtes de Hollande , le 5. Avril 1566 , jour où l'on
peut dire que les mouvemens des Pays-bas ont commencé.

 CEPENDANT le Calvinisme s'étant glissé dans la Flandre
y causa du desordre , les Images furent abatuës , on prophana
les Eglises , quelques Gueux se mirent en campagne & les meilleures Villes se soûleverent ; la Gouvernante dans une conjoncture si difficile , agit avec autant d'adresse que de courage : apres
avoir semé la division parmy les Confederez & maintenu les
plus puissans dans le service du Roy , elle envoya Philippes de
Lanoy Seigneur de Beauvoir , contre Jacques de Marnix Baron
de Touloufe , qui fut défait & tué à Ouftrevel proche Anvers le
13. Mars 1567. Philippes de sainte Aldegonde Baron de Noir-
carme , affiegea par son ordre Valenciennes qui se rendit le 24.
du même mois ; dattes remarquables par le premier Combat &
par le premier Siege de la Guerre Civile des Pays-bas. Maftricht,
Boifleduc , Anvers & les autres Villes Confederées se soûmirent?
le calme fut rétably par tout & Brederode se retira en Allemagne où il mourut. Enfin les Gueux furent effectivement reduits à la besace , & apparemment l'autorité Royale auroit repris toute sa vigueur dans les Pays-bas , si Philippes n'eût point
fait succeder à la Duchesse de Parme Ferdinand de Tolede Duc
d'Albe. Ce Duc étoit à la verité grand Capitaine , & de ces
Ministres zelez pour les droits sacrez du Diademe qui estiment
la moindre desobéïssance digne de punition , mais obftiné dans
ses sentimens , méprisant ceux des autres , superbe , avare &'
cruel ; les six années de son Gouvernement furent une suite perpetuelle

petuelle de banniſſement , de proſcriptions & de ſupplices : il fit
décapiter Lamoral Comte d'Egmont & Philippes de Montmorency Comte de Horn , qui étoient adorez des Flamans ; impo-
ſa le dixiéme denier & traita les Provinces avec tant d'orgueïl,
d'avarice & de cruauté , que pluſieurs abandonnerent Philippes
& reconnurent pour Chef Guillaume de Naſſau Prince d'Orange , de l'illuſtre & ancienne Maiſon des Comtes de Naſſau en
Allemagne ; c'étoit un Prince civil , humain , bienfaiſant , reglé
dans ſes mœurs , magnifique , habile à ménager les eſprits & à
trouver des expediens dans les affaires les plus deſeſperées , ſecret, accort , prévoyant , modeſte dans la bonne fortune , &
qui dans la mauvaiſe ne manquoit ni de conſeil ni de fermeté.
On croit que d'abord il n'eut aucun deſſein contre la domination
d'Eſpagne , il avoit trop de ſageſſe pour ſe commettre impru-
demment avec ſon Prince dont la puiſſance étoit une des plus
redoutable de l'Europe ; auſſi comme il étoit ſoupçonné d'avoir
eu part dans les premiers troubles , il ſe retira en Allemagne
avant l'arrivée du Duc d'Albe , de peur d'être ſacrifié aux ſoup-
çons & à la colere de Philippes , jugeant bien que le Duc qui
étoit d'une humeur farouche ne venoit pas avec des Troupes pour
remettre les choſes par la douceur : mais ſoit que le Prince d'O-
range touché des miſeres & de l'eſclavage des Provinces eût depuis réſolu de tout hazarder pour les délivrer , ou que leur diſpo-
ſition à prendre les armes & le ſecours des Religionnaires luy don-
naſſent des eſperances de grandeur & d'établiſſement qu'il n'avoit
pas encore euës, il aſſembla une Armée , ſe déclara ennemy des
Eſpagnols & entra en Flandre. Tout ce que d'un côté peut faire
une nation aguerrie , cruelle & vindicative , qui défend ſa vie,
ſon honneur & le Trône de ſon Prince ; & de l'autre un peuple
en fureur contre le Gouvernement, qui combat pour la liberté &
pour la Religion : tout cela, dis-je , s'eſt vû dans les Guerres Civiles des Pays-bas. J'en rapporteray les plus conſiderables évenemens dans cette Hiſtoire Metallique, laquelle paſſe plus d'un ſiecle , puiſqu'elle commence en 1566 & qu'elle finit en 1680 : je
diray ſeulement que les *Gueux Marins* ayant ſurpris la Brille , la
plus grande partie de la Hollande & de la Zelande ſe déclara pour
les Confederez , & que leur Republique naiſſante fut ſi heureuſe
qu'elle triompha pluſieurs fois ſur l'Ocean , trouva de nouveaux
Détroits ſur les Mers du Nord & du Sud, planta ſes Etendars aux
extremitez de l'Aſie , défit les Eſpagnols dans l'un & l'autre Monde
& les obligea de faire Trêve avec elle comme libre & indépen-

dante : la Trêve de douze années étant finie, la fortune des deux partis fut balancée par differens succés & la Paix concluë à Munster en l'année 1648. Voila comme la Republique de Hollande est parvenuë aux grandeurs qu'elle possede, & comme la constance & la valeur de ses peuples en ont fait une Souveraine.

LES Hollandois ayant affermy leur Estat par la Paix de Munster, manquerent de moderation dans la prosperité : ils crurent qu'aprés avoir soûtenu le Trône chancelant de Dannemark, & battu l'Anglois sur l'Element dont il se disoit le maître, ils étoient assez puissans pour tenir la balance entre leurs voisins & pour être les Arbitres des Têtes Couronnées; leur procedé déplut au Roy de France qui leur déclara la Guerre en 1672. Toute la Terre a vû avec admiration leurs meilleures Places emportées en sept semaines de temps, le Rhin passé à la nage, les Troupes qui s'opposoient au passage mises en fuite & la Republique étonnée dés la premiere campagne. Les plus grands Ennemis de la France n'ont pû refuser des loüanges à un Prince qui seul a vaincu plusieurs Puissances armées contre luy, conservé l'interest de ses Alliez, fait rendre les Provinces qu'ils avoient perduës & donné la Paix à l'Europe dans la vigueur de son âge & au milieu de ses Victoires. En verité la Vie de LOUIS LE GRAND passera dans l'avenir pour une de ces peintures heroïques que l'éloquence étale aux yeux des Rois pour leur servir de modele.

COMMENÇONS maintenant l'Histoire Metallique de Hollande où je mettray succintement & d'année en année ses Guerres, ses Traitez de Paix & d'Alliance, ses Navigations, le succés de ses deux Compagnies des Indes Orientales & Occidentales, & quelques affaires étrangeres ; à l'égard des Medailles, je les placeray dans leurs années & j'en donneray l'explication avec la Version Françoise de leurs Legendes, de leurs Inscriptions & de leurs Devises qui seront dans une autre Langue, afin que ces fideles monumens de la verité servent de preuve à cette Histoire & qu'ils ne demeurent pas inutils dans les Cabinets des Curieux.

HISTOIRE

HISTOIRE
METALLIQUE
DE LA REPUBLIQUE
DE HOLLANDE

ORSQUE Brederode préfenta la Requeſte contre 1566.
l'Inquiſition & les autres nouveautez qu'on vouloit
introduire dans la Flandre, il fut accompagné de trois
cens Gentils-hommes qui s'étoient confederez pour maintenir les Privileges des dix-ſept Provinces. Marguerite
d'Autriche fille naturelle de Charles-Quint & femme
d'Octave Farnéſe Duc-de-Parme, avoit le Gouvernement
des Pays-bas pour Philippes II. Roy d'Eſpagne. Cette Ducheſſe ayant
paru ſurpriſe de voir Brederode à la teſte d'un ſi grand nombre de Nobleſſe, Charles Comte de Barlemont, pour la raſſurer, lui dit en François, *Que ce n'étoient que des Gueux.* Le lendemain ſixiéme Avril 1566. les
Confederez étant à table, & parlant de donner un nom à leur Confederation, ils ſe reſſouvinrent du mépris du Comte, & tous s'écrierent *Vivent les Gueux.* Brederode ſur la fin du Repas, s'étant mis une beſace au
col, & prenant une écuelle de bois pleine de vin, but à la Compagnie,

A

& protesta qu'il étoit prest de perdre les biens & la vie pour la deffense de la liberté du pays. A ces paroles, les acclamations generales recommencerent ; & l'on cria plus fort qu'on n'avoit encore fait, *Vivent les Gueux*. Ensuite Brederode ayant seulement goûté du vin & donné l'écuelle & la besace au plus proche elles passerent de main en main, & tous les assistans firent raison de la même maniere & avec la même protestation que Brederode. C'est ainsi que le nom de Gueux qui a fait tant de bruit dans l'Europe, prit son origine parmi la licence & dans la débauche d'un festin ; & c'est ainsi que bien souvent les affaires les plus importantes & les plus serieuses ont par hazard des commencemens tresfoibles & tres-ridicules. Les Confederez parurent les jours suivans dans Bruxelles, vêtus de bure grise, avec de petites écuelles de bois à la ceinture & portant au col cette Medaille qui est en ovale.

LA teste de Philippes Second Roy d'Espagne.

EN TOUT FIDELES AU ROY,

REVERS.

DEUX mains jointes ensemble tenant une besace.

JUSQUES A PORTER LA BESACE.

CETTE Medaille qui fut frapée en la même année 1566. est la premiere qui ait esté faite au sujet des mouvemens des Pays-bas. Elle marque l'union des Confederez, & qu'ils seront fideles au Roy jusqu'à dépenser tout leur bien pour son service.

ON fit aussi une piece en cuivre. D'un costé ces mots :

ECU DE VIANE,

AVEC les Armes de la Maison de Bourgogne : Et de l'autre ;

PAR FLAMME ET PAR FER.

BREDERODE étoit Baron de Viane Ville de Hollande.

EN cette année 1566. Maximilien II. étoit Empereur d'Allemagne ; Charles IX. Roy de France, & Elizabeth Reine d'Angleterre.

TOUS les troubles qui commencent par un nom de Party & de Faction, ont ordinairement de longues & dangereufes fuites. La Requefte des Confederez fut fuivie de beaucoup de tumulte & de confufion dans la plufpart des Provinces. On y commit toutes fortes d'infolences; les Images furent brifées, les Monafteres brûlez, les Temples abattus, quelques Villes refuferent d'obéïr aux ordres de la Gouvernante, & l'on prit les armes en divers endroits. La Ducheffe de Parme fit paroître en cette conjonćture l'experience qu'elle avoit acquife dans l'art de gouverner par l'exercice de plufieurs années. Elle avoit, dés la naiffance du defordre, envoyé dans les Places de fon Gouvernement, des Perfonnes habiles pour lui en rapporter l'état, s'étoit informée du nombre des Troupes & de la fidelité des Gouverneurs, des Capitaines & des Magiftrats; & les Confederez ne faifoient aucune deliberation dans leurs plus fecrets confeils, qu'elle n'en fuft avertie par de fideles Emiffaires. Ces précautions ne furent pas inutiles, la Gouvernante conferva dans le fervice du Roy les premiers Seigneurs & quantité de bonnes Villes, en ménageant les efprits, écoutant favorablement les Remontrances des Ordres du Pays, promettant de ne rien faire contre leurs Privileges, & augmentant les bruits qui couroient du voyage de Philippes en Flandre. A cette adroite politique elle joignit la force, & envoya des Troupes pour combattre ceux qui avoient pris les armes & foûmettre les Villes defobéïffantes, employant en même temps & felon les diferentes occurrences, la douceur & la force, la moderation & la fermeté. Une fi fage & fi vigoureufe conduite avança merveilleufement le deffein qu'elle avoit de remettre les Confederez dans leur devoir. C'eft l'efprit de cette Medaille qui fut faite en la même année 1566.

1567.

La Ducheſſe en buſte.

MARGARETA DE AUSTRIA

Dux Parmæ et Placentiæ,

Germaniæ inferioris Gubernatrix.

MARGUERITE D'AUTRICHE

Ducheſſe de Parme & de Plaiſance, Gouvernante des Pays-bas.

REVERS.

La même Princeſſe debout ſur un rocher battu des flots, ayant une couronne de laurier ſur la teſte, tenant d'une main une épée, & de l'autre une palme avec un rameau d'olivier, des vents ſoufflent contre elle.

Favente Deo.

Avec l'aide de Dieu.

Ce Revers ſignifie que la Gouvernante eſt ferme dans les orages de l'Eſtat, & qu'avec l'aſſiſtance divine elle diſſipera par la guerre ou par la paix les troubles qui ſont repreſentez par les vents.

E feu de la division qui paroiſſoit éteint par la défaite du Baron de Toulouſe, la retraite de Brederode en Allemagne, la fuite ou le ſupplice des Incendiaires & des Sacrileges, la ſoûmiſſion des Villes qui s'étoient ſoûlevées, & par les autres avantages dont l'on a parlé dans la Preface de cette Hiſtoire, ne demeura pas long-temps ſans ſe r'allumer & ſans ſe répandre dans toutes les Provinces des Pays-bas. Philippes, aux premieres nouvelles du ſoûlévement, témoigna qu'il vouloit faire un voyage en Flandre, à l'imitation de Charles-Quint ſon Pere, qui alla en perſonne contre les Gantois. Mais il changea de ſentiment, & prit la reſolution qu'il a gardée toute ſa vie, de fixer à Madrid ſon Trône Dominant, & de ſe faire obéïr de ſon Cabinet, en toutes les parties du Monde. On tient que les moyens de maintenir l'autorité Royale ayant eſté propoſez dans un Conſeil ſecret, les opinions furent diférentes, ſelon le genie des perſonnes qui donnerent leur avis. Ruy Gomes de Silva Prince d'Eboly qui aimoit le repos & la paix, comme font les Courtiſans, repreſenta que le calme ayant eſté rétabli dans les Pays-bas par la prudence de la Ducheſſe de Parme, la douceur ſuffiſoit pour les conſerver dans la tranquillité; Qu'il y avoit du peril à ſe reſſentir des choſes paſſées & à reduire au deſeſpoir une Nation jalouſe de ſon ancienne Liberté, & capable de tout entreprendre pour la défenſe de ſes Privileges; Que la guerre civile étoit la ſource de tous les malheurs & de tous les crimes; Qu'elle étoit à craindre dans un Pays trop proche de ceux qui avoient intereſt de l'entretenir, & trop éloigné de ceux qui avoient intereſt de l'éteindre; Que la clemence étoit la vertu des Rois; Qu'il étoit de leur ſageſſe de ne pas obliger leurs Sujets à prendre les armes, de peur de les mettre en quelque ſorte d'égalité; Que leur Puiſſance avoit du rapport à la Paternelle qui s'établit avec plus de ſureté par l'amour que par la crainte; Et que quand leur reſſentiment ſeroit juſte, ils devoient imiter la bonté de Dieu qui ne laiſſe pas de continuer ſes graces aux méchans qui nient ſa providence. Le Duc d'Albe, d'un naturel ſevere, violent, inflexible & qui avoit eſté toute ſa vie dans

1567.

l'exercice des armes, foûtint avec chaleur que l'indulgence que le Roy avoit euë pour les Flamans n'avoit fervi qu'à augmenter leur temerité. Que l'éloignement des garnifons étrangeres & la fortie du Cardinal de Granvelle qu'on leur avoit accordé, leur avoient infpiré la hardieffe de faire d'autres demandes encore plus infolentes; & d'attaquer le Gouvernement par des libelles, & la Religion par des impietez; Que l'obéïffance dans laquelle ils paroiffoient étoit affectée; Que l'impunité leur feroit bien-toft reprendre l'obftination & la fierté qu'ils cachoient. Que la douceur paffoit le plus fouvent pour un effet de l'impuiffance & de la crainte; Que la feverité marquoit mieux la Grandeur & la Juftice des Souverains; Que fi la clemence étoit leur vertu, ils n'en devoient point ufer qu'aprés avoir abattu la rebellion par la force, & s'être mis en état de ne plus craindre que leur bonté puiffe paffer pour une foibleffe. Et qu'enfin on ne pouvoit vanger avec affez de rigueur la Majefté du Prince offenfée, & les attentats contre la Religion. Cét avis appuyé par Antoine Perrenot Cardinal de Granvelle qui en vouloit aux Flamans, l'emporta fur celui de Ruy Gomes. Le Duc d'Albe qui étoit propre à executer les ordres les plus rigoureux, fut mis à la place de la Ducheffe de Parme, & envoyé aux Pays-bas avec une Armée. Le Pape Pie V. voulant témoigner le defir qu'il avoit d'affurer la Religion Catholique dans les lieux où elle étoit en danger, fit prefenter au Duc avant fon départ d'Efpagne par le Cardinal de Granvelle la Rofe benite, l'Epée & l'Etendard. Le Duc glorieux de l'honneur qu'il avoit reçû de Rome, s'embarqua au port de Barcelone, defcendit à Génes, fit la revuë de fes Troupes en Piedmont & arriva heureufement à Bruxelles au mois d'Aouft 1567. Son Armée étoit de huit mil fept cens Hommes de pied & de douze cens Chevaux. Ferdinand de Tolede fon fils naturel commandoit la Cavalerie; Chiapin Vitelli étoit Maréchal de camp, & Gabriel Serbelon Grand-Maître de l'Artillerie. Il y avoit auffi Julien Romero, Chriftophle de Mondragon, Sancho d'Avila, François Verdugo & plufieurs autres Capitaines de reputation.

Auffi-toft que le Duc d'Albe eut pris poffeffion du Gouvernement, il fit arrêter les Comtes d'Egmont & de Horn, inftitua le Confeil des Douze, qui fut appellé le Confeil de Sang, foûmit à l'autorité de ce Confeil tous les autres Tribunaux du Pays, ôta les clefs des Villes aux Magiftrats qui les gardoient par un ancien privilege, rétablit l'Inquifition, commanda l'execution des nouvelles Ordonnances, fit bâtir des Citadelles, & donna toutes les marques funeftes qui precedent ordinairement le malheur des Peuples, quand le Souverain en colere veut les punir de leur defobéïffance.

Ce fut au fujet des prefens envoyez par Sa Sainteté au Duc d'Albe, que l'on fit cette Medaille en 1567.

Le Cardinal de Granvelle.

ANTONIUS SANCTÆ ECCLESIÆ ROMANÆ PRESBYTER,

CARDINALIS GRANVELLANUS.

Antoine Prêtre de la Sainte Eglise Romaine, Cardinal de Granvelle.

REVERS.

Le même Cardinal assis donnant un Etendard au Duc d'Albe, qui le reçoit à genoux.

IN HOC VINCES.

Tu vaincras en ce Signe.

C'est la Devise que Constantin le Grand fit mettre dans ses Enseignes, aprés qu'il l'eût vuë paroître au Ciel autour d'une croix de feu en allant combattre le tyran Maxence.

Sur la fin de l'année la Duchesse de Parme quitta les Pays-bas pour aller en Italie trouver le Duc Octave son Mary. Si l'on eut suivi ses conseils, la Flandre n'auroit pas esté le theatre de la plus longue & de la plus cruelle guerre qui ait troublé l'Europe depuis plusieurs siecles, & ses Peuples seroient demeurez dans l'obéissance qu'ils devoient à leur Prince.

1568.

UOIQUE Guillaume de Naſſau Prince d'Orange ſe tinſt paiſible dans la Comté de Naſſau en Allemagne, le Conſeil de Sang ne laiſſa pas de lui faire ſon Procés & de le condamner à mort. Ce Prince ne s'étoit pas encore déterminé à prendre les armes, & il ſe trouvoit combattu par diverſes paſſions. D'un côté l'affection qu'il avoit pour ſa Patrie l'excitoit à la délivrer d'un Gouvernement odieux, ſes Amis & ſes Compatriotes bannis & perſecutez le demandoient pour Chef, la haine le pouſſoit à ſe vanger du Duc d'Albe & des Eſpagnols, la gloire de l'entrepriſe & l'eſperance d'y réüſſir par le ſoûlévement des Pays-bas, flattoient ſon ambition, & l'occaſion paroiſſoit favorable pour s'élever aux dépens de ſes ennemis. D'un autre côté il ſe voyoit deſarmé, foible, ſans places fortes, ſans argent, ſans artillerie & ſans les autres choſes neceſſaires pour ſoûtenir un deſſein de cette nature; la ſageſſe qui lui étoit naturelle lui faiſoit craindre la puiſſance de Philippes, & prévoir les dangers qui ſont inſeparables de ces ſortes d'engagemens: Il étoit auſſi retenu par la memoire des bienfaits de Charles-Quint & par le réſpect que l'on doit à ſon Maître. Ces mouvemens ſi oppoſez l'empêchoient de ſe reſoudre; mais lorſqu'il eut appris ſa condamnation, il ne balança pas davantage & ne ſongea plus qu'à défendre genereuſement ſon honneur & ſa vie. Il écrivit aux Princes Proteſtans, demanda par tout du ſecours & n'oublia rien pour ne point manquer ni à ſon Pays, ni à ſoi-même.

Ce fut au commencement de l'année 1568. que le Prince d'Orange ſe declara contre l'Eſpagne, & que parut cette Medaille qui eſt la premiere faite à ſon honneur.

Le Prince d'Orange en buſte armé.

GUILLELMUS DEI GRATIA PRINCEPS AURAICÆ,

COMES NASSAVIÆ.

GUILLAUME PRINCE D'ORANGE,

Comte de Naſſau.

REVERS

Un Alcion bâtiſſant ſon nid ſur la Mer.

SÆVIS TRANQUILLUS IN UNDIS.

Tranquille au milieu de la tempête.

C'est à dire que le Prince eſt auſſi tranquille dans la perſecution de ſes ennemis & dans les orages qui s'élévent contre lui, qu'eſt l'Alcion ſur les flots irritez de l'Ocean. Le Prince porta cette Deviſe toute ſa vie.

PENDANT que le Prince d'Orange aſſembloit une Armée, le Comte Loüis de Naſſau ſon Frere animé du même deſir d'affranchir ſa Patrie, ramaſſoit auſſi des Troupes & recevoit les fugitifs de Flandres. Etant entré dans la Friſe, il livra combat à Jean de Ligny Comte d'Aremberg qui en étoit Gouverneur pour l'Eſpagne, & le deffit à Winſchoten le 23. May. Les Eſpagnols y perdirent le Comte qui fut tué dans la mêlée, pluſieurs Officiers & Soldats & ſix pieces de canon. Loüis perdit quelques Cavaliers & Adolphe de Naſſau ſon Frere, qu'on croit avoir eſté tué de la main du Comte d'Aremberg. C'eſt le premier Prince de la Maiſon de Naſſau immolé pour la liberté des Pays-bas. Louis portoit en ſes Enſeignes :

AUT RECUPERARE, AUT MORI.

Ou recouvrer la liberté, ou mourir.

E Duc d'Albe eut plus d'indignation que d'étonnement de la défaite du Comte d'Aremberg. Pour montrer qu'il ne craignoit point ses ennemis, il fit décapiter les Comtes d'Egmond & de Horn, & tout fumant du sang de ces illustres & malheureuses victimes de sa fureur, il alla chercher le Victorieux pour le combattre avant qu'il eust joint le Prince d'Orange. Le combat se donna le 21. Juillet 1568. à Jemminguen dans la Frise : l'Armée de Loüis de Nassau fut taillée en pieces, lui-même contraint de se jetter dans une barque & de se sauver à Embden. Jamais victoire ne fut plus entiere, & jamais Soldats ne combattirent avec plus de confusion & de foiblesse que ceux du Comte de Nassau. C'étoient pourtant les mêmes qui venoient de vaincre le Comte d'Aremberg avec tant d'ordre & de valeur. Ce qui apprend le peu de confiance qu'on doit avoir en des Troupes ramassées. Le Duc ne manqua pas de donner par tout avis de sa victoire & d'en faire frapper cette Medaille en 1568.

L E Duc d'Albe en buste armé.

F E R D I N A N D U S T O L E T A N U S A L B Æ D U X,

B E L G I I P R Æ F E C T U S.

FERDINAND DE TOLEDE DUC D'ALBE,

Gouverneur des Pays-bas.

R E V E R S.

U N Autel emflammé entre deux trophées.

D E O P A T R U M N O S T R O R U M.

Au Dieu de nos Peres.

C'E S T un sacrifice de graces que le Duc fait à Dieu d'avoir par cette victoire conservé l'ancienne Religion.

LA disgrace de Loüis de Naſſau n'empêcha point le Prince d'Orange d'executer la reſolution qu'il avoit priſe de venir attaquer le Duc d'Albe juſques dans le ſein de ſon Gouvernement. Ce Prince que les Confederez reconnurent pour Chef, comme le plus illuſtre des Grands des dix-ſept Provinces, par ſa naiſſance, ſes alliances, ſes charges & ſa capacité, entra en Flandre au mois de Septembre de la même année 1568. accompagné de Loüis de Naſſau qui l'avoit joint aprés ſa défaite. Mais le Duc d'Albe qui ne vouloit rien hazarder, cotoya l'Armée du Prince avec tant de précaution, prit toûjours des poſtes ſi avantageux, & donna de ſi bons ordres pour la deffenſe des Places & des Paſſages importans, qu'il rendit tous les efforts du Prince inutiles, & fut cauſe par ſa prévoyance que l'Armée des Confederez ſe débanda preſque entierement. Le Prince portoit en quelques Enſeignes ces mots :

PRO LEGE, GREGE, ET REGE.

Pour la Loy, le Peuple, & le Roy.

ET en d'autres un Pelican, pour faire voir qu'il étoit preſt de donner ſon ſang pour ſa Patrie. Les deux Freres de Naſſau ſe rendirent avec douze cens Chevaux dans les Troupes Allemandes que Wolfgang Duc des deux Ponts menoit au ſecours des Huguenots de France. Le Prince quelques mois aprés partit de ce Royaume ſecretement, & paſſa en Allemagne. Le Comte Loüis demeura en France juſqu'à la bataille de Moncontour, que les Catholiques gagnerent en 1569. Le Comte qui commandoit les Reitres fit dans cette bataille un action de Capitaine, s'étant retiré plus d'une lieuë & demie ſans perdre ſes rangs, quoiqu'il fuſt vivement pourſuivi par Henry & Claude de Lorraine Ducs de Guiſe & d'Aumale.

LA perte de la bataille de Jemminguen & le peu de ſuccés de l'expedition du Prince d'Orange en Flandre, mirent les affaires des Confederez dans un fâcheux état; au contraire le Duc entra victorieux dans Bruxelles au mois de Janvier 1569. On fit pour ſes victoires des prieres publiques dans toutes les Villes obeïſſantes à l'Eſpagne, & le Pape Pie V. lui envoya, comme au Défenſeur de la Foy, une riche épée avec un chapeau couvert de pierreries que Sa Sainteté avoit bénits ſolemnellement. Ces preſens furent reçus avec toute la pompe que pouvoit deſirer la vanité naturelle du Duc d'Albe.

1569.

CEPENDANT le Prince d'Orange, que les Eſpagnols appelloient le Taciturne, n'étoit pas tellement abattu par le malheur des Confederez, qu'il ne ſongeaſt aux moyens de reparer leurs pertes. Il crut qu'il falloit tenter fortune ſur un autre élément, & profiter de la negligence du Duc d'Albe pour les forces maritimes. Etant en la Ville de Dilembourg capitale de la Comté de Naſſau, il donna des commiſſions a quelques Capitaines pour équiper des Navires de guerre & commander ſur Mer. Pluſieurs Soldats errans dans la Friſe, qui s'étoient ſauvez du débris des Armées des Confederez, prirent parti avec ces nouveaux Argonautes, qu'on nomma les *Gueux Marins.* Les progrés de leur petite Flotte furent merveilleux : Ils firent fur les Efpagnols des prifes confiderables , qu'ils alloient vendre dans les Ports étrangers ; & nous verrons bien-toft une de leurs entreprifes renverfer par fon fuccés les fuperbes deffeins du Duc d'Albe , & faire une étrange revolution dans les Pays-bas.

1570

Au commencement de l'année 1570. le Duc fit publier dans la Ville d'Anvers une abolition des chofes paffées, afin de guerir par la douceur d'un nouveau remede le mal que la violence des premiers avoit caufé. Mais une playe fi profonde demandoit le fer & le feu, & la fiévre étoit trop ardente dans le corps politique pour s'éteindre par les faignées qu'on avoit faites : Les Confederez avoient encore du fang dans les veines qu'ils étoient prefts de répandre pour la Liberté. Auffi l'Amniftie ne fit point revenir les abfens, & perfonne ne voulut ni fe laiffer furprendre par les referves captieufes de l'Abolition, ni fe fier à la clemence Efpagnole.

Le bonheur

E bonheur des armes du Duc d'Albe luy avoit donné tant de préfomption, qu'il penſoit avoir réduit les Conſederez dans la derniere impuiſſance, & que les Villes les plus obſtinées viendroient ſe ſoûmettre à ſon autorité : Il fit en 1571. ériger dans la Citadelle d'Anvers qu'il avoit fait bâtir, ſa Statuë avec cette inſcription :   **1571.**

FERDINANDO ALVARES TOLEDO

ALBÆ DUCI,

PHILIPPI SECUNDI HISPANIARUM APUD BELGAS PRÆFECTO,

QUOD EXTINCTA SEDITIONE

REBELLIBUS PULSIS, RELIGIONE PROCURATA,

JUSTITIA CULTA,

PROVINCIIS PACEM FIRMARIT,

REGIS OPTIMI MINISTRO FIDELISSIMO POSITUM.

A l'honneur de Ferdinand Alvares de Tolede Duc d'Albe, Gouverneur des Pays-bas, tres-fidele Miniſtre du tres-bon Roy d'Eſpagne Philippe Second ; pour avoir appaiſé la ſedition ; chaſſé les Rebelles ; rétably la Religion ; fait fleurir la Juſtice ; & aſſuré la paix dans les Provinces.

CE ſuperbe trophée augmenta la haine publique contre le Duc ; car le plus ſenſible outrage qu'on puiſſe faire aux malheureux eſt de triompher avec inſolence de la miſere qu'on leur a cauſée. L'impoſition qu'il établit du dixiéme denier des Marchandifes , qui feroient venduës , jetta les peuples dans le defefpoir.

Le Duc fit fraper cette Medaille en la même année mil cinq cens foixante-onze.

Le Duc d'Albe.

FERDINANDUS TOLETANUS ALBÆ DUX

BELGIÆ PRÆFECTUS.

FERDINAND DE TOLEDE DUC D'ALBE

Gouverneur des Pays-bas.

REVERS.

Un Lion & deux Gruës foûtenans un flambeau.

DEO ET REGI.

A Dieu & au Roy.

Pour montrer que le Duc avoit par fon courage , fes foins & fa vigilance maintenu la Religion Catholique ; rétably l'autorite du Prince & étouffé la rebellion dans les Pays-bas.

1572.

L n'y a point de foiblesse plus commune parmy les hommes que le défaut de moderation dans la prosperité , il n'y en a point aussi qui échappe moins au châtiment qu'elle merite. Le Duc d'Albe qui croyoit avoir entierement soûmis les Flamans par la terreur de ses forces & des supplices, se mit en fureur de la résistance qu'il trouva dans Bruxelles au sujet du dixiéme denier. Il traita les Habitans de rebelles & les menaça de la derniere rigueur s'ils n'obéïssoient aux volontez du Roy. En effet voyant qu'ils s'obstinoient à ne point payer , il avoit résolu d'employer les dernieres violences & de faire pendre les principaux Bourgeois à leurs portes. Ses Soldats avoient déja pris les Armes , les Bourreaux étoient prêts , & les choses se disposoient à une horrible & sanglante tragedie quand la nouvelle de la surprise de la Brille en Hollande arrêta les supplices qu'il avoit ordonnez. Ce fut le premier Avril mil cinq cens soixante douze que les Gueux Marins commandez par Guillaume de Lumay Comte de la Marche, s'emparerent de cette Ville située à l'embouchure de la Meuse. Jour qu'on peut appeller celuy de la naissance de la Republique de Hollande , & qu'elle est sortie des eaux pour s'opposer à l'orgueilleuse puissance d'Espagne.

La prise de la Brille fit un tel changement dans la fortune des Confederez que la plus grande partie de la Hollande , de la Zelande & de la Frise se declara pour eux. Alvares Pacheco parent du Duc fut pendu à Flessingue , & les Hollandois qui sont enclins à la raillerie en firent de si grandes du Duc qu'ils le peignirent comptant de l'argent avec des lunettes , parce que Brille signifie en François lunette. Le Duc eut encore le malheur que Maximilien de Hennin Comte de Bossu , Gouverneur de la Hollande pour l'Espagne , tâcha en vain de reprendre la Brille , & que les Flessinguois s'emparerent de la Flotte de Lisbonne chargée d'épiceries , devant le Château de Ramekens en Zelande. Quelle rage dans l'ame d'un fier Vainqueur de se voir pour ainsi dire, arracher le foudre de la main & d'être insulté par des peuples qu'il croyoit avoir abatus : Il apprit qu'il ne faut jamais méprifer un ennemy qui eſt armé ny le réduire au déſeſpoir. Le mépris qu'il fit des Gueux Marins & ſa négligence pour l'armement Naval luy attirerent ces diſgraces ; Car il devoit d'abord s'aſſurer de l'empire de la Mer , ſans quoy il ne pouvoit jamais être le Maître abſolu d'un Pays dont les meilleures Places ſont maritimes : Le Duc témoigna pourtant dans cette facheuſe conjonĉture beaucoup de réſolution ; Ayant eu avis que Louïs de Naſſau aſſiſté des Troupes Huguenotes de France, s'étoit ſaiſi de Mons en Hainaut , il ne perdit point de temps & l'aſſiegea dans la Ville qu'il venoit de prendre.

D'u n autre côté le Prince d'Orange , pendant que le Duc d'Albe accabloit les Provinces de Subſides , avoit amaſſé avec aſſez de facilité des Troupes conſiderables. Ce Prince animé par le ſuccés de la Brille & plein d'eſperance, que la fortune ſeconderoit ſa hardieſſe de ſes deſſeins, réſolut de traverſer une ſeconde fois les Pays-bas & de faire lever le Siege de Mons : Il paſſa le Rhin, prit Ruremonde, Malignes & quelqu'autres Villes , entra dans le Hainaut & parut environ le quinziéme Aouſt à la vûë de la Ville de Mons : Mais il la trouva ſi étroitement aſſiegée & le Duc ſi bien retranché qu'il ne pût ſecourir les aſſiegez & fut contraint de ſe retirer en Hollande : Sa retraite obligea ſon Frere à rendre la Place à des conditions honorables qui furent fidellement gardées ; Louïs de Naſſau fit merveille en la défenſe de Mons , & François de la Nouë ſurnommé Bras de fer Gentilhomme de Bretagne, y fit paroître l'experience qu'il avoit acquiſe dans les Guerres Civiles de France : Aprés cette reddition Louïs alla en Hollande voir le Prince, & de là en Allemagne pour y prendre de nouvelles meſures.

C e t t e Medaille fut faite en mil cinq cens ſoixante-douze , pour l'entrepriſe du Prince d'Orange.

Il eſt en buſte armé.

G u i l l e l m u s D e i g r a t i a P r i n c e p s A u r a i c æ,

C o m e s N a s s a v i æ.

G U I L L A U M E P R I N C E D'O R A N G E,

Comte de Naſſau.

R E V E R S.

Un Peuplier.

A u d a c e s f o r t u n a J u v a t.

La fortune eſt favorable aux gens de cœur.

C e s

CES paroles que Virgile fait dire à Turnus au dixiéme de l'Eneïde, montrent la résolution & l'esperance du Prince ; & le Peuplier qui est un arbre aquatique represente, les Provinces de Hollande & de Zelande qui semblent être situées dans le sein de la Mer & des Rivieres : Comme les eaux rendent la Hollande inaccessible & que ses Habitans sont robustes, laborieux zelez pour la liberté, le Prince d'Orange avoit toûjours eu dessein d'y établir le Trône du Party Confederé.

1573.

Es pieces sont Monnoyes qui furent batuës en 1573. dans Harlem durant la continuation du siege que les Espagnols y avoient mis sur la fin de l'année precedente. Les quatre étoilles, la croix & l'épée sont les Armes de la Ville :

VINCIT VIM VIRTUS.

La vertu surmonte la force.

EST la devise ordinaire de Harlem en memoire de ce que ses Habitans couperent autrefois devant Damiette en Egypte, une chaîne qui empê-choit l'entrée du Port aux Chrétiens qui assiegeoient cette Ville.

LE Duc d'Albe aprés avoir repris quelques-unes des Places qu'il avoit perduës, envoya Frederic de Tolede son fils, pour faire obéir Harlem l'une des plus grandes Villes de Hollande & celebre par l'invention de l'Imprimerie : Déja les Magistrats & les Bourgeois avoient déliberé de se soûmettre & de ne pas attendre le siege, quand Wibal Riperda qui y commandoit sous l'autorité du Prince d'Orange Gouverneur de la Province, & Lancelot de Brederode leur firent changer d'avis : *Quel aveu-glement*, disoit Riperda, *de se confier à des perfides qui se moquent de la foy des Capitulations, si nous les recevons dans nos murailles, ils exerce-ront sur nous les mêmes cruautez, qu'ils viennent de commettre à Malines, à Zutphen & à Narden qu'ils ont saccagez & mis en cendre ; laisserons-nous piller nos biens, brûler nos maisons, égorger nos enfans, violer nos femmes*

E

& nos filles sans avoir fait la moindre résistance ? Serons-nous assez lâches de souffrir que nos vies soient exposées à la fureur de ces barbares & de ces incendiaires ? Fermons nos portes à ces ennemis de toute la terre, & combatons jusqu'au dernier soûpir pour la défense de la Patrie & de la liberté. Ces paroles proferées avec vehemence par un homme d'autorité, r'animerent toute la haine que les Habitans de Harlem portoient au Duc d'Albe, & les determinerent à recevoir Garnison du Prince d'Orange. Aussi-tôt, comme l'inconstance populaire est toûjours excessive, ils renoncerent publiquement à la Religion Catholique & se moquerent de ce qu'elle a de plus venerable, dequoy Frederic irrité, les assiegea l'onziéme Decembre 1572. ce siege dura sept mois, & fut un des plus memorables du dernier siecle : l'on y renouvella l'ancienne industrie de faire porter par des pigeons des lettres aux assiegez : le Comte de la Marche qui leur menoit du secours fut défait ; un autre secours conduit par Guillaume de Battembourg fut pareillement défait & le Chef tué. Les assiegeans ayans jetté dans la Ville la tête d'un Capitaine Confederé qu'ils avoient pris, les assiegez firent mourir onze Espagnols qu'ils tenoient prisonniers, & enfermerent leurs têtes dans un tonneau qu'ils firent rouler aux tranchées avec cette inscription : *Les Habitans de Harlem payent au Duc d'Albe dix têtes pour le dixiéme qu'ils n'ont pas encore payé, & une onziéme tête pour l'interest.* Ces inhumanitez coûterent bien du sang de part & d'autre : Les assiegez firent toute la résistance possible, & même les femmes se mêlerent aux sorties avec autant de valeur que les vieux Soldats ; de sorte que Frederic desesperant du succés, songeoit à se retirer, si son Pere ne luy eut écrit, que s'il avoit dessein de lever le Siege il iroit au Camp tout malade qu'il étoit, ou si sa maladie l'en empêchoit il feroit venir d'Espagne sa Mere pour tenir la place de son Fils, ce qui toucha tellement Frederic qu'il fist les derniers efforts contre les assiegez, lesquels enfin pressez d'une horrible famine, se rendirent à discretion le 14. Juillet 1573. Les Espagnols se vangerent cruellement des pertes qu'ils avoient faites devant Harlem, & firent passer Riperda, Brederode & deux mille Habitans par la main du Bourreau, & presque toûs les Officiers de guerre & les Soldats par le fil de l'épée. Le Capitaine Bordet Xaintongeois aima mieux se faire tuer d'une harquebusade par son serviteur, que de tomber vif au pouvoir des Espagnols.

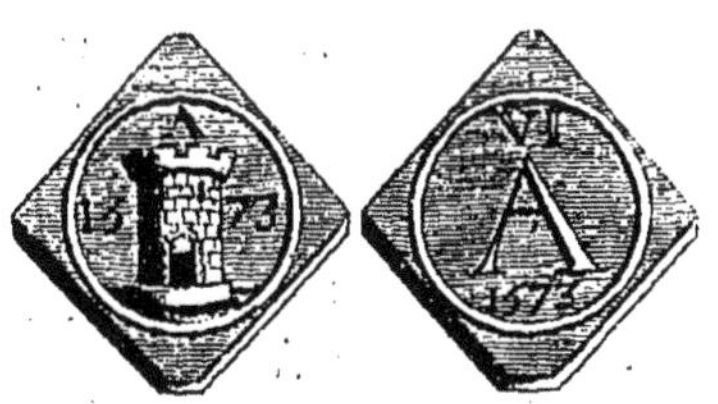

ETTE piece eſt auſſi une Monnoye qui fut batuë dans Alcmar en Hollande pendant le Siege, dont le milleſime 1573. eſt l'année : la Tour ſont les Armes de la Ville ; la Lettre A fait Alcmar ; & le Chiffre romain marque la valeur de la Monnoye.

1568.

FREDERIC perſuadé, que l'exemple de Harlem avoit donné de la terreur aux Villes Confederées & qu'elles ne refuſeroient plus d'obéir, fit marcher ſes Troupes victorieuſes vers Alcmar ; Jacques Cabilleau en étoit Gouverneur, & Guillaume de Sonnenberg ſon Lieutenant : Il y avoit treize cens Habitans portans les Armes & huit cens Soldats. Frederic voyant contre ſa penſée, que la Ville ſe préparoit à la défenſe, il y mit le Siege le 22. Aouſt : Ses Armes n'eurent pas devant Alcmar le ſuccés qu'elles avoient eu devant Harlem ; la réſiſtance des aſſiegez fut plus heureuſe, ils battirent les aſſiegeans en diverſes ſorties & ſoûtinrent deux furieux aſſauts, l'un à la porte de Friſe & l'autre à la Tour rouge ; les femmes y firent paroître la même intrepidité que celles de Harlem. Et enfin Thierry de Sonnoy Gouverneur de Weſtfriſe ou Northollande pour les Confederez, ayant fait ouvrir les écluſes & percer les digues ; Frederic craignit d'être ſubmergé & leva le Siege le dix Octobre.

LES Sieges de Harlem & d'Alcmar firent perdre aux Eſpagnols la fleur de leur Armée ; & l'on peut dire que la Ville d'Alcmar fut le terme fatal des Conquêtes du Duc d'Albe dans la Hollande. Les Confederez s'animerent plus que jamais à chaſſer l'Eſpagnol de leurs Provinces, & à ſecoüer le joug d'une domination qui leur étoit devenuë inſupportable. Ceux de Zelande s'emparerent du Château de Ramekens de cette maniere : Charles Boiſot Gouverneur de Fleſſingue & Jean de Jonghe Gouverneur de Campuere, feignirent d'aſſieger Armuyde ; le Gouverneur de Ramekens s'y étant jetté avec partie de ſa Garniſon & ſon Chirurgien, les Gouverneurs ne manquerent pas l'occaſion & aſſiegerent Ramekens par Mer & par Terre : Il n'étoit reflé que foixante-dix hommes dans la Place , laquelle fut preffée fi vivement que les affiegez voyans leur Lieutenant & quelques Soldats bleffez fans fecours de Chirurgien , n'oferent attendre l'affaut & capitulerent le 5. Aouft. La perte de ce fort Château que Charles-Quint avoit fait bâtir , ôta aux Efpagnols le paffage pour fecourir Middelbourg que les Zelandois tenoient affiegé.

L E 28. du même mois d'Aouft le Prince d'Orange fit efcalader Gertrudemberg en Hollande par le Capitaine Poyet François ; l'efcalade fe fit du côté de la porte de Breda avec tant d'adreffe & de promptitude , que la Garnifon fut prefque taillée en pieces avant qu'elle pût fe mettre en défenfe : On ne fit aucun tort aux Habitans , & l'on n'inquieta perfonne pour la Religion : Le Prince voulut montrer qu'il ne faifoit la guerre que pour la confervation du Pays , & que fa conduite étoit bien oppofée à celle du Duc d'Albe.

E Duc d'Albe ne pouvant souffrir la hardieffe des Weftfrifons dont les Vaiffeaux infultoient journellement les Villes maritimes de Hollande obéïffantes à l'Efpagne, donna ordre au Comte de Boffu de les combattre & de fe rendre maître de la Mer de cette Province : Le Comte partit d'Amfterdam avec trente Navires de Guerre, dont l'Admiral nommé l'Inquifition étoit monté de trente-quatre pieces de canon : Plufieurs Seigneurs & Capitaines s'y étoient embarquez avec le Comte, & bon nombre de Soldats dont la plûpart Efpagnols. Le combat fe donna en Octobre 1573. fur la Mer de Sud ou Zuiderzée qui fépare la Hollande d'avec la Frife : Il fut rude & fanglant ; les Weftfrifons commandez par Nicolas Ruychaver défirent les Efpagnols & prirent le Comte prifonnier qui fe défendit pendant 24. heures dans fon Admiral quoy qu'abandonné du refte de fa Flotte. Le Comte fut conduit à Horne où il demeura jufqu'à la Pacification de Gand. Cette victoire navalle des Confederez a été l'heureux préfage de tant d'autres qu'ils ont depuis obtenuës fur toutes les Mers du Monde.

1573.

LES Confederez firent fraper cette Medaille en memoire de la défaite du Comte de Boffu.

Un Combat Naval.

INQUISITIO INQUIRENDO NIMIS SEDULO SE IPSAM PERDIT.

L'Inquifition en cherchant trop fe perd tout de bon elle-même.

C'EST une allufion au nom du Vaiffeau Admiral où combattoit le Comte, & qui fut pris avec luy.

REVERS.

II. OCTOBER. M. D. LXXIII.

DOOR LOVTERGHE WELTVAN MENICH HELTDER

VRYE WEST VRIES CHENATIE WERD BOSSOV

GEVELTDIT HIER

GESTELTTOT LOFTEKEN VANGODS GRATIE.

L'onziéme Octobre mil cinq cens soixante-treize les libres Westfrisons ont vaincu Bossu par leur valeur, en reconnoissance de quoy on rend graces à Dieu.

LA défaite du Comte fut la derniere action du gouvernement du Duc d'Albe que Philippes r'appella des Pays-bas, il en partit pour l'Espagne avec Frederic de Tolede son fils sur la fin de l'année, sans avoir remporté de tant de Sieges & de Combats où le plus souvent il fut vainqueur, d'autre fruit que de s'être par son faste & par sa barbarie attiré la haine publique & d'avoir r'allumé le feu qu'il devoit éteindre : Il a laissé dans les dix-sept Provinces une telle impression de son humeur sanguinaire qu'on y appelle encore aujourd'huy un homme cruel, *Duc d'Albe.* Ce n'est point par la violence & par la cruauté que les Souverains doivent regner, leurs veritables Trônes sont les cœurs de leurs Sujets, & puisqu'ils sont les Dieux visibles de la Terre, il ne faut pas qu'ils soient des Divinitez malfaisantes.

1573.

ES pieces de Monnoye furent frapées dans la Ville de Middelbourg en Zelande en 1573. pendant la continuation du Siege que les Confederez avoient commencé dés l'année precedente : Les Lettres initiales D. R. P. F. avec le mot Middelb. font :

DEO, REGI, PATRIÆ FIDELES MIDDELBURGENSES.

Ceux de Middelbourg fideles à Dieu, au Roy & à la Patrie.

PHILIPPES donna le Gouvernement des Pays-bas à Loüis de Requesens grand Commandeur en Castille de l'Ordre de saint Jacques : Lorsque Requesens fut arrivé, il fit ôter l'odieux monument de la vanité de son predecesseur, c'est à dire la Statuë armée du Duc d'Albe qui étoit dans la Citadelle d'Anvers. Cela se fit afin d'insinuer parmy les Peuples que la conduite severe & imperieuse du Duc d'Albe n'avoit pas été bien reçüe en Espagne, & que Philippes avoit donné ordre d'agir avec douceur.

REQUESENS s'appliqua ensuite à secourir Middelbourg que les Armes des Confederez & la famine avoient réduit à l'extremité : Ayant partagé sa Flotte pour occuper les deux bras de l'Escaut qui conduisent à cette Ville, il en donna une partie à Glimes Vice-Admiral, & à Julien Romero, & l'autre à Sancho Davila : Les deux premiers furent défaits devant Bergue sur Zoom le 29. Janvier 1574. par les Zelandois, sous le commandement de Loüis Boisot Admiral de Zélande qui perdit un œil au Combat. Les Vainqueurs prirent neuf Navires & brûlerent l'Admiral Espagnol ; Glimes fut tué & Romero contraint de se sauver à la nage. Un jeune Zelandois nommé Gaspard Leyusen fit une action digne de l'Histoire, il sauta d'un filbot sur l'Admiral d'Espagne, en arracha l'Enseigne qui voloit au haut du Mât, l'enveloppa autour de son corps & l'emporta malgré les Ennemis. Le Commandeur étant sur une digue fut témoin du malheureux succés de son entreprise, dont il fit avertir Davila qui se retira par la Riviere au Port d'Anvers.

CHRISTOPHLE de Mondragon Gouverneur de Middelbourg
preſſé par la famine, ſe voyant par cette défaite ſans aucune eſperance
de ſecours, rendit la Place le 20. Fevrier, aprés y avoir acquis de l'honneur par ſa longue & genereuſe réſiſtance : La Capitulation portoit que
les choſes Sacrées, les Eccleſiaſtiques & la Garniſon ſeroient conduits
en Flandre, & que Mondragon feroit mettre en liberté Philippes de
Marnix Baron de ſaint Aldegonde, que les Eſpagnols avoient pris en
Hollande & qui étoit conſideré du Prince d'Orange ; ce qui fut executé
de bonne foy de part & d'autre. La priſe de Middelbourg, & celle d'Armuyde qui ſe rendit aux Confederez, délivra entierement l'Iſle de Walkeren de la domination Eſpagnole.

REVERS.

L E grand Commandeur de Requefens averty que le Comte Loüis de Naffau étoit entré dans la Gueldre avec un Corps d'Armée & qu'il tâchoit de paffer la Meufe, envoya Sancho Davila Gouverneur de la Citadelle d'Anvers, pour s'oppofer à fon paffage : Davila, qui de fimple Soldat, étoit parvenu par fon merite au Commandement, paffa luy-même la Riviere & alla combatre les Ennemis qu'il défit à Monkereyde le 14. Avril 1574. Le Comte ayant vaillamment combatu fut tué avec Henry de Naffau fon frere, & Chriftophle de Baviere fils de l'Electeur Palatin ; la mort de Loüis fut fenfible aux Confederez qui perdirent le plus vigilant & le plus hardi de leurs Generaux.

1574.

R E Q U E S E N S ne tira pas grand avantage de cette victoire par la mutinerie des Soldats Efpagnols, qu'il ne put appaifer que par le payement de leur folde : Le Commandeur leur fit enfuite joindre François Valdes, qui affiegeoit pour la feconde fois la Ville de Leyde en Hollande. La conftance humaine ne fçauroit aller plus loin, qu'alla celle des affiegez pendant cinq mois, que dura le Siege, jufque là, que Pierre Adrien de Verf Bourgmaiftre excité par quelques Habitans de fe rendre, à caufe de la pefte & de la famine, qui défoloient la Ville : *Mes Amis*, leur dit-il, *puifque je dois mourir il ne m'importe que ce foit par vous ou par l'ennemy, mettez mon corps en pieces & le partagez, je mourray content fi ma mort peut vous être utile.*

L E Prince d'Orange touché de la mifere des affiegez, tenta toutes fortes de moyens pour leur délivrance, l'on n'en trouva point de meilleur que de percer les digues afin d'inonder les affiegeans, & l'execution fe fit avec tant de bonheur, que Valdes épouvanté leva le Siege de nuit avec beaucoup de confufion & de perte.

C E T T E Medaille fut frapée pour la levée du Siege de Leyde.

Le Camp des Efpagnols devant Leyde ; un Ange qui tient une épée & qui pourfuit des Soldats fuyans & effrayez.

U T S A N H E R I B A A J E R U S A L E M.

R E V E R S.

La levée du Siege.

S I C H I S P A N I A L E Y D E N O C T U F U G E R Æ I I I. O C T O B R I S M. D. L X X I I I I.

Comme Sennacherib s'enfuit de Jerufalem, ainfi les Efpagnols fe font enfuis de nuit de la Ville de Leyde le 3. Octobre 1574.

G

Ce Sennacherib Roy d'Assyrie ayant assiegé Jerusalem, l'Ange Exter-
minateur luy tua la nuit cent quatre-vingts cinq mille hommes, dont
plein d'effroy il s'enfuit, laissant son bagage aux Juifs. Cette Histoire est
rapportée au quatriéme Livre des Rois Chapitre dix-neuf, quoyqu'il y
ait dans la Medaille au second Livre.

Les assiegez avoient pendant le Siege fait battre plusieurs pieces de
Monnoye. Voicy trois de ces pieces :

La premiere.

Le Lyon Belgique couronné tenant d'une de ses pattes un sabre, &
de l'autre un bouclier où sont les Armes de la Ville.

Pugno pro Patria. M. D. LXXIIII.

Je combats pour la Patrie.

R E V E R S.

Dans une Couronne de chêne.

Lucdunum Batavorum.

LEYDE.

La seconde.

Le même Lyon tenant d'une patte une pique au bout de laquelle est un
chapeau, & de l'autre un bouclier où sont les Armes de Leyde

Hæc libertatis ergo M. D. LXXIIII.

Pour la liberté.

R E V E R S.

Dans une pareille Couronne.

Gott behoede Leyden.

Dieu garde Leyde.

La liberté est representée dans cette piece par le chapeau qui en est
le symbole.

Et la troisiéme.

Le même Lyon Belgique tenant d'une patte un sabre, & de l'autre
les Armes de la Ville qui sont deux clefs en sautoir.

PUGNO PRO PATRIA M. D. LXXIIII.

Je combats pour la Patrie.

REVERS.

Dans une Couronne de chêne.

NUMMUS OBSESSÆ URBIS LUGDUNENSIS SUB GUBERNATIONE

ILLUSTRISSIMI PRINCIPIS AURAICI CUSUS.

*Monnoye batuë dans la Ville de Leyde assiegée sous le gouvernement
du tres-Illustre Prince d'Orange.*

IL fut fait un grand nombre de ces pieces en cuivre , & même en
cuir & en carton , qui ne laissoient pas à cause de la necessité de la Ville
d'avoir cours & de valoir autant que celles d'argent par l'autorité des
Magistrats qui en étoient responsables.

ETTE piece eſt une Monnoye batuë dans la Ville de Sconhoven durant le Siege ; la lettre S renverſée fait Sconhoven , le chifre VI. eſt la valeur de la Monnoye, & le milleſime 1575. marque l'année du Siege.

GILLES de Barlemont Seigneur d'Hierges , qui commandoit en Hollande à la place du Comte de Boſſu, que les Weſtfriſons avoient fait priſonnier , eut ordre de Requeſens d'attaquer les Places Confederées de cette Province : Aprés avoir pris la Ville & le Château de Bueren & emporté d'aſſaut Oudewater avec un tel carnage, qu'il ne reſta pas vingt Soldats de la Garniſon , il aſſiegea Sconhoven le douziéme Aouſt; le Colonel la Garde François qui s'y étoit jetté peu de jours auparavant , ſe défendit en homme de guerre, & quoyque la brêche fût de trois cens pas , il vouloit ſoûtenir l'aſſaut; mais n'ayant pas reconnu la même volonté aux Habitans & aux Soldats, il capitula le 24. & ſortit avec armes & bagage.

CEPENDANT le Commandeur qui avoit formé le deſſein d'ouvrir à ſes Troupes le paſſage dans les Iſles de Zelande, diſpoſoit toutes choſes, & donnoit ſes ordres pour l'execution d'une entrepriſe ſi difficile & ſi importante : Cette Province eſt diviſée en pluſieurs Iſles par l'Eſcaut & par la Meuſe, dont les eaux qui l'environnent demeurent baſſes quand la Mer qui y entre s'eſt retirée : Les Eſpagnols paſſerent à pied la nuit du 28. Septembre les canaux de Duveland & de Schouwen , entrérent dans les Iſles malgré la réſiſtance des Confederez, qui furent mis en fuite , & forcerent Bommené où le ſieur de Neüville François Gouverneur de la Place , fut tué ſur la brêche : Ce paſſage eſt la plus belle & la plus vigoureuſe action que les Eſpagnols ayent jamais faite , & il y en a peu dans l'Antiquité qui luy ſoient comparables; Vitelli que le Commandeur avoit chargé de la conduite de l'entrepriſe , Davila , Mondragon , Jean Oſore Ulloa , Raphaël Barberin & Jean Aranda , y firent paroître leur valeur & leur experience ; Gabriël Peralte & Iſidore Pacheco y furent tuez.

APRE's la priſe de Bommené les Eſpagnols aſſiegerent la Ville de Zierikzée Capitale de Schouwen ; les aſſiegez firent pendant neuf mois que dura le Siege , tout ce que de braves gens pouvoient faire pour leur défenſe ; Loüis Boiſot Admiral de Zelande tâcha en vain de les ſecourir

& perdit

& perdit la vie dans cette occafion : Enfin, Arent de Dorp Gouverneur, fut contraint par la famine de fe rendre le 30. Juin 1576.

LE Commandeur de Requefens étoit mort à Bruxelles le cinquiéme Mars, en reputation d'avoir été plus propre à la negotiation & aux affaires civiles qu'au commandement des Armées ; ce n'eft pas qu'il n'eût donné des preuves de fon courage dans la guerre de Grenade & à la bataille de Lepante : Mais cette opinion venoit de la douceur de fes mœurs & de la capacité qu'il avoit témoignée dans le Gouvernement de Milan & en diverfes Ambaffades.

CHIAPIN Vitelli Marquis de Cetonne, mourut dans le même temps : Il-étoit natif de Cita di Caftello au Duché de Spolete en Italie, & s'étoit fignalé dans la guerre de Tofcane : Sa gloire augmenta dans celle des Pays-bas, & il y parut auffi fage dans le confeil que vaillant dans le combat.

H

 UOYQUE cette Medaille n'ait été donnée qu'en 1576. comme il paroît par le millefime, elle ne laiffe pas d'avoir été faite pour une action de l'année prece-dente.

L'Empereur Maximilien fecond Prince fage & paifible, apprehendant que le feu qui embrafoit les Pays-bas ne penetrât dans l'Allemagne, offrit fa média-tion pour la paix ; elle fut acceptée par les deux parties, & la Ville de Breda en Brabant choifie pour la Conference des Deputez : Mais foit que les Efpagnols fuffent trop fermes dans leurs propofitions, ou que les Confederez fe défiaffent d'une Nation qui n'oublie pas aifément les inju-res, l'Affemblée finit en Juin 1575. fans avoir rien conclu.

Les Confederez qui vouloient faire connoître que les Efpagnols ne propofoient la Paix que pour les amufer & les furprendre, firent faire cette Medaille en 1576.

Le Lion Belgique.

SECURIUS BELLUM PACE DUBIA M. D. LXXVI.

La guerre eft plus affurée qu'une paix incertaine.

R E V E R S.

Un Chapeau.

LIBERTAS AUREA CUJUS MODERATUR HABENAS RATIO.

Heureufe la liberté qui fe conduit par la raifon.

La mort de Requefens apporta du changement dans les Provinces qui étoient demeurées fous la domination d'Efpagne : A peine le Confeil d'Eftat s'étoit, fuivant la coûtume, chargé de l'adminiftration des affaires en attendant un nouveau Gouverneur, que les Soldats Espagnols se mutinerent, pillerent la Ville d'Aloft en Flandre, & firent tant de ravage que le Conseil d'Estat les declara rebelles. Comme les mutinez ne cessoient point leurs violences, les Estats Generaux des Pays-bas, à l'exception de la seule Province de Luxembourg, arrêterent le 8. Novembre le Traité qui fut appellé la Pacification de Gand, parce qu'il fut fait dans cette Ville : Ses principaux Articles étoient, que les Provinces de Hollande & de Zelande demeureroient unies avec les autres, & que les Soldats Espagnols & Etrangers seroient chassez de Flandre. Il faloit que les Flamans fussent bien animez contre les Espagnols & qu'ils les estimassent les ennemis communs de la Patrie, puisque ni la difference de Religion, ni le sang qu'ils venoient de répandre dans les guerres de Hollande & de Zelande, ne furent pas capables d'empêcher leur union avec les peuples de ces Provinces.

Quatre jours avant le Traité de Gand les Espagnols avoient saccagé la Ville d'Anvers Capitale du Brabant : On ne sçauroit exprimer les insolences & les cruautez qu'ils y commirent ; le pillage dura trois jours ; l'Hôtel de Ville qui étoit un superbe édifice, fut brûlé avec plus de six cens maisons & plus de dix mille hommes furent tuez ou noyez.

LE même jour du fameux Sac d'Anvers, Dom Jean d'Austriche fils naturel de Charles-Quint, étoit arrivé à la Ville de Luxembourg pour être Gouverneur des Pays-bas : Ce Prince ayant témoigné qu'il défiroit la paix, fes Deputez & ceux des Eftats s'affemblerent à Marche en Famine Ville du Luxembourg : On y fit le 12. Fevrier 1577. le Traité appellé l'Edit perpetuel, que l. Prince d'Orange & les Eftats d'Hollande & de Zelande refuferent de figner. Suivant ce nouveau-Traité qui confirmoit la Pacification de Gand, les Troupes Efpagnoles & Etrangeres fortirent de Flandre, & Dom Jean fit fon entrée à Bruxelles le premier jour de May.

CETTE Medaille fut faite en mill cinq cens foixante dix-fept en memoire de la Paix de Marche en Famine.

La Juftice fur un Trône ayant à fa droite la Paix qui tient un flambeau dont elle brûle des Armes, & à fa gauche l'abondance.

JUSTITIA PACEM, COPIAM PAX ATTULIT.

La Juftice a produit la Paix, & la Paix l'abondance.

REVERS.

La liberté tenant d'une main une palme avec une épée proche de laquelle il y a des chaînes & des fers brifez ; elle tient de l'autre un chapeau dont elle couvre deux rameaux d'olivier fortans d'une couronne, laquelle eft foûtenuë d'un cœur qui eft au deffus de deux mains jointes enfemble, & au deffous eft un Lion en repos.

VINDICATA

VINDICATA LIBERTAS CONCORDIA.

La liberté assurée par l'union.

La Couronne represente l'Espagne , le Lion les Pays-bas , les branches d'olivier , le cœur , & les mains croisées en signe de foy, marquent la Paix qu'on vient de conclure.

Le calme que cette Paix sembloit avoir rétably dans la Flandre , étoit de ces calmes trompeurs qui font ordinairement suivis de la tempête. Dom Jean & les Estats avoient des interests trop opposez pour être long-temps en bonne intelligence : Ce Prince qui avoit dompté la rebellion des Maures de Grenade , gagné la bataille de Lepante contre les Turcs , & fait trembler l'Afrique par la prise de Tunis , prétendoit gouverner avec toute l'autorité düe à sa qualité de Gouverneur , & à la grandeur de sa naissance & de sa reputation ; d'un autre côté les Estats tenoient la main à l'execution des Traitez de Pacification & défendoient avec vigueur les Loix , les Privileges & la liberté des Provinces : Ainsi la Paix ne fut pas de durée , & Dom Jean entreprit d'abatre une Puissance qui limitoit la sienne. Le voyage de Marguerite de Valois Reine de France qui venoit aux eaux de Spa , fut une occasion favorable au dessein de Dom Jean : Il sortit de Bruxelles sous pretexte d'aller au devant de la Reine , & s'empara lorsqu'on y pensoit le moins , du Château de Namur le 24. Juillet 1577. Cette surprise mit l'alarme par tout & fut le signal de la guerre. : Dom Jean amassa des Troupes & s'assura de quelques Places : les Estats reprirent aussi les armes, se rendirent maîtres d'Anvers , de Gand , de Bergues sur Zoom , de Boisleduc , de Breda & de plusieurs autres Villes & Forteresses , firent le Prince d'Orange Gouverneur de Brabant , & le reçûrent à Bruxelles le 23. Septembre au milieu des acclamations publiques : Il faut avoüer que le Prince d'Orange possedoit ces admirables talens qui ont un empire infaillible sur les cœurs , & qu'il étoit un habile politique de sçavoir acquerir l'amitié de ces mêmes peuples dont il avoit troublé le repos & la Religion , & de tourner contre ses ennemis particuliers toute la haine qu'ils devoient luy porter.

PHILIPPES de Croy Duc d'Arſchot dont la Maiſon avoit toûjours été ennemie de celle de Naſſau ; Charles Comte de Lalain & quelques autres Seigneurs de la premiere Nobleſſe des Pays-bas , ne pûrent ſouffrir la nouvelle élevation du Prince d'Orange ; Ils ſongerent à luy oppoſer Matthias Archiduc d'Auſtriche fils de l'Empereur Maximilien Second , & luy envoyerent un Gentil-homme qui s'acquita ſi heureuſement des ordres qu'on luy avoit donnez , que l'Archiduc partit de Vienne en poſte & ſe rendit aux Pays-bas. Voicy un autre trait de la politique du Prince d'Orange : Matthias étoit venu avec autant de precipitation que d'imprudence , ſans en avoir donné avis aux Eſtats , & contre le ſentiment de Rodolphe ſon frere qui avoit eu l'Empire aprés la mort de ſon pere Maximilien. Un pareil Gouverneur âgé de vingt-deux ans , ſans experience , ſans troupes , ſans argent & ſans appuy , étoit propre aux deſſeins du Prince qui vouloit ſe maintenir dans le commandement. L'Archiduc fut donc reçû Gouverneur ſous de certaines conditions , & fit ſon entrée à Bruxelles. La Lieutenance Generale fut donnée au Prince malgré ſes ennemis.

CETTE Medaille fut frapée en 1578. aprés que l'Archiduc Matthias eut obtenu le Gouvernement des Pays-bas.

La Tête de l'Archiduc.

MATTHIAS DEI GRATIA
ARCHIDUX AUSTRIÆ , DUX BURGUNDIÆ ,
COMES TIROLIS , GUBERNATOR CAPITANUS
GENERALIS BELGII.

Matthias par la grace de Dieu Archiduc d'Austriche , Duc de Bourgogne ,
Comte de Tyrol , Gouverneur & Capitaine General
des Pays-bas.

REVERS.

Andromede attachée à un rocher au milieu de la Mer , un monstre
s'avance pour la devorer , & Persée paroît en l'air
venant à son secours.

AMAT VICTORIA CURAM.

La victoire demande du soin.

L'ARCHIDUC est Persée qui est venu pour secourir la Flandre representée par Andromede. & pour la délivrer des Espagnols.

PENDANT le Gouvernement de Matthias , le Prince d'Orange se
conserva toute l'autorité & la disposition des affaires : Ce fut par son Conseil que les Estats firent démolir la Citadelle d'Anvers du côté qui regar-
doit la Ville ; l'on y trouva la Statuë d'airain du Duc d'Albe , que le
Commandeur de Requesens avoit fait cacher ; le peuple témoigna par
des insultes & des emportemens contre cette Statuë, la violence de la
haine qu'il portoit à l'Original , & exerça sur elle des vengeances imagi-
naires pour les maux effectifs dont le Duc l'avoit accablé.

LES Estats firent aussi abatre les Châteaux de Gand , d'Utrecht ,
de l'Isle , de Valancienne , d'Aire , de Bethune & de Bapaume : Ils prirent à leur service les vieux Regimens de Bossu , de Champigny , de
Montigny, & leverent incessamment des Troupes , de sorte que leur Armée étant devenuë considerable , ils résolurent de la faire marcher vers
Namur pour s'opposer aux desseins de Dom Jean.

1 578.   OM Jean d'Auſtriche ſe voyant une Armée de vingt
mille hommes, par le retour des Eſpagnols qu'il avoit
fait revenir du Milanois, ſortit de Namur pour combatre
les Troupes des Eſtats qui s'en étoient approchées : la
bataille ſe donna le dernier Janvier 1578. à Gemblours
ſur les frontieres de Brabant ; Dom Jean la gagna par
ſa conduite & par ſa réſolution ; & le Prince de Parme
qui s'étoit déja ſignalé ſous luy à la bataille de Lepante, y donna des
marques de cette hardieſſe & de cette prudence qui l'ont mis au rang
des plus grands Capitaines. Les Eſtats y perdirent trente Enſeignes d'Infanterie, quatre Cornettes & tout leur Canon, & Antoine de Coignies
leur General, y fut pris : On attribua leur défaite à l'abſence des principaux Chefs qui étoient à Bruxelles lors du combat, & à la jalouſie de
quelques-uns contre le Prince d'Orange.

LES Eſpagnols pourſuivans leur victoire qui les avoit rendus maîtres
de la campagne, prirent Gemblours, Bovines, Louvain, Thienen, Arſchot, Sichen, Dieſt, Nivelle en Brabant, Bins, Maubeuge, Philip-
peville en Hainaut & Limbourg, avec quelques autres Places.

PARMY tant de diſgraces arrivées aux Eſtats, la fortune mêla quelques évenemens qui leur furent avantageux ; les Eſpagnols perdirent la
Ville d'Amſterdam, la plus belle, la plus riche & la mieux peuplée de
toute la Hollande ; & Georges de Lalain Comte de Renneberg, prit
pour les Eſtats Campen & Deventer en la Province d'Overiſſel.

CETTE Monnoye fut batuë dans Campen durant le Siege, dont le
milleſime 1578. eſt l'année.

                                                            ON

On voit dan l'un & l'autre côté de la Piece , les Armes de la Ville qui font trois Tours avec ces deux mots:

EXTREMUM SUBSIDIUM.

Le dernier secours.

Cela marque la neceffité de la Ville , qui fut obligée de faire batre cette Monnoye de l'Argenterie des Eglifes , pour faire fubfifter la Garnifon.

Les progrés de Dom Jean firent connoître aux Eftats qu'ils avoient befoin d'une protection plus puiffante que celle de l'Archiduc , qui ne leur avoit apporté que fa perfonne & fon nom. La Reine de Navarre belle & fpirituelle Princeffe, avoit dans fon voyage de Spa, gagné quelques Seigneurs de Flandre en faveur de François de Valois fon frere , Duc d'Anjou & d'Alançon. Le Prince d'Orange qui aimoit la Nation Françoife , confeilla les Eftats de traiter avec ce Duc : cela fut fait ; on le nomma , *Le défenfeur de la liberté Belgique* , & il entra dans le Hainaut , où il reprit fur les Efpagnols Bins & Maubeuge au mois d'Octobre 1578. Mais il retourna en France fur la fin de l'année.

Dom Jean d'Auftriche étoit mort le premier Octobre en fon Camp proche Namur : Prince qui fit toûjours paroître une grandeur d'ame digne de fa Naiffance , qui fut la terreur des Infideles , & qui à l'âge de 31. ans qu'il mourut , avoit acquis autant de reputation que les plus illuftres & les plus vieux Generaux d'Armée ; on le foupçonna d'avoir voulu fe faire Souverain : quoyqu'il en foit , il mérita de regner par fa vertu. Son fucceffeur au Gouvernement fut Alexandre Farnefe Prince de Parme, fils d'Octave Duc de Parme , & de Marguerite d'Auftriche qui avoit été Gouvernante. C'eft à la valeur & à la fageffe de cet Alexandre que l'Efpagne qui n'avoit lors fous fon obéiffance que les trois petites Provinces de Luxembourg , Namur & Limbourg , avec les dernieres Conquêtes de Dom Jean , eft obligée de ce qu'elle poffede dans les Pays-bas.

K

1579.

ES premiers foins du nouveau Gouverneur furent de
faire r'entrer au service du Roy Philippes les Chefs des
Mécontens , dont le party s'étoit formé dans les Provinces Walones : Le pretexte de leur mécontentement
contre les Eftats étoit la liberté de conscience qu'on
avoit permise dans toutes les Villes au préjudice de la
Pacification de Gand : Ils craignoient aussi que la Religion Catholique ne fût en peril par l'autorité du Prince qui avoit embrassé
le Calvinisme , & ne pouvoient souffrir qu'il fût devenu l'arbitre & l'oracle des Confederez.

CETTE division qui fut l'ouvrage de l'adresse du Prince de Parme,
causa un changement tres-favorable aux Espagnols , elle remit les Provinces de l'Artois & du Hainaut, avec une partie de la Flandre Gallicane,
sous leurs anciens maîtres , & retira du party des Eftats Philippes Comte
d'Egmont, fils de l'Amoral que le Duc d'Albe avoit fait décapiter ; Robert de Melun Vicomte de Gand, Valentin de Pardieu sieur de la Motte , Emanuël de Lalain Baron de Montigny , Guillaume de Montmorency
sieur de Capres, Charles de Gaure Seigneur de Fresin, & plusieurs autres
Seigneurs du Pays. Le Comte de Renneberg abandonna les Eftats & leur
fit perdre la Ville de Groningue.

LES Confederez voyant que l'Espagne tâchoit de les des-unir , firent
de leur côté la celebre Union d'Utrecht : Les Députez des Provinces de
Gueldre , de Hollande , de Zelande , de Zutphen , d'Utrecht , de Frise
& des Ommelandes, en fignerent le Traité le 23. Janvier 1579.

Les plus importans Articles étoient

*Que ces Provinces s'unissoient ensemble de même que si elles n'en fai-
soient qu'une , sans qu'elles pussent être séparées.*

*Qu'on laissoit aux Provinces & aux Villes en particulier, les Privileges,
Droits & Coûtumes dont elles jouissoient.*

*Et qu'elles s'assisteroient les unes & les autres contre tous leurs Enne-
mis*

CETTE Union a été la pierre fondamentale d'une Republique qui
sous le nom de Hollande a maintenu sa liberté par les armes, & qui s'est
enrichie par le commerce & par la navigation. Les Provinces qui s'uni-
rent contre l'Espagne furent, depuis le Traité conclu à Utrecht, appel-
lées , *les Provinces Unies.*

LES Confederez firent fraper cette Medaille en memoire de leur
Union.

Deux Vaisseaux l'un proche de l'autre , & la Ville d'Utrecht
dans le lointain.

FRANGIMUR SI COLLIDIMUR.

Nous nous brisons si nous nous choquons.

REVERS.

Deux bœufs qui tirent une charuë

TRAHITE ÆQUO JUGO.

Tirez également sous le même joug.

CES Emblêmes sont des avertissemens qu'on donne aux Provinces du
danger où elles se mettent par leur division.

L E S differentes negotiations pour l'accommodement des Provinces Walonnes par le Prince de Parme, & pour l'Union d'Utrecht par les Confederez, s'acheverent pendant que le Prince affiegeoit en perfonne la Ville de Maftricht ; fituée dans le Brabant fur la Riviere de Meufe : Ce Siege fut confiderable & extrémement funefte aux affiegez, que les Efpagnols forcerent par un pofte mal gardé le 29. Juin 1579. L'on exerça dans cette malheureufe Ville tout les excés dont l'avarice & la brutalité du Soldat font capables; les femmes & les enfans ne furent point épargnez, & il y perit plus de huit mille perfonnes. Le Gouverneur Suarzembourg fieur de Herle, étant accouru l'épée à la main pour repouffer l'ennemy, fut tué en combatant; Sebaftien Tapin François, qui par fon courage & par fon experience dans la guerre, avoir beaucoup contribué à la réfiftance des affiegez durant quatre mois, fut prifonnier & conduit au Château de Limbourg, où il mourut de fes bleffures. Les Efpagnols perdirent deux mille cinq cens hommes, le Comte de Barlemont, Fabio Farnefe parent du Prince, quelques Volontaires de qualité, & grand nombre d'Officiers.

L E Prince quelques jours aprés la prife de Maftricht, y fit fon entrée par la bréche, & alla dans l'Eglife rendre graces à Dieu de ces glorieufes premices de fon Gouvernement.

C E s

Ces deux pieces de Monnoye furent faites dans Maſtricht pendant
le Siege.

La premiere.

Les Armes de la Ville qui font une étoile , au deſſus une épée
qui traverſe cette legende.

TRAJECTUM AB HISPANIS OBSESSUM PRO

JUSTÆ CAUSÆ DEFFENSIONE.

M. D. LXXIX.

*La Ville de Maſtricht aſſiegée par les Eſpagnols pour la défenſe de
la bonne cauſe , l'an 1579.*

REVERS.

PROTEGE DOMINE POPULUM TUUM PROPTER

NOMINIS TUI GLORIAM.

Seigneur , protege ton peuple pour la gloire de ton Nom.

Dans l'Exergue.

Le chifre Romain XXIV. qui marque la valeur de la Monnoye.

La ſeconde.

L'Ecuſſon des Armes de la Ville & dans les deux côtez les mêmes
legendes que dans la precedente.

Dans l'Exergue.

Le chifre Romain XVI.

Les Villes de Boiſleduc & de Valenciennes , l'une dans le Brabant
& l'autre dans le Hainaut , abandonnerent les Eſtats & ſe declarerent
pour l'Eſpagne , ſous les mêmes conditions qui avoient été accordées
aux Mécontens.

1 5 77.　　ES pertes de Provinces & de Villes n'étonnerent point
les Eſtats qui prirent des réſolutions plus fortes que ja-
mais pour la défenſe de leur liberté & de leur ancienne
autorité qu'ils avoient repriſe. Il y avoit eu en 1579. une
Aſſemblée à Cologne pour la Paix des Pays-bas, par
la Médiation de l'Empereur Rodolphe Second : elle avoit
été inutile, quoyqu'elle eût duré ſept mois, qu'elle fût
tres-celebre, & que tous les Députez fuſſent des perſonnes Illuſtres &
conſommées dans la Negotiation. Comme les Eſtats avoient reconnu que
les Eſpagnols ne leur faiſoient des propoſitions d'acommodement que
pour les remettre dans les fers qu'ils avoient ſi genereuſement briſez ; ils
ne ſongerent plus qu'à ſe maintenir par les armes, & de preferer une
guerre ouverte aux intrigues & aux ſurpriſes d'une Paix trompeuſe.

C E fut dans cette penſée & aprés la rupture du Traité de Cologne
que les Eſtats firent fraper cette Piece en 1580.

Le Pape & le Roy d'Eſpagne ; le Roy careſſe le Lion Belgique, il luy
preſente d'une main un rameau d'olivier, & cache dans l'autre
un collier qu'il ſemble vouloir luy mettre au col.

L I B E R   R E V I N C I R I   L E O   P E R N E G A T.

*Le Lion s'étant une fois remis en liberté refuſe de reprendre
de nouvelles chaînes.*

R E V E R S.

Une ſtatuë ſur un pilier au bas duquel le Lion eſt attaché
d'un lien qu'un Rat ronge.

ROSIS LEONEM LORIS MUS LIBERAT.

Le Rat délivre le Lion aprés avoir rongé les liens qui l'attachent.

LES careffes qu'on témoigne au Lion , le rameau d'olivier que le Roy luy offre & le collier qu'il cache , fignifient le deffein qu'on a de furprendre les Eftats par de feintes propofitions de Paix , & à les faire retomber dans l'efclavage. Les figures du revers montrent la délivrance des Provinces Unies , des rigueurs de l'Inquifition , dont la ftatuë eft fur le pillier.

Au mois de May de cette année 1580. François de la Noüe Maréchal de Camp de l'Armée des Eftats en Flandre , y fut défait proche le Châ-teau d'Ingelmonfter , & pris par le Vicomte de Gand qui l'envoya au Prince de Parme : Sa prifon affligea les Eftats , parce qu'ils craignoient que l'Efpagnol ne voulût point délivrer un Capitaine fi experimenté & fi capable de rendre fervice aux Ennemis de Philippes : Il demeura prifon-nier cinq ans , & ne fortit que par échange avec le Comte d'Egmont que la Noüe avant fa défaite , avoit fait prifonnier dans la petite Ville de Ninove en Flandre ; encore ce fut aprés avoir promis de ne point por-ter les armes contre l'Efpagne , & donné pour caution de fa parole Hen-ry de Bourbon , qui étoit lors Roy de Navarre. Ce Comte d'Egmont témoigna fi peu de reffentiment de la mort violente de fon Pere , qu'il fuivit le parti de ceux qui l'avoient fait mourir & combatit contre les peu-ples qui avoient pris les armes pour venger fa mort : Il fut tué en 1590. à la bataille d'Ivry , où il commandoit les Troupes que le Duc de Parme avoit envoyées en France au fecours de la Ligue.

1580.

A haine des Confederez contre l'Espagne augmentoit tous les jours; le Prince d'Orange qui avoit interest que la Souveraineté de sa mortelle ennemie fut éteinte dans les Provinces , proposa aux Estats d'en secoüer le joug entierement , & de choisir pour Prince le Duc d'Alençon : Il disoit que le Duc avoit déja la foy des Confederez ; Qu'il étoit venu à leur secours comme défenseur de la liberté Belgique ; Qu'ils ne seroient plus maltraitez par des Gouverneurs superbes , cruels & ambitieux , qui abusoient de leur pouvoir ; Qu'ils verroient leur Prince presider à leurs Conseils & commander en personne les Armées ; Que ce chois seroit agréable à Elizabeth Reine d'Angleterre leur Alliée ; Qu'il contenteroit également les Catholiques & les Protestans ; Que la France seroit bien aise d'occuper ailleurs & pour le service du Frere de son Roy, tant de vaillans Hommes qui avoient vieilli dans ses guerres civiles ; Qu'ainsi le Duc ne manqueroit point ni de vieux Soldats & de bons Officiers , ni de cette brave Noblesse Françoise toûjours prête à combatre & toûjours invincible. Ces raisons persuaderent les Estats ; ils envoyerent au Duc d'Alençon leurs Deputez qui traiterent avec luy au Château de Plessis les Tours le 29. Septembre 1580. Les Conditions du Traité donnoient au Duc des titres éclatans ; mais elles rendoient les Estats les veritables Souverains , & par consequent réservoient toute l'autorité au Prince d'Orange , le premier mobile des Confederez.

    L E S Estats en memoire de ce Traité firent fraper cette Medaille en 1580.

Le Duc d'Alençon armé en buste.

FRANCOIS DUC D'ALENCON

FILS ET FRERE DU ROY.

REVERS.

REVERS.

Deux Princeſſes couronnées , vétuës à la Romaine , qui ſe préſentent la main droite pour ſe donner mutuellement la foy ; l'Arc-en-ciel paroît & environne les Princeſſes.

Dans l'Exergue.

FOEDUS AMICITIÆ.

Alliance d'amitié.

LE Duc étoit Fils du Roy Henry II. & Frere de Henry III. qui regnoit en France. Les deux Princeſſes ſont la France & la Flandre ; l'action qu'ils font , & l'Arc-en-ciel qui eſt le ſigne d'alliance , repreſentent celle des deux Nations.

COMME cette alliance avoit été faite à la perſuaſion du Prince d'Orange , le Roy d'Eſpagne en fut tellement indigné qu'il mît ſa tête à vingt-cinq mille écus ; le Prince ſe juſtifia par une excellente Apologie qui fut publiée.

CE fut en cette année que Philippes s'empara du Royaume de Portugal , aprés la mort du Cardinal Henry qui avoit ſuccedé à Dom Sebaſtien , tué en Afrique dans une bataille contre le Roy de Maroc : Il ſe ſervit en cette expedition du Duc d'Albe , qui deux ans aprés mourut en la Ville de Liſbonne. Perſonnage né pour le commandement , & qui dans un ſiecle fecond , en fameux Capitaines ne fut point inferieur aux plus renommez ; mais ſes vertus perdirent leur plus grand éclat par ſon humeur imperieuſe & cruelle , & ſon Gouvernement apprit aux Flamans ce que peut un homme violent & vindicatif , quand ſa fureur eſt ſoûtenuë par la force des armes : Il conſerva toute ſa vie des ſentimens de cruauté. On tient que peu de jours avant ſa mort , Philippes qui étoit lors à Liſbonne l'ayant conſulté ſur les moyens d'affermir la domination dans le Portugal , il dit qu'il faloit exterminer la Maiſon de Bragance qui prétendoit à la Couronne , & le Roy luy ayant répondu que ce feroit une action ſcandaleuſe & contre la Religion ; il repliqua fierement que les Royaumes ſe gouvernoient par des maximes d'Eſtat & non point par des ſcrupules de conſcience.

M

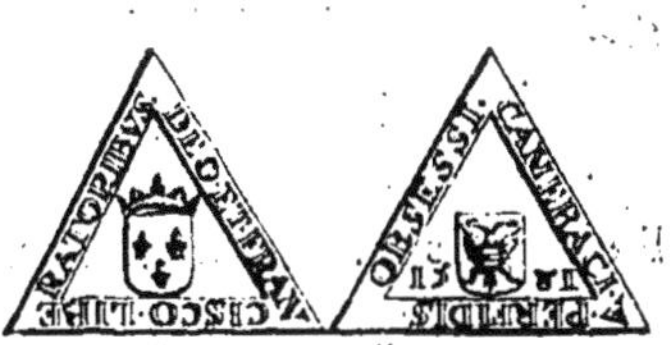

1581.

LAUDE de Barlemont Seigneur de Hautepenne, ayant furpris le Château de Breda en Brabant la nuit du 26. Juin 1581. força la Ville le lendemain malgré la réfiftance des Habitans, qui fe défendirent depuis deux heures jufqu'à dix du matin. Les Efpagnols commirent dans cette Ville les mêmes cruautez qu'ils avoient fai-tes à Maftricht.

LA perte de Breda & le blocus de Cambray par le Prince de Parme, obligerent le Duc d'Alençon de venir au fecours de fes nouveaux Sujets; Car les Eftats avoient publiquement déclaré Philippes déchû de la Sou-veraineté des Pays-bas, pour en avoir violé les Privileges ; avoient fait rompre fon Sceau ; ôter fes Images & fes Armes ; effacé fon Nom & fes Qualitez , & défendu aux Officiers de la Monnoye d'en marquer à fon coin. Le Duc s'étant approché de Cambray avec dix mille hommes de pied & quatre mille chevaux , le Prince ne l'attendit pas & leva le blo-cus. Le Duc fut reçû à Cambray comme fon Liberateur le 20. Aouft 1581.

CETTE piece triangulaire qui ne fe trouve qu'en or , fut faite pour la délivrance de Cambray.

L'Ecuffon des Armes de France.

DEO ET FRANCISCO

LIBERATORIBUS.

Les Armes de Cambray.

CAMERICI A PERFIDIS OBSESSI

ANNO M. D. LXXXI.

*A Dieu & à François Liberateurs de la Ville de Cambray , affiegée
par les perfides en l'année 1581.*

LA retraite du Prince de Parme devant un ennemy plus foible que
luy , étonna tout le monde. Un de fes Amis luy en demandant la caufe :
Je n'ay garde , dit-il , de hazarder les Eftats du Roy mon Maître , contre une Armée remplie de Nobleffe volontaire qui fe défera bien-tôt
d'elle-même , ce qui arriva comme il l'avoit jugé. Le Duc d'Alençon au
lieu d'avancer en Flandre , fe contenta d'avoir délivré Cambray & reprit
le chemin de France , d'où il repaffa en Angleterre : Il efpéroit époufer
la Reine , mais cela ne fe fit point ; Elizabeth n'eut jamais deffein de fe
marier , & l'efperance qu'elle donna de fon mariage à divers Princes , ne
fut qu'une politique pour fe faire des Amis & des Alliez. L'Archiduc
Matthias avoit auffi repris le chemin d'Allemagne , dont le Ciel luy de-
ftinoit l'Empire , qu'il obtint après la mort de fon Frere.

LE Comte de Renneberg qui commandoit pour l'Efpagne dans les
Provinces de Frife & d'Overiffel , mourut de maladie : Il avoit ôté aux
Eftats la Ville de Groningue ; le Prince de Parme mit François Virdugo
Efpagnol , à la place du Comte.

MARGUERITE d'Auftriche Ducheffe de Parme , étoit arrivée aux
Pays-bas par l'ordre de Philippes qui luy en avoit redonné le Gouvernement , à condition que le Prince fon Fils auroit le commandement abfo-
lu des Armes ; mais le Prince ayant témoigné que ce partage d'autorité
ne luy plaifoit pas ; la Ducheffe ne fit aucune fonction de Gouvernante
& fe retira en Italie. Le commandement a fa jaloufie & fa delicateffe ,
comme l'amour , & ne fouffre point de compagnon.

1582.

U commencement de l'année 1582. le Duc d'Alençon partit de Londres, décendit à Fleſſingue, & fut proclamé dans Anvers, Duc de Brabànt, avec une pompe ſolemnelle : L'on fit à cette proclamation des réjoüiſſances extraordinaires ; le Duc donna la grace à trois cens criminels, qui le ſuivirent tête nuë durant ſa marche par la Ville ; l'on diſtribua des pieces d'or & d'argent au peuple, & l'on fit faire nombre de Medailles, dont voicy les quatre plus remarquables.

La premiere.

Le Duc en buſte ayant le bonnet Ducal ſur la tête.

FRANCISCUS FILIUS FRANCIÆ,

FRATER UNICUS REGIS,

DEI GRATIÂ DUX BRABANTIÆ.

François Fils de France, Frere Unique du Roy, par la grace de Dieu Duc de Brabant.

R E V E R S.

Un Soleil qui répand ſes rayons.

FOVET ET DISCUTIT. M. D. LXXXII.

Il entretient & il diſſipe.

La ſeconde.

Luy en buſte armé.

François Duc d'Anjou & d'Alençon Fils de France.

R E V E R S.

Un Soleil qui ſemble ſortir de la Mer & qui s'élevant peu à peu, diſſipe les nuages qui l'environnent.

La même deviſe.

FOVET ET DISCUTIT.

La troiſiéme

LEGE · ET · GREGE · PRO · CHRISTO
חוה
1582
RELIGIONE·
ET·IVSTITIA·REDVCE
VOCATO·EX·GALLIA
PACATA·ANDEGAVSI
DVCE·BELGICA·
LIBERTATIS·
VINDICE

La troisiéme est semblable à la précedente , excepté qu'il y a quelque difference dans les Armes du Duc.

La devise, qui est dans ces trois Medailles , veut dire que comme le Soleil entretient les biens de la terre & dissipe ce qui leur est nuisible ; ainsi le Duc conservera les Pays-bas & en chassera leurs Ennemis.

La quatriéme Medaille

Deux mains qui se joignent & font un anneau dans lequel est le mot Hebraïque, JEHOVA , Dieu.

PRO CHRISTO LEGE ET GREGE.

M. D. LXXXII.

Pour CHRIST la Loy & le Peuple.

REVERS.

RELIGIONE ET JUSTITIA REDUCE,

VOCATO EX GALLIA PACATA

ANDEGAVENSIUM DUCE BELGICÆ

LIBERTATIS VINDICE.

LA RELIGION ET LA JUSTICE RESTABLIES aprés avoir appellé de la France pacifiée le Duc d'Anjou , défenseur de la liberté Belgique.

CE Soleil , que les Medailles representent tout brillant de lumiere, ne parut pas long-temps sur la Flandre sans être éclipsé. Le Duc voyant que les titres éclatans qu'on luy avoit donnez n'avoient rien de réel , se lassa d'être maîtrisé par ceux qui devoient luy obéir , & de faire le même personnage que l'Archiduc Matthias venoit de faire & sur le même theatre: il résolut de regner avec toute la force & toute la majesté de son caractere, & s'assura de quelques Places ; mais tous ses desseins furent renversez par le mauvais succés de l'entreprise d'Anvers, qu'il voulut surprendre le 17. Janvier 1583. Son nouveau Trône fut tellement ébranlé par cette malheureuse journée , que l'entremise de France & d'Angleterre n'en pût empêcher la cheute : Le Duc en prit tant de chagrin que s'étant retiré en France , il mourut l'année suivante à Château-Thierry. La vie des Grands n'est le plus souvent qu'un mélange de prosperitez & de disgraces, de gloire & de confusion. François de Valois étoit habile , éloquent , ambitieux & d'humeur à tout entreprendre & à tout hazarder pour la gloire & pour l'Empire.

N

1584.

E Prince d'Orange, qui étoit le plus ferme appuy des Confederez, attira sur luy la vengeance & la colere de leurs Ennemis : Il fut tué à Delf en Hollande le 10. May 1584. d'un coup de piſtolet que luy tira Baltazard Gerard, natif de Villefans en Franche-Comté : Ainſi s'acheva la vie de Guillaume de Naſſau, lequel merite d'être comparé aux Heros de l'ancienne Rome, puiſqu'il s'eſt devoüé comme eux, pour la gloire & la conſervation de la Republique. Les Provinces Unies furent extremement affligées de la mort du Prince, qui avoit ſoûtenu ſi glorieuſement le poids des affaires publiques & qui avoit été le genie tutelaire de l'Eſtat. Le meurtrier fut puny d'un long & rigoureux ſupplice ; Il l'endura ſi conſtamment que l'Hiſtoire a remarqué ſa réſolution comme un prodige : Le crime tâche toûjours de ſe couvrir des apparences de la vertu.

Les Eſtats pour honorer la memoire du Prince, firent fraper cette Medaille.

Le Prince d'Orange à demy corps dans un cartouche.

GUILLELMUS DEI GRATIA PRINCEPS AURAICÆ,

COMES NASSAVIÆ, NATUS DILEMBURGII

ANNO M. D. XXXIII.

PROVINCIAS CONFOEDERATAS QUAM

PRUDENTISSIME GUBERNAVIT ANNIS QUINDECIM,

INFORTUNATE OBIIT

DELPHÆ M. D. LXXXIV.

GUILLAUME PAR LA GRACE DE DIEU PRINCE d'Orange, Comte de Naſſau, né à Dilembourg en 1533. aprés avoir gouverné les Provinces Unies durant quinze ans avec beaucoup de prudence, eſt mort malheureuſement à Delf en l'année 1584.

Dans l'Exergue.

LICET OSSA ARESCANT VIRTUS

VIRESCIT ET VIGET.

QUOYQUE SES OS DEVIENNENT SECS ET ARIDES
sa vertu est toûjours florissante & animée.

REVERS.

Un Alcion faisant son nid sur la Mer.

SÆVIS TRANQUILLUS IN UNDIS.

Tranquille au milieu de la tempête.

C'ESTOIT la devise ordinaire du Prince ; & ce revers est semblable à celuy de la Medaille faite en son honneur en 1568. & laquelle a été déja expliquée.

CETTE autre Medaille fut encore faite à cause de l'assassinat du Prince.

Un jeune homme qui saluë le Prince d'Orange en luy tirant un coup de pistolet, derriere luy est un Roy.

O DIRUM SCELUS, NON MANEBIT INULTUM.

M. D. LXXXIV.

O LE CRIME EXECRABLE,
il ne demeurera pas impuny

REVERS.

Un Berger qu'un Loup égorge pendant qu'il garde son Troupeau.

NE VOS CREDITE LUPO,

PASTOREM OCCIDIT.

NE VOUS FIEZ PAS AU LOUP,
il a tué le Berger.

Dans l'Exergue.

CONCIPE.

CONCEVEZ.

O N a voulu par cette Medaille faire entendre que la mort du Prince avoit été fufcitée par l'Efpagne. Le Berger reprefente le Prince; le Troupeau les Provinces Unies ; & le Loup l'affaffin.

L A Zelande en fon particulier fit fraper cette troifiéme Medaille à la memoire du Prince.

L E s Armes particulieres des Villes de Zelande faifant une ceinture aux Armes de cette Province, qui font un demy Lion rampant de gueule fortant d'une face ondée en champ d'or , avec la devife ordinaire de Zelande.

LUCTOR ET EMERGO.

Je combats & je fors victorieux.

L E revers eft femblable à celuy de la Medaille precedente.

G U I L L A U M E de Naffau laiffa trois fils , Philippes Guillaume, Maurice & Frederic Henry : Il eut quatre freres , Jean , Louïs , Adolphe & Henry , les trois derniers furent tuez dans les guerres des Pays-bas , Jean eut fept fils , Guillaume Ludovic, Jean, Georges , Philippes, Erneft Cafimir , Ludovic Gunter & Jean.

L E Prince fut enterré dans le nouveau Temple de Delf , & la Pompe de fes Funerailles fut magnifique. Les Eftats donnerent fes Charges à Maurice fon fecond fils , âgé de dix-fept ans, parce que Philippes Guillaume fon aîné , étoit retenu en Efpagne ; Le Comte Philippes de Hohenlo eut la Lieutenance Generale du Prince Maurice.

LE Prince

1585.

E Prince de Parme , dont je n'ay point parlé depuis la
levée du blocus de Cambray en 1581. afin de ne pas
interrompre les dernieres actions de la vie du Duc d'A-
lençon & du Prince d'Orange , avoit cependant remis
sous l'obéïssance d'Espagne les Villes les plus considera-
bles de Flandre : Il fit bien voir que sa retraite devant
l'Armée du Duc d'Alençon , n'avoit été que l'effet de sa
prudence , puisque au mois de Novembre de la même année 1581. il
prit Tournay , belle & forte Place située sur la Riviere de l'Escaut ; Marie
de Lalain y témoigna un courage au dessus de son sexe en l'absence de
Pierre de Melun son mary Prince d'Espinoy , qui en étoit Gouverneur.

E N 1582. il assiegea Oudenarde que Frederic du Bourg Gouverneur,
défendit bravement pendant trois mois , & qu'il ne rendit que faute de
monde ; Ses principales Conquêtes de l'année 1583. furent Dunquerque,
& Nieuport , Villes maritimes.

L E Prince de Parme, qui avoit si heureusement profité de la division
que l'entreprise d'Anvers avoit causée entre le Duc d'Alençon & les
Estats , ne manqua point de tirer encore avantage de la consternation
où le meurtre du Prince d'Orange avoit mis les Confederez. Aprés s'être
assuré d'Ypres , de Bruges & de Gand en 1584. il forma le Siege d'Anvers
Ville importante par sa situation , sa richesse , sa grandeur , & par le nombre de ses Habitans : Le Baron de sainte Aldegonde en étoit Bourguemaf-
tre & y commandoit : Il avoit été dans la confidence du Prince d'Orange,
& depuis sa mort le Party Confederé eut toute creance en luy.

L E Siege d'Anvers dura quatorze mois ; & le Prince y entra sur la
fin d'Aoust 1585. Ceux qui liront dans les Originaux les particularitez de

ce Siege, avoüeront que jamais Place ne fut mieux attaquée ni mieux
défenduë, & qu'on employa de part & d'autre toutes les machines de
guerre, que l'art & l'experience ont mifes en ufage & peuvent faire inven-
ter; fur tout ils admireront l'efperance qu'eut toûjours Alexandre d'emporter Anvers malgré des obftacles qui fembloient invincibles, efperance
fi affurée que durant le Siege & avant la reddition de la Place, il fit fraper cette Medaille.

Le Prince de Parme en bufte armé.

ALEXANDER FARNESIUS PARMÆ

ET PLACENTIÆ PRINCEPS,

BELGIUM DUM GUBERNARET.

ALEXANDRE FARNESE PRINCE DE PARME ET
de Plaifance, étant Gouverneur des Pays-bas.

REVERS.

Le plan du Camp du Prince devant Anvers.

CONCIPE CERTAS SPES.

M. D. LXXXV.

Conçois des efperances certaines.

CES paroles que le Prince s'adreffe à luy-même, montrent qu'il
étoit perfuadé de l'heureux fuccés du Siege.

LES Eftats craignans la prife d'Anvers, & que le Prince de Parme ne
pouffât plus loin fes Conquêtes, avoient demandé du fecours à Henry
III. Roy de France : Ce Prince n'ayant pû les affifter à caufe de la Ligue, qui dés fa naiffance luy donnoit affez d'affaires fans fe mêler de celles
d'autruy; Ils s'étoient adreffez à Elizabeth Reine d'Angleterre, & luy
avoient demandé fa protection; Comme la politique de cette Princeffe
étoit d'entretenir la guerre chez fes voifins afin de conferver la paix
dans fon Royaume, & que le Roy Philippes en étoit un dangereux, &
fon ennemy fecret à caufe de la Religion, elle n'avoit garde de perdre une
occafion fi favorable à fes interefts; Elle fit le 10. Aouft 1585. un Traité
avec les Eftats qui luy livrerent pour fureté Fleffingue, Rammekens & la
Brille : Les Troupes qu'elle leur envoya furent commandées par Robert
Dudley Comte de Leyceftre, qui arriva dans Fleffingue fur la fin de l'année
accompagné de plufieurs Perfonnes de qualité, & de 500. Gentilshommes.

VANT l'arrivée du Comte de Leyceſtre à Fleſſingue, 1586. les Provinces de Hollande, de Weſtfriſe & de Zelande, avoient fait le Prince Maurice de Naſſau leur Gouverneur ; le Comte en avoit appris la nouvelle en Angleterre avec chagrin, & cela luy avoit fait avancer ſon voyage aux Pays-bas, mais étant allé de Fleſſingue à la Haye en Janvier 1586. il fut reçû par tout avec beaucoup d'honneur, & les Eſtats luy accorderent le Gouvernement Général du Pays : Le pouvoir donné au Comte étoit ſi abſolu que la Reine Elizabeth en conçût de la jalouſie & s'en plaignit aux Eſtats, qui luy rendirent raiſon de ce qu'ils avoient fait, & l'appaiſerent.

Aussi-tôt que le Comte eut accepté le Gouvernement & fait des Reglemens pour la diſcipline militaire, il ſe mit en campagne & aſſiegea Doeſbourg dans la Province de Gueldre ; les aſſiegez n'oſerent attendre l'aſſaut & ſe rendirent le 13. Septembre : Il entra enſuite par adreſſe dans Deventer & s'aſſura de cette Ville qui n'étoit pas en trop bonne intelligence avec les Confederez ; la derniere Conquête du Comte fut le Fort de Zutphen qu'il prit au mois d'Octobre.

Les Zelandois firent fraper cette Medaille en memoire de la protection de la Reine d'Angleterre.

Les Armes de Zelande.

LUCTOR ET EMERGO.

M. D. LXXXVI.

Je combats & je sors victorieux.

REVERS.

Les Armes particulieres des Villes de la Province faisans une ceinture autour de celles de Zelande.

AUTORE DEO FAVENTE REGINA.

Par la volonté de Dieu & la faveur de la Reine.

C'est à dire que le Lion Zelandois, avec l'aide de Dieu & la protection de la Reine, s'affranchit de la Mer, qu'on doit prendre icy à cause de son agitation, ordinaire pour le symbole du malheur & de l'affliction.

MARTIN Skein Gentilhomme Gueldrois qui avoit quitté les Espagnols pour se mettre au service des Estats, s'empara d'une petite Isle nommée Sgravenwert, située au delà du Tholhuys où le Rhin se divise en deux bras, dont l'un retient le nom du Rhin, & l'autre prend celuy de Wahal; il y fit bâtir le Fort qui porte son nom. On verra dans la suite de l'Histoire un Siege memorable de cette Forteresse.

MARGUERITE d'Austriche mourut cette année à Ortonne dans le Royaume de Naples : Elle épousa en premieres Nôces Alexandre de Medicis Duc de Florence, & en secondes Octave Farnese Duc de Parme. Ce fut une Princesse illustre par son esprit, sa prudence, son courage & sa pieté; son adresse & sa fermeté parurent dans la naissance des troubles des Pays-bas, qu'elle gouverna long-temps avec beaucoup de moderation & de justice : Elle en sortit aprés y avoir rétably le calme par la douceur & la sagesse de sa conduite; & si Philippes qui étoit naturellement severe, n'eut point appuyé la cruauté du Duc d'Albe, le Lion de Hollande seroit peut-être encore soûmis à celuy d'Espagne. Octave Farnese son mary mourut quelque temps aprés elle; Alexandre son fils luy succeda aux Duchez de Parme & de Plaisance.

CETTE

ETTE autre Medaille fut frapée en l'année 1587. dans la Ville d'Amſterdam, pour le même ſujet du ſecours d'Angleterre.   1587.

La Reine ſur un Trône, à ſa droite eſt un homme de_bout qui ſemble luy demander ſa protection, & à ſa gauche des enfans à genoux qui luy preſentent les Armes de Zelande & d'autres Provinces.

DEO OPTIMO MAXIMO,

LAUS ET HONOR IN OMNE ÆVUM QUOD.

M. D. LXXXVII.

A Dieu tres-bon & tres-grand, loüange & honneur de ce que.

REVERS.

Des Evêques, des Prêtres, des Moines & des Calices, le Nom de Dieu en Hebreu dans une lumiere qui les renverſe.

QUEM DEUS CONFICIET SPIRITU ORIS SUI.

Que Dieu renverſera du ſoufle de ſa bouche.

La penſée de cette Medaille eſt que les Confederez rendent graces à Dieu de ce que la Reine d'Angleterre les a pris en sa protection , & qu'ils esperent que le Seigneur détruira leurs Ennemis.

L E Duc de Parme ne laissa pas de prendre Grave , Venlo & Nuis , malgré le secours d'Angleterre , qui n'apporta pas de grands avantages aux Confederez : Il contraignit ensuite la Ville de l'Esclufe de capituler aprés avoir soûtenu sept assauts sous le Gouvernement d'Arnoud Groëne-velt Gentilhomme Hollandois. Ces pertes jointes à la trahison de Guillau-me Stanley , & de Rolland York Anglois , & du Colonel Paton Ecossois, qui avoient livré aux Espagnols Deventer , le Fort de Zutphen & la Ville de Gueldre , donnerent de l'inquietude aux Estats , qui craignirent de perdre d'autres Places par la même perfidie ; Elles causerent aussi de la desunion entre les Estats & le Comte de Leyceftre : Il y eut des plaintes & des apologies de part & d'autre , & sans la prudence de la Reine qui rappella le Comte en Angleterre , leur mesintelligence auroit apporté du desordre dans les Provinces Unies.

L A nuit du 22. Decembre Martin Skein que le Comte de Leyceftre avoit fait Chevalier , emporta par petard la Ville de Bonne , d'où il sor-tit aprés l'avoir fait fortifier & munir de Soldats & de vivres. Le Duc de Parme la fit assieger par Charles de Croy Prince de Chimay , fils du Duc d'Arschot , à la priere d'Erneft de Baviere Archevêque de Cologne , à qui elle appartenoit ; la Garnison que le Chevalier Skein y avoit laissée, se défendit six mois & la rendit le 29. Septembre de l'année suivante. Jean Baptifte Taxis Lieutenant de Verdugo , Gouverneur de Frise , fut tué d'un coup de mousquet au commencement du Siege : C'est à sa Mai-son Originaire d'Allemagne qu'on est obligé de l'établissement des Postes, & d'avoir rendu publique une commodité qui étoit particuliere aux Prin-ces.

L E Cardinal de Granvelle mourut à Madrid âgé de 70. ans : Il étoit docte , courageux , propre au maniement des affaires , & capable de s'attribuer dans les Conseils toute l'autorité , par la force de son genie ; l'aversion que les Flamans avoient pour luy , & la rigueur de ses avis con-tre-eux , ont été cause en partie des mouvemens des Pays-bas.

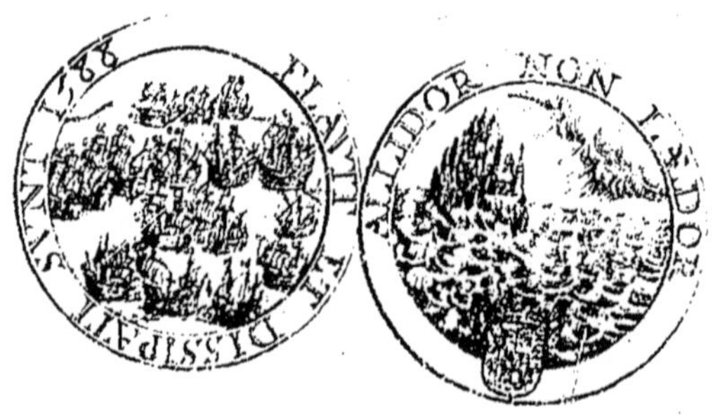

 HILIPPES irrité contre la Reine Elizabeth, à cause 1588. du fecours qu'elle avoit donné aux Confederez , fit un effort digne de fa puiffance pour foûmettre d'un feul coup l'Angleterre & les Provinces Unies : L'Armée qu'il fit équiper étoit la plus belle qui eut paru depuis long-temps fur l'Ocean , & la vanité Efpagnole luy donna l'orgueilleux nom d'Invincible : Il envoya ordre au Duc de Parme de tenir preftes les Forces Navales de fon Gouvernement, pour favorifer l'execution de cette grande entreprife ; Mais que les efperances des hommes font vaines , & que ces vaftes deffeins que la vengeance & l'ambition infpirent ont fouvent des fuccés contraires à leurs penfées. Cette puiffante Flotte fit voile du Port de Lifbonne à la fin de May , & étant arrivée dans la Manche d'Angleterre au mois d'Aouft 1588, elle fut batuë d'une furieufe tempête ; Les Anglois qui avoient mis toutes leurs forces en Mer , l'attaquerent dans le defordre où l'orage l'avoit mife , & y porterent le fer & le feu avec tant de courage & de bonheur , qu'Alphonfe Perez de Gufman Duc de Medina Sidonia qui la commandoit, fut contraint de fe retirer & de faire le tour d'Efcoffe & d'Irlande pour gagner les côtes d'Efpagne , aprés avoir perdu dix mille hommes, & plus de trente Vaiffeaux.

LEs Confederez rendirent en cette occafion un grand fervice à Elizabeth , ayant avec nombre de Navires empêché que l'Armée Navale du Duc de Parme ne joignît l'Efpagnole : Ils firent fraper dans la Ville d'Amfterdam cette Medaille pour la victoire des Anglois leurs alliez

Le Pape , des Cardinaux , des Evêques ; l'Empereur & le Roy d'Efpagne affemblez dans un Confeil , ayant des oreilles d'Afne avec des bandeaux fur les yeux ; & dans le haut de la Medaille ces Vers du Poëte Lucrece.

O CÆCAS HOMINUM MENTES O PECTORA CÆCA.

O que l'efprit de l'homme eft plein d'aveuglement.

Autour de la Medaille , ce paffage des Actes des Apôtres Chapitre neuviéme.

DURUM EST CONTRA STIMULOS CALCITRARE.

Il eft dur de regimber contre l'éguillon.

REVERS.

Une Flote batuë de la tempête.

Veni, vide, vive.

Venez, voyez, vivez.

Tu Deus magnus et magna facis,
tu solus Deus.

*Seigneur, vous êtes grand & vous faites les grandes chojès,
vous êtes le feul Dieu.*

Cette autre Medaille fut frapée pour la même victoire.

Des flots agitez qui fe brifent contre un rocher.

Allidor non lædor.

On me touche, mais on ne me bleffe point

Au bas de la Medaille font les Armes du Prince Maurice.

REVERS.

Flavit et dissipati sunt.

M. D. LXXXVIII.

Il a foufflé & ils ont été difperfez.

La Zelande pour laiffer auffi à la pofterité des marques de la défaite & de la fuite de l'Armée Efpagnole, fit fraper cette Medaille en argent & en cuivre.

Les Armes de la Province.

Soli Deo gloria.

A Dieu feul fait gloire.

REVERS.

Une Flotte en défordre.

CLASSIS HISPANICA VENIT, IVIT, FUIT.

M. D. LXXXVIII.

La Flotte Espagnole est venuë, s'en est allée, & a été.

CES trois Medailles font des actions de graces que les Vainqueurs rendent à Dieu de fa protection & de la facilité de leur victoire. Les trois mots de la premiere *venit*, *vidi*, *vive*, s'adreffent à la Reine Elizabeth qui vint fur les côtes de la Mer voir le debris des Vaiffeaux Efpagnols. On devoit refpecter le caractere des Puiffances qui y font reprefentées : La raillerie eft trop violente de leur avoir mis des oreilles d'Afne & des bandeaux fur les yeux. La feconde Medaille fait voir que l'Angleterre a pû être attaquée, mais qu'elle n'a pû être vaincuë, & que les efforts de fes Ennemis ont reffemblé aux flots de la Mer qui fe brifent inutilement contre les rochers. Et la troifiéme montre qu'à peine cette Flotte a paru devant l'Angleterre, qu'elle a été diffipée & prefque défaite par un coup du Ciel.

QUELQUE temps aprés cette victoire le Comte de Leyceftre mourut en Angleterre : Ce Comte avoit éprouvé pendant fa vie toutes les rigueurs & toutes les faveurs de la fortune ; Emond Dudley fon Ayeul & Jean Duc de Northumbelland fon Pere furent décapitez ; le premier fous Henry VIII. & l'autre au commencement du Regne de Marie furnommée la Catholique. Le Fils fut envelopé dans le malheur de fon Pere & condamné au même fuplice ; mais Marie luy pardonna & le mit en liberté : Le premier pas qu'il fit de la prifon & de l'infamie aux honneurs & à l'élevation, fut le rétabliffement en fes biens & le commandement de l'Artillerie Angloife au Siege de la Ville de faint Quentin en Picardie, affiegée par Philippes Second Roy d'Efpagne, qui avoit époufé Marie. Elizabeth ayant fuccedé à la Reine fa Sœur, choifit le Comte pour fon Miniftre d'Eftat, & le combla de faveurs, de biens de charges & de dignitez : Comme il étoit d'une converfation agreable & parfait Courtifan, elle eut pour luy une affection fi forte & fi conftante, qu'on l'attribuoit à cette vertu des Aftres qui forme l'union des efprits. Le bonheur qui l'avoit toûjours accompagné à la Cour d'Elizabeth, l'abandonna dans les Pays-Bas ; il ne répondit point aux efperances qu'on avoit conçûes de fa conduite. Les Confederez le trouverent fuperbe, ambitieux, & plus attentif à établir fa domination dans le Pays, & à le troubler par des factions & des intrigues, qu'à le défendre & à l'agrandir par les Ar-

Q

mes. Le genie d'Alexandre Farnese Gouverneur des Provinces Espagnoles l'emporta par tout fur celuy de Robert Dudley , qui s'en retourna en Angleterre fans avoir acquis ni l'eftime ni l'amitié des peuples dans le Gouvernement des Provinces Unies.

LES Eftats Generaux aprés le départ du Comte de Leyceftre, mirent le Prince Maurice de Naffau à la tête de leur Armée , & luy donnerent la même autorité qu'avoit eu Guillaume de Naffau fon Pere. L'evenement a fait voir que ce Prince étoit deftiné pour maintenir la liberté de fa Patrie , humilier l'orgueil d'Efpagne & arrêter les Conquêtes du Duc de Parme. Ce Duc par l'ordre de Philippes s'étoit approché des frontieres de France , où les chofes avoient changé de face par la mort de **1589.** Henry III. tué à faint Cloud le premier Aouft 1589. Henry de Bourbon Roy de Navarre luy avoit fuccedé ; la Ligue refufoit de luy obéïr , parce qu'il étoit de la Religion Prétenduë Réformée : Philippes qui apprehendoit la valeur de Henry IV. appuyoit les Rebelles contre leur Prince legitime , & n'épargnoit rien pour troubler un Royaume dont la puiffance & la dignité donnoient depuis les derniers fiecles , tant de jaloufie à la Maifon d'Auftriche.

L'ASSISTANCE de Soldats & d'argent que les Ligueurs reçûrent de Philippes , & les deux voyages du Duc de Parme en France, firent une diverfion favorable aux affaires des Confederez ; cela leur donna le temps d'établir leur nouvelle Religion , leurs Loix , leurs Confeils , leurs Magiftrats , leurs Officiers de Guerre & de Marine , leur Navigation, leur Commerce , & tout le Corps Politique de leurs Provinces : Ils fe virent même en état d'attaquer puiffamment les Efpagnols , & de faire des entreprifes fur leurs Places.

CELLE que le Chevalier Skein fit fur Nimegue dans le Gueldre, fut malheureufe & luy coûta la vie : Il étoit entré de nuit dans la Ville avec des Troupes & s'en étoit prefque rendu le maître , quand la Garnifon & les Habitans reprenans courage l'en chafferent avec perte de cinq cens hommes : Il y eut tant de confufion dans la retraite qu'il fe noya ; les Habitans retirerent fon corps de l'eau & le couperent en quartiers qui furent expofez publiquement , jufqu'à ce que le Marquis de Varambon Gouverneur de la Gueldre Efpagnole , les fit ôter. Martin Skein fut un guerrier hardy , entreprenant , infatigable , liberal , aimé des Soldats malgré fa feverité , qui à peine avoit bien ou mal réüffi dans une entreprife qu'il en formoit une autre , & qui feul a été capable de garder fon fecret dans le vin & la débauche : Ses ennemis luy reprochoient qu'il étoit rude , imperieux , obftiné ; qu'il avoit fouvent changé de party ; qu'il fçavoit mieux furprendre les Places que les conferver , & que fes plus belles actions n'étoient que d'heureufes temeritez.

HARLES de Herauguieres Gentilhomme Walon ,
Capitaine d'une Compagnie d'Infanterie pour le service
des Estats , entreprit plus heureusement sur Breda que
le Chevalier Skein n'avoit fait sur Nimegue : Il surprit
le Château la nuit du 4. Mars 1590. par le stratageme
d'un bateau plein de tourbes dans lequel il s'étoit caché
avec soixante-dix hommes choisis . Le Prince Maurice
qui étoit Chef de l'entreprise , & qui s'étoit approché avec des Troupes
pour soûtenir Herauguieres , entra le matin dans le Château , & obligea
la Ville de luy ouvrir ses portes. La résolution de Matthieu Helt l'un des
soixante-dix , merite icy sa place : Ne pouvant s'empêcher de tousser , il
tira son poignard & pria ses camarades de le tuer , afin qu'ils ne fussent
pas découverts.

1590.

L E s Estats en memoire d'une action si hardie & si heureuse , firent
fraper cette Medaille en or , en argent & en cuivre , & en donnerent
une d'or à chacun de ceux qui avoient accompagné Herauguieres.

Le bateau de tourbes d'où les Soldats sortent.

PARATI VINCERE AUT MORI QUARTO

NONARUM MARTII.

Prêts à vaincre ou mourir le 4. des Nones de Mars.

HISTOIRE

REVERS.

BREDA A SERVITUTE HISPANA VINDICATA DUCTU PRINCIPIS MAURITII A NASSAVIO ANNO CIƆ IƆXC.

La Ville de Breda délivrée de la servitude Espagnole sous la conduite du Prince Maurice de Nassau en l'année 1590.

LA prise de Breda dont Herauguieres eut le Gouvernement, ne coûta qu'un Soldat qui tomba dans l'eau durant l'obscurité de la nuit : Elle donna de la reputation au Prince Maurice, & peut être appellée l'augure infaillible des Conquêtes qu'il fit depuis sur l'Espagne.

MATTHIEU Helt dont je viens de remarquer la résolution dans le Bateau de Tourbes, commandoit pour les Estats au Fort de Noordam à trois lieües de Breda ; Le Comte Charles de Mansfeld assiegea ce Fort au mois de May, le fit batre de sept pieces de canon & donna deux assauts ; mais il fut repoussé & contraint de lever le Siege avec perte de six cens hommes.

AU commencement d'Octobre le Prince Maurice s'empara de la Ville de Steemberg en Brabant, & de plusieurs Forts que les Espagnols tenoient aux environs de Breda ; mais le vent contraire luy fit manquer une entreprise sur Dunquerque.

VOICY

OICY une année toute glorieuse aux Confederez &   1591.
une admirable rapidité de Conquêtes. Le Prince Mau-
rice par le moyen de quelques Soldats déguifez en Paï-
fans & en Païfanes , furprit le Fort de Zutphen le 21.
May 1591 ; afliegea la Ville qui fe rendit le 30 ; emporta Deventer le 10. Juin & le Fort de Delziel le 2.
Juillet , fit lever au Duc de Parme le Siege du Fort de
Knodfembourg prés Nimegue le 26 ; prit la Ville de Hulft en Flandre
le 24. Septembre , & Nimegue le 24. Octobre. Le Duc de Parme devoit en ce revers de fortune fe reffouvenir du confeil que luy donna le
fage de la Noüe à la prife d'Anvers , de ne plus tirer l'épée aprés cette
action qui l'élevoit au plus haut point d'honneur qu'il pouvoit efperer.
Il y a de certaines bornes de gloire & de profperité , qu'on ne fçauroit
pafler ; quand une fois nous y fommes parvenus , il ne faut plus fonger
qu'à nous y maintenir ; autrement nous éprouvons que toutes les grandeurs humaines font naturellement fujettes à la décadence & à la révo-
lution.

Ces Conquêtes du Prince Maurice furent le fujet de cette Medaille.

Les Armes des Eftats Generaux des Provinces Unies qui font un Lion
couronné , tenant d'une patte une épée , & de l'autre
fept fleches liées enfemble.

Fecit magna qui potens est.

Le Tout-puiffant a operé de grandes chofes.

R

HISTOIRE

REVERS.

ZUTPHANIÆ, DEVENTRIÆ, HULSTO,

Noviomago libertate restituta, Castellis

pluribus captis,

hostibus ex Batavia fugatis,

senatus Foederatarum Provinciarum

fieri fecit.

*Les Estats Generaux des Provinces Unies ont fait
faire cette Medaille aprés avoir rendu la liberté
à Zutphen, Deventer, Hulst & Nimegue, pris
plusieurs Châteaux & chassé les Ennemis du Betau.*

Dans l'Exergue de la Medaille est l'année 1591.

APRE's la prise de Nimegue le corps du Chevalier Skein qu'on gardoit dans une tour, fut mis au Tombeau des Anciens Ducs de Gueldre
dans la grande Eglise, avec une pompe militaire digne de ses exploits ;
le Prince Maurice, la Noblesse, les Magistrats & les Officiers d'Armée y assisterent.

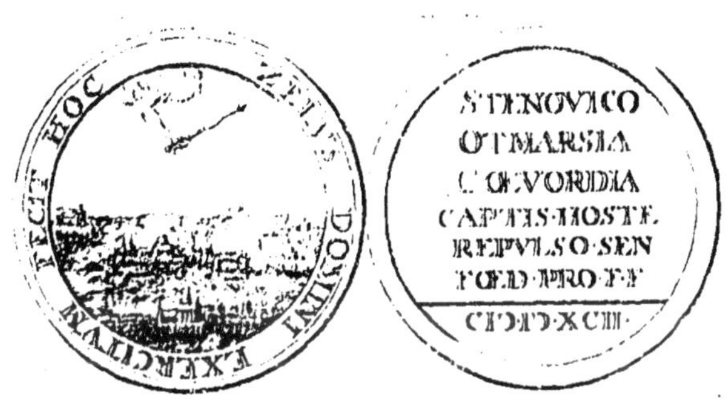

L A campagne de l'année 1592. ne fut pas moins avan- **1592.**
tageuse aux Confederez que la precedente, par la prise
de Steenwick, d'Otmarsen & de Coëvarden Villes de la
Province d'Overissel : Le Prince Maurice assiegea la
premiere le 28. May , & quoyqu'elle fût bien fortifiée
& bien défenduë , elle capitula le 5. Juillet : La seconde
ayant été prise par un détachement qu'il y envoya de
son Armée , il mit le Siege devant la troisiéme , défit le secours conduit
par Verdugo Gouverneur de la Frise Espagnole , & en six semaines emporta la Place à composition.

L es Estats firent fraper cette Medaille pour la prise de ces trois
Villes.

Une main sortant du Ciel tenant un Sceptre levé sur Steenwick,
Otmarsen & Coëvarden.

Z e l u s D o m i n i e x e r c i t u u m f e c i t h o c.

Le zele du Seigneur des Armées a operé cecy.

S T E N O V I C O , O T M A R S A , C O E V A R D I A C A P T I S ,

H O S T E R E P U L S O

S E N A T U S F O E D E R A T A R U M

P R O V I N C I A R U M F I E R I F E C I T.

M. DXCII.

Les Eſtats des Provinces Unies ont fait faire cette Medaille aprés
avoir pris Steenwick , Otmarſen , Coëvarden
& repouſſé l'Ennemy.

L'Eſpagne fit une perte plus conſiderable que celle de ces Places , en perdant Alexandre Farneſe Duc de Parme , qui mourut dans Arras le 2. Decembre , âgé de cinquante ans. L'Hiſtoire Eſpagnole donne à ce Prince toutes les vertus Politiques , Militaires & Chrétiennes ; elle flatte peut-être ſon Heros : Mais ce qui ne peut être ſuſpect , eſt l'éloge qu'en font les Hiſtoriens les plus paſſionnez pour la Hollande : Tous demeurent d'accord qu'il fut un grand Capitaine , heureux en ſes entrepriſes & inviolable dans ſa parole ; qu'il eut de la moderation & de la probité , & qu'il n'acquît pas moins de gloire par ſa fidelité envers l'Eſpagne , que par les conquêtes qu'il fit pour elle. En effet , il ne voulut jamais écouter les propoſitions qu'on luy fit de ſe rendre Souverain des Provinces Eſpagnoles , en quoy apparemment il eut réüſſi , parce qu'il étoit aimé des Flamans ; que les Troupes Italiennes & la pluſpart des Seigneurs du Pays des Gouverneurs & des Colonels , étoient dans ſes interéts , & qu'il eut été ſeccuru des puiſſances voiſines. Cependant avec tous ces avantages , il demeura ferme dans ſon devoir , quoyqu'il eût ſujet de ſe plaindre de Philippes , qui s'étoit emparé du Royaume de Portugal , au préjudice des droits que Ranuſe Farneſe ſon fils prétendoit ſur cette Couronne. La fidelité envers le Prince , eſt de toutes les vertus celle qui contribuë davantage à rendre la memoire des hommes venerable à la Poſterité.

P I E R R E Erneſt Comte de Mansfeld , le plus vieux Capitaine de ſon temps , fut mis par proviſion à la place du Duc de Parme , Charles ſon fils eut l'Admirauté ; le Duc d'Arſchot le Gouvernement particulier de Flandre , & le Prince de Chimay celuy de Hainaut.

GERTRUDEMBERG

GERTRUDEMBERG est une Ville environnée d'eaux & de marécages ; la Garnison Angloise l'avoit venduë aux Espagnols en 1589. Le Prince Maurice poursuivant ses Conquêtes, l'assiegea le 28. Mars 1593. **1593.** Aprés avoir pris le Fort de Steclof qui étoit à deux mousquetades de la Ville, il en approcha de plus prés, fit faire des ponts sur les eaux & les marêts pour la communication de ses quartiers, & fortifia son camp avec tant d'art & de précaution, qu'il ne pouvoit être forcé ; les assiegez firent une grande résistance, & trois Gouverneurs y furent tuez : Mais le Prince les attaqua si vigoureusement, qu'ils se rendirent le 25. Juin à la vûë du Comte de Mansfeld, qui ne put les secourir à cause des forts & des retranchemens du Prince. Quelques Soldats de la Garnison du nombre des Traîtres qui avoient livré la Ville, furent pendus, & firent une funeste experience que la trahison ne demeure jamais impunie.

Les Estats firent fraper cette Medaille pour la prise de Gertrudemberg.

La Ville de Gertrudemberg.

ORDINES PROVINCIARUM GERMANIÆ

INFERIORIS DECRETO

PUBLICO CUDI JUSSERUNT.

Les Eſtats des Provinces des Pays-bas , ont ordonné par un Decret public que cette Medaille fût frapée.

REVERS.

GERTRUDISBERGAM AB HISPANIS VINDICANT

ORDINES CONFOEDERATI

DUCE PRINCIPE NASSAVIÆ

IN CONSPECTU EXERCITUS HOSTIUM.

M. DXCIII.

Les Eſtats des Provinces Unies délivrent , ſous le commandement du Prince de Naſſau , la Ville de Gertrudemberg de la domination Eſpagnole , à la vûë de l'Armée des Ennemis.

LE Gouvernement de la Ville fut donné à Frederic Henry de Naſſau, qui à l'âge de neuf ans fit ſa premiere campagne à ce Siege ; il étoit fils de Guillaume Prince d'Orange , & de Louïſe de Coligny , fille du fameux Gaſpard de Coligny Seigneur de Châtillon , Admiral de France.

LE Siege de Gertrudemberg fut une veritable Ecole de Guerre ; la Police étoit ſi étroitement obſervée dans le Camp du Prince , que les Païſans s'y venoient refugier avec leurs biens , comme dans un lieu de ſureté.

LE Comte de Mansfeld voyant la Place renduë , alla vers l'Iſle de Bommel , & s'étant approché du Fort de Crevecœur, ſcis en Brabant ſur la Meuſe , il en fut repouſſé avec perte. Le Prince de ſon côté faillit une entrepriſe qu'il avoit ſur Bruges , pour s'être égaré la nuit.

LE Comte Frederic de Berg reprit Otmarſen ſur les Eſtats , & Verdugo Bloqua Coëvarden , afin de rendre le paſſage libre aux Habitans de Groningue.

ETTE Medaille fut faite à l'honneur de l'Archiduc Erneſt, à qui Philippes avoit donné le Gouvernement des Pays-bas aprés la mort du Duc de Parme. 1594.

L'Archiduc Erneſt en buſte armé.

ERNESTUS DEI GRATIA

Archidux Austriæ,

Belgicarum Provinciarum Gubernator.

Erneſt par la grace de Dieu Archiduc d'Auſtriche, Gouverneur des Pays-bas.

R E V E R S.

Dans une Couronne de branches de Laurier & de Palmier.

SOLI DEO GLORIA.

A Dieu ſeul ſoit gloire.

CE Prince fit ſon entrée à Bruxelles en Janvier 1594, accompagné de l'Electeur de Cologne, du Marquis de Bade, de pluſieurs Seigneurs

Allemans , & de quinze cens Gentilshommes. On avoit dreſſé en plu-ſieurs endroits de la Ville des Théatres & des Arcs de Triomphe ; car les Flamans ne cedent point à aucune Nation pour ces ſortes de magni-ficences. Les premieres démarches de l'Archiduc furent les mêmes, que les precedens Gouverneurs , depuis le Duc d'Albe , avoient faites à leur arrivée ; c'eſt à dire qu'il commença par des témoignages de vouloir la Paix : Il écrivit aux Eſtats , & leur repreſenta le repos & les richeſſes dont les Provinces avoient joüy ſous les Maiſons de Bourgogne & d'Auſtri-che , & les malheurs que les Guerres Civiles y avoient apportées ; Qu'ils ne devoient pas ſe confier aux avantages qu'ils avoient obtenus dans les dernieres années ; Que la fortune de la Guerre étoit incertaine ; Qu'ils pouvoient retomber dans les diſgraces où ils s'étoient trouvez ; Et qu'en-fin s'ils vouloient traiter à des conditions raiſonnables , il leur feroit con-noître ſon affection & ſa ſincerité. La Réponſe des Eſtats fut une longue énumeration des perfidies & des cruautez des Eſpagnols , des pillages , des meurtres & des incendies qu'ils avoient commis dans les dix-ſept Pro-vinces ; de leurs entrepriſes continuelles ſur tous les Peuples de l'Europe; de leurs barbaries ſur les Princes & les Habitans du nouveau Monde ; de l'orgueil de leur domination ; des fauſſes propoſitions d'accommode-ment qu'ils avoient ſi ſouvent faites aux Confederez pour les ſurprendre; & qu'étant impoſſible de faire une Paix aſſurée avec l'Eſpagne , ils atten-doient de Dieu ſeul le bonheur & le repos des Provinces. Ainſi la Lettre & les offres de l'Archiduc , n'eurent point d'effet, & n'empêcherent point la continuation de la Guerre.

Les Confederez manquerent deux entrepriſes , l'une en Fevrier ſur Boiſleduc , & l'autre en Mars ſur Maſtricht ; la premiere par la faute d'un Soldat qui étant prés du pont , fit tomber une pierre dans l'eau ; ce qui fit aſſez de bruit pour donner l'alarme au Corps de Garde. Et la ſeconde par l'imprudente retraite des Entrepreneurs , qui crûrent mal à propos avoir été découverts. Mais le Prince Maurice au commence-ment de May , fit lever à Verdugo le blocus de Coëvarden , & aban-donner les forts qui avoient tenu cette Place bloquée pendant tout l'Hi-ver.

UAND une fois la fortune se déclare pour un Party, elle ne l'abandonne pas facilement. Le Prince Maurice aprés avoir délivré Coëvarden , mit le Siege devant Groningue , Capitale de la Province du même nom , que la desertion du Comte de Renneberg avoit fait perdre aux Estats en 1580. Les assiegeans s'étans saisis de tous les Forts qui pouvoient empêcher la liberté de leur Camp , battcroient la Ville de soixante pieces de canon , & firent joüer deux mines sous le ravelin qu'ils emporterent d'assaut. Ce succés donna tant d'épouvante aux assiegez , qu'ils députérent vers le Prince pour capituler : Le Siege dura deux mois , & Groningue se rendit en Juillet 1594 : Ses Députez obtinrent que la Ville & le Pays de Gro-

1594.

ningue , feroient remis en l'Union des Provinces Confederées ; Qu'ils joüiroient de leurs anciens Privileges , & que le Comte Guillaume Ludovic de Naffau fils de Jean , feroit Gouverneur de la Ville & du Pays de Groningue , fous l'autorité des Eftats.

Ces deux Medailles furent frapées pour la levée du blocus de Coëvarden , & pour la prife de Groningue.

La premiere.

Le Plan de la Ville & du Siege de Groningue.

AB ASSERTIS SIBI SECUNDUM LIBERTATEM

VINDICIIS AD DEFECTIONEM SEDUCTA,

ATQUE DEMUM POST COEVARDÆ EXPEDITIONEM

FATIGATA CONSTANTI OBSIDIONE,

DUCTU MAURITII NASSAVIÆ COMITIS,

REVINCITUR AMPLISSIMIS

ORDINIBUS GROENINGA ANNO CIƆIƆXCIV.

CALENDIS AUGUSTI.

La Ville de Groningue s'étant laiffée féduire , & ayant perdu la liberté qu'elle s'étoit affurée , enfin aprés la délivrance de Coëvarden , ayant été fatiguée par un long Siege , elle eft remife fous l'obéïffance des Eftats , fous la conduite de Maurice Comte de Naffau , en Juillet 1594.

La feconde Medaille.

Les Armes particulieres des fept Provinces Unies.

NEXOS FAVORE NUMINIS QUIS DISSOLVET.

Qui pourra rompre l'union que Dieu a faite.

Pareille Legende que celle de la premiere.

L e s Provinces Unies font , le Duché de Gueldres , où la Comté de
Zutphen eft comprife ; les Comtez de Hollande & de Zelande ; les Seigneuries d'Utrecht , de Frife , d'Overiffel & de Groningue , avec les
Ommelandes qui font partie de Groningue. Ces fept Provinces compo-
fent le Corps des Eftats Generaux : Elles ont toutes en leur particulier
le droit d'independance & de Majefté , & ne font jointes les unes aux
autres que par leur alliance & par le commun intereft de leur confervation. Le Lion tenant un faifceau de fept fleches & fervant de Sceau aux
Eftats Generaux , eft le fymbole de leur Union. La fituation de ces
Provinces eft naturellement avantageufe , à caufe des Rivieres & de
l'Ocean dont elles font environnées ; la Hollande eft une Peninfule ; la
Zelande fe partage en plufieurs Ifles ; les autres Provinces font arrofées
de Fleuves & de Rivieres , dont les plus confiderables font le Rhin & la
Meufe qui fe joignent dans la Gueldre , & qui aprés s'être divifez en
plufieurs branches , fe jettent dans la Mer.

1595.
HERAUGUIERES Gouverneur de Breda , & dont
le nom étoit devenu celebre par la surprise du Château
de cette Ville , surprit aussi en Fevrier 1595 , la Ville
& le Château de Huy sur la Meuse dans le Pays de
Liege. L'Electeur de Cologne qui étoit Evêque de Liege & Seigneur de Huy , s'en étant plaint inutilement
aux Estats , il eut recours aux Espagnols , qui assiegerent Herauguieres dans sa nouvelle conquête , & l'obligerent à la rendre.

Au même mois de Fevrier , l'Archiduc Ernest mourut à Bruxelles
âgé de quarante-deux ans , Prince modéré , aimant la paix , & qui eut
toûjours beaucoup de passion pour celle des Provinces Belgiques : Il
étoit fils de Maximilien & frere de Rodolphe Empereurs. La conduite des
affaires fut confiée à Pierre Henriques de Gusman , Comte de Fuentes ,
jusqu'à l'arrivée du Cardinal Albert d'Austriche , qui devoit être Gouverneur des Pays-bas.

Apre's la mort de l'Archiduc , la Noblesse & les autres Ordres des
Provinces obéïssantes à l'Espagne , s'employerent pour reconcilier avec
Philippes les Provinces Unies. Il y eut pour la Paix des Conferences à
Middelbourg , mais elles n'eurent pas plus de suitte que tant d'autres
                                                              Assemblées

'Assemblées qui avoient été faites pour le même sujet , & les choses vin_
rent à une plus grande rupture. Le Prince Maurice avoit interest de ne
pas finir une guerre qui luy faisoit acquerir tant d'honneur ; & les
Estats de leur côté devoient se défier du ressentiment des Espagnols. La
foy des Traitez est quelquefois chez les Nations superbes & vindicatives,
un piege pour mieux se vanger de leurs ennemis.

Les Estats firent fraper cette Medaille pendant les Conferences
de Middelbourg.

Les Armes des Estats Generaux , qui sont , un Lion tenant d'une patte
une épée , & de l'autre le faisceau des sept fleches.

REVERS.

Un Soldat en sentinelle sur une tour.

Non curas pono quietis.

Je n'abandonne point les soins du repos.

Ce qui signifie que la paix qu'on propose aux Estats , ne les empê_
che point de songer à la sureté & à la tranquillité des Provinces Confederées.

Pendant ces mêmes Conferences la Ville d'Embden se souleva
contre Edzard son Comte , à cause de la Religion , & se mit sous la protection des Estats. Comme sa force & la commodité de son Port la rendent la Capitale & la meilleure de la Frise Occidentale , ils y envoyerent
Garnison , afin de s'assurer d'une Place de cette importance.

Henry IV. Roy de France , avoit le 17. Janvier de cette année ,
déclaré la guerre à l'Espagne , dont il avoit reçû tant d'injures. Les
Estats tirerent de grands avantages de cette guerre entre les deux Couronnes , parce qu'elle obligea les Espagnols de partager leurs forces , &
qu'elle facilita les conquêtes du Prince Maurice.

V

ES pieces font Monnnoyes qui furent battuës dans Cambray en argent & en cuivre , durant le Siege que les Efpagnols y mirent en 1595.

L'Ecuffon des Armes de France.

H E N R I C O P R O T E C T O R I.

A Henry Protecteur.

JEAN de Monluc Seigneur de Balagny , à qui le Duc d'Alençon avoit donné le Gouvernement de Cambray , s'y étoit maintenu depuis la mort du Duc avec beaucoup de violence & d'avarice. La France ayant été divifée par les Guerres Civiles de la Religion , Balagny prit le party de la Ligue qu'il abandonna pour prendre celuy du Roy Henry IV. Ce Prince magnanime qui traitoit favorablement les Gouverneurs lefquels fe mettoient fous fon obéïffance , accorda fa protection à Balagny avec la Principauté de Cambray & le Bâton de Maréchal de France. Balagny ne joüit pas longtemps de fa nouvelle dignité de Prince. Le Comte de Fuentes affiegea Cambray le 8. Aouft 1595. Charles de Gonzague Duc de Retelois , fils de Loüis Duc de Nevers , accompagné de Dominique de Vic Capitaine d'experience & de reputation , traverfa le Camp Efpagnol , & fe jetta dans la Place avec trois cens cinquante chevaux au commencement du Siege. La Ville étoit forte , bien peuplée , & apparemment elle devoit réfifter : Mais comme les Puiffances qui ne fubfistent que par la force & par la terreur ne font pas assurées ; les Bourgeois mécontans de leur nouveau Prince qui les contraignoit de recevoir de sa Garnison , la Monnoye de cuivre qu'il avoit fait battre, & qui refusoit de la prendre pour les Imposts qu'il levoit sur eux , se soûleverent contre luy , se saisirent de la grande Place & ouvrirent leurs portes aux Espagnols. Le Comte de Fuentes étant entré dans la Ville , pressa la Citadelle où Balagny s'étoit retiré avec les François : Elle étoit dépourvûë des choses necessaires pour soûtenir un Siege ; le soûlevement des Habitans avoit rompu toutes les mesures de Balagny ; il voyoit que le Roy ne pouvoit pas le secourir promptement , parce qu'il étoit occupé à chasser Fernand de Velasco Connestable de Castille , qui étoit entré en Bourgogne avec une Armée décenduë du Milanois ; & à l'égard des Estats alliez de la France , le Comte de Fuentes avoit laissé des Troupes à Mondragon pour s'opposer au Prince Maurice ; tellement que Balagny fut obligé de rendre la Citadelle le 9. Octobre. Renée de Clermont sa femme , fit paroître en ce Siege qu'elle étoit du noble Sang de Clermont & d'Amboise , & sœur du genereux Bussy d'Amboise favory du Duc d'Alençon. On peut dire que la douleur fut officieuse à la gloire de cette Heroïne , puisqu'elle la fit mourir sur le Trône de sa Principauté, peu d'heures avant la capitulation de la Citadelle.

Le Connestable de Castille fut chassé de la Bourgogne par le Roy de France , qui défit sa Cavalerie à Fontaine Françoise. Charles de Loraine Duc de Mayenne , qui avoit accompagné le Castillan , fit ensuite son accommodement avec son Prince ; les autres Chefs de la Ligue suivirent son exemple , & les Villes qui restoient de ce Party , obéïrent à leur Souverain. Ainsi la Ligue qui avoit commencé sous Henry III. & qui avoit troublé la Capitale & les Provinces du Royaume , fut entierement abatuë par la conversion , la clemence & la valeur de Henry IV. la secrete ambition des Chefs , la politique d'Espagne & la haine entre quelques Familles , n'eurent pas moins de part à cette dangereuse faction , que le zele de la Religion qui en paroissoit le pretexte.

N brave Guerrier ne s'étonne point des difgraces qui luy arrivent dans la guerre. Herauguieres toûjours apliqué à former des entreprifes fur les Places ennemies, ne fe rebuta point de la perte qu'il venoit de faire de la Ville.& du Château de Huy qu'il avoit furpris : Il ne laiffa pas d'entreprendre fur la Ville de Lire en Brabant, dont Alphonfe de Lune Efpagnol, étoit Gouverneur.

S'en étant approché la nuit du 24. Octobre 1595, il y entra par efcalade avec quelques Soldats, tua la Sentinelle, s'affura du Corps-de-Garde, & fit rompre une porte par laquelle le refte de fes Troupes entra fur les cinq heures du matin. Le Gouverneur témoigna dans cette occafion toute l'intrepidité & toute la prudence imaginable ; il réfifta en tous les endroits où il put faire tête ; envoya demander du fecours à fes voifins, & s'étant retiré avec fa Garnifon vers une porte, il s'y défendit fi bien qu'il eut le temps par fa réfiftance, d'y faire entrer le Secours envoyé d'Anvers, qui n'eft qu'à deux lieuës de Lire. Ce Secours conduit par le Capitaine Gafpard de Mondragon, parent du Colonel Chriftofle de Mondragon, fit changer la face du Combat ; de Lune à fon tour attaqua les Entrepreneurs qu'il trouva en defordre & attachez au pillage, en tua cinq ou fix cens & mit en fuite les autres. Herauguieres y fit fon devoir, & eut de la peine à fe fauver de la Place dont il fut prefque le maître pendant huit heures ; fon malheur vint de ce qu'il ne put jamais tirer fes gens du pillage : l'avidité du butin eft fouvent l'écuëil où les plus belles entreprifes échoüent. Les Liberateurs de Lire eurent tant de moderation qu'ils ne voulurent point profiter de ce qu'on avoit pris aux Habitans.

LE

Le Magiſtrat d'Anvers s'attribuant la conſervation de la Ville de Lire & de ſes Bourgeois , fit fraper cette Medaille.

Une Dame ayant la tête tourelée.

LIRA RECEPTA.

Lire repriſe.

REVERS.

OB CIVES SERVATOS PRIDIE
IDUUM OCTOBRIS CIƆIƆXCV.

Pour avoir ſauvé les Citoyens le 14. Octobre 1595.

La Couronne de Chêne étoit autrefois appellée Civique ; & les Romains la donnoient à celuy qui avoit conſervé un Citoyen : C'eſt pourquoy l'inſcription qui marque la délivrance de Lire , eſt dans une Couronne de Chêne , à l'honneur du Magiſtrat d'Anvers.

Cette année fut remarquable par la mort de quelques Perſonnes illuſtres qui avoient eu du commandement dans les Guerres des Pays-bas; le Comte Charles de Mansfeld qui mourut en Hongrie commandant l'Armée de l'Empereur Rodolphe contre le Turc ; François Verdugo Gouverneur de Friſe , qui par l'éclat de ſa vie avoit fait oublier l'obſcurité de ſa Naiſſance ; Valentin de Pardieu Sieur de la Motte , Grand Maître de l'Artillerie Eſpagnole , qui venoit de reprendre ſur Herauguieres la Ville & le Château de Huy , & qui fut tué devant Dourlans en Picardie ; & Philippes Comte de Naſſau , qui fut tué dans un Combat contre le Colonel de Mondragon : Ces Comtes de Naſſau Enfans de Jean & Couſins Germains du Prince Maurice , ont tous été vaillans , & n'ont pas peu contribué à l'établiſſement & à la gloire de la Republique de Hollande.

1596.

L.BERT Archiduc d'Auſtriche & Cardinal, Frere de l'Archiduc Erneſt, fit ſon entrée à Bruxelles au mois de Fevrier 1596, en qualité de Gouverneur des Pays-bas : Il avoit amené d'Eſpagne Philippes Guillaume de Naſſau, que le Duc d'Albe avoit fait arrêter dans l'U-niverſité de Louvain en l'année 1568. Les Eſpagnols eſperoient que la préſence de ce Fils aîné de Guillaume Prince d'Orange, apporteroit du deſordre dans les Provinces Unies ; mais il ne prit aucun commandement & ne ſe mêla de rien, ſoit qu'il ne voulût pas favoriſer les Ennemis de ſa Famille, ou qu'il ſe défiât d'avoir du crédit parmy les Confederez qui avoient une ſi grande & ſi juſte eſtime pour le Prince Maurice ſon Frere. L'Archiduc ſe voyant une belle Armée ſe crut aſſez fort pour attaquer & la France & les Eſtats : Il entra en Picardie, prit la Ville de Calais, & emporta d'aſſaut la Citadelle où fut tué François de ſaint Paul Bidoſſan, qui en étoit Gouverneur : Ardres ſe rendit à compoſition ; Charles de Monluc petit-fils du renommé Blaiſe de Monluc Maréchal de France, y fut emporté d'un coup de canon. Ces deux Conquêtes qui furent les premieres du Gouvernement de l'Ar-chiduc Albert, ſe firent dans les mois d'Avril & de May : L'Archiduc s'en étant retourné en Flandre, il y aſſiegea la Ville de Hulſt le 4. Juillet ; Georges Everard Comte de Solms, en étoit Gouverneur, & le Colonel Piron ſon Lieutenant ; le Comte Erneſt de Naſſau s'y étoit en-fermé : La réſiſtance des aſſiegez fut memorable ; ils ſoûtinrent neuf aſſauts, & tuerent nombre d'Ennemis en diverſes ſorties ; mais étant ré-

duits à l'extremité , ils capitulerent le 8. Aouſt. Le Comte de Solms &
le Colonel Piron , y furent bleſſez ; les aſſiegez perdirent ſept à huit cens
hommes , & les aſſiegeans quatre mille Soldats , avec plus de ſoixante
Capitaines ; Chrétien de Savigny Seigneur de Rône , fut tué à ce Siege
d'un coup de canon; il étoit Gentilhomme Lorain , & s'étoit ſignalé dans
les Guerres Civiles de France , où il avoit été Maréchal de la Ligue : ſon
Conſeil & ſa valeur contribuerent beaucoup aux dernieres Conquêtes des
Eſpagnols dans la Picardie & dans la Flandre.

La perte de ces Places fut cauſe que la France , l'Angleterre & les
Provinces Unies , renouvellerent leur alliance ; en memoire dequoy cette
Medaille fut frapée par l'ordre des Eſtats.

Une main ſortant d'une nuë tenant un nœud d'où pendent les trois
Ecuſſons des Armes de France , d'Angleterre & des
Provinces Unies.

RUMPITUR HAUD FACILE.

On ne le rompt pas facilement.

R E V E R S.

Une Flotte batuë de la tempête.

QUID ME PERSEQUERIS?

M. DXCVI.

Pourquoy me perſecutez-vous ?

Ce revers repreſente l'Armée Navale d'Eſpagne qui perit aux côtes
d'Angleterre en 1588 ; & ces paroles , *Quid me perſequeris ?* ſont les
mêmes que Dieu dit à Saul lorſqu'il étoit le perſecuteur de l'Egliſe naiſſante.

Christofle de Mondragon , l'un des plus vieux & des plus experimentez Capitaines Eſpagnols, étoit mort au commencement de cette
année dans la Citadelle d'Anvers , dont il étoit Gouverneur;

L E Prince Maurice defirant réparer la perte de Hulft, alla combatre le Comte de Verax, qui étoit à Turn-hout en Brabant avec quelques Troupes de l'Archiduc: Le Comte voulant fe retirer à l'approche de l'Ennemy, fut chargé dans fa retraite par le Prince, & entiere-ment défait le 24. Janvier 1597; il fut tué fur la pla-ce, & le Château de Turnhout fe rendit au Vainqueur qui s'en retourna en Hollande.

Au mois d'Avril le Prince fe remit en campagne, & en trois mois de temps prit Alpen, Rhimberg, Mœurs, Grol, Brefort, Enfchede, Ol-denzeel, Otmarfen & Lingen : On ne pouvoit pas fe venger plus glo-rieufement de la perte d'une Ville, que par une victoire & par la prife de neuf Places.

HERNAND Teillo Portocarero Efpagnol, ayant par ftratageme furpris Amiens fur les Habitans, il y fut aufli-tôt afliegé par le Roy de France ; l'Archiduc s'avança jufqu'à la vûë de la Place pour la fecourir; mais le Secours qu'il voulut y jetter ayant été battu & repouffé, il fut contraint de fe retirer ; & la Garnifon Efpagnole remit Amiens au Roy. Ces chofes arriverent pendant que le Prince Maurice faifoit avec tant de facilité fes Conquêtes vers le Rhin.

LES Eftats firent fraper ces trois Medailles pour le merveilleux fuc-cés des Armes du Prince.

La Premiere.

Un rond où font ces mots :

VENIT, VIDIT; DEUS VICIT.

Il eft venu, il a vû, Dieu a vaincu.

Au tour du rond.

VICTORIA PARTA SPATIO TRIMESTRI.

Victoire remportée dans l'efpace de trois mois.

LE refte du champ de la Medaille eft remply des profils des Villes conquifes, dont les noms font ainfi dans le tour : Alpen, Berg, Mœurs, Grol, Brefort, Enfchede, Oldenzeel, Otmarfen, Lingen.

REVERS.

OLID·OTNIA·LINGEN☘ALPEN·BERGMEVRS·GROL·BRET·ORT·ENSCH
TR·MESTRI·VICTORIA·PATRIA·SPATIO·ORT
VENIT
VIDIT
DEVS
VICIT
OCVLIS·VOSTRIS☘ADNO·FACTVM·EST·IS·TVD·MIR·ST·NRABILE·IN
VICTORIA
TVRNOTANA
IAN·A·1597

DEO·OPT·MAX
SIGNIS
AD·TVRNHOVT
NOVEM·ET·TRIGINTA
POST·OPPIDIS·TRANS
RHENVM·TRIBVS·
CAPT·SEX·HISPANO
TRIMESTRI·EREPTIS
CIƆ·IƆXCVII·
S·C·

HONORE·M·GLORIA·SOLI·DEO·H·ON
B·R
ORDINVM
AVSPICIIS·PRIN·
CIPIS·MAVRITII
DVCTV·HOSTE·AD
TVRNHOVTVM·CÆSO
DECEM·OPIDIS·ET
TRIBVS·ARCIBVS
EXPVGNATIS·ET·TOTA·
CISRHENANA
DITIONE·PACATA·
1597·

REVERS.

Une Armée qui eſt en déroute.

Ces mots du Pſeaume 117. ſont autour.

A DOMINO FACTUM EST ISTUD ET EST

MIRABILE IN OCULIS NOSTRIS.

Cecy eſt l'ouvrage du Seigneur, (&) nos yeux le voyent avec admiration.

Dans l'Exergue.

VICTORIA TURNOTANA JANUARIO

M. DXCVII.

La victoire de Turnhout en Janvier 1597.

CES mots : *Venit, vidit, Deus vicit,* ont du rapport à ces trois : *Veni, vidi, viri* ; Je ſuis venu, j'ay vû, j'ay vaincu : que Céſar écrivit à Rome au ſujet de la prompte victoire qu'il avoit remportée ſur Pharnace Roy de Pont.

La ſeconde.

Un Trophée élevé ſur le devant de la Medaille , dont le reſte eſt occupé par les profils des mêmes Villes & par le Rhin , la Meuſe & la Riviere d'Ems qui paſſe à Lingen.

Au haut de la Medaille.

DEO OPTIMO MAXIMO.

A DIEU TRES-BON , TRES-GRAND.

REVERS.

SIGNIS AD TURNHOUT NOVEM ET TRIGINTA,

POSTEA OPPIDIS TRANS RHENUM

TRIBUS CAPTIS,

SEX HISPANO TRIMESTRI EREPTIS.

HISTOIRE

Dans l'Exergue.

CIƆIƆXCVII. STATUS CONFOEDERATI.

*Les Eſtats des Provinces Unies ont fait faire cette
Medaille aprés avoir gagné trente-neuf Enſeignes
à Turnhout, pris enſuite trois Villes au delà du
Rhin, & aprés en avoir emporté ſix à l'Eſpagnol
dans l'eſpace de trois mois, en 1597.*

La troiſiéme Medaille.

Les Armes des Eſtats Generaux.

SOLI DEO HONOR ET GLORIA.

A Dieu ſeul honneur & gloire.

REVERS.

ORDINUM AUSPICIIS, PRINCIPIS MAURITII DUCTU,
HOSTE AD TURNHOUTUM CÆSO;
DECEM OPPIDIS ET TRIBUS ARCIBUS
EXPUGNATIS, ET TOTA
CISRHENANA DITIONE PACATA
M. DXCVII.

*Pour avoir défait l'Ennemy à Turnhout, pris dix
Villes & trois Fortereſſes, & avoir pacifié le
Pays au delà du Rhin ſous les auſpices des Eſtats
& la conduite du Prince Maurice, en l'année
1597.*

1598.

APRE'S que la Paix eut été concluë à Vervins entre la France & l'Espagne le 2. May 1598 ; Philippes tâcha aussi de la faire avec les Provinces Unies , afin de joüir en sa vieillesse du repos qu'il avoit ôté à toute l'Europe Il se persuada que le meilleur moyen pour pacifier les Pays-bas , étoit de les ceder à Isabelle Claire Eugenie d'Austriche sa fille , en la mariant avec l'Archiduc Albert : Il esperoit que les Estats s'accorderoient plus facilement avec des Princes qu'on estimoit bien-faisans & contre lesquels ils n'avoient aucun sujet ni de plainte ni de haine ; ce prudent Monarque esperoit encore que comme les peuples des Pays-bas aiment à voir leur Prince , la présence & la douceur d'Albert & d'Isabelle , rétabliroient l'amitié que l'absence & la severité de Philippes avoient fait perdre. La cession ayant été faite & le Mariage arrêté , l'Archiduc se prépara pour son voyage d'Espagne , & nomma le Cardinal André d'Austriche , pour gouverner en son absence ; & François de Mendosse Admiral d'Arragon , pour commander les Armées. Aprés avoir déposé les marques de son Cardinalat sur l'Autel de l'Eglise de Nôtre-Dame de Hal , il partit de Bruxelles au mois de Septembre 1598 , accompagné de Philippes Guillaume de Nassau Prince d'Orange , & de plusieurs personnes de Qualité : Il prit son chemin par l'Allemagne , d'où il entra en Italie , & trouva sur les Terres des Venitiens Marguerite d'Austriche , qui devoit épouser Philippes fils unique du Roy d'Espagne : Elle étoit fille de l'Archiduc Charles frere de l'Empereur Maximilien Second. Ils allerent ensemble à Ferrare , où le

Pape Clement VIII. celebra le double Mariage : Les Procureurs des
abſens étoient l'Archiduc Albert pour Philippes ; & le Duc de Seſſe Ambaſſadeur d'Eſpagne à Rome , pour l'Infante. La celebration ayant été
faite , les nouveaux Mariez s'embarquerent à Genes & paſſerent en Eſpagne , où dans la Ville de Valence les Nôces ſe firent avec beaucoup de
magnificence.

C E T T E Medaille fut donnée à cauſe du Mariage de l'Archiduc avec
Iſabelle.

L'Archiduc Albert en buſte armé.

ALBERTUS DEI GRATIA

ARCHIDUX AUSTRIÆ,

DUX BURGUNDIÆ BRABANTIÆ,

COMES FLANDRIÆ , DOMINUS FRISIÆ.

Albert par la grace de Dieu Archiduc d'Auſtriche , Duc de Bourgogne

& de Brabant , Comte de Flandre , Seigneur de Friſe.

R E V E R S.

Jaſon ayant un pied ſur le Dragon & montrant la Toiſon d'Or
qu'il a conquiſe.

ASSIDUITATE.

Par aſſiduité.

C E Jaſon que la fable a fait le Conquerant de la Toiſon d'Or qu'on
gardoit dans la Colchide , repreſente l'Archiduc qui par ſon Mariage avec Iſabelle , obtient la Souveraineté des Pays-bas , ancien Patrimoine de la Maiſon de Bourgogne , laquelle avoit pour Ordre de Chevale-
rie la Toiſon d'Or : Cet Ordre fut inſtitué à Bruges par Philippes le Bon
Duc de Bourgogne , le 10. Janvier 1429.

P E N D A N T le voyage de l'Archiduc , le Roy d'Eſpagne étoit mort
le 13. Septembre 1598 , & Philippes III. luy avoit ſuccedé. Philippes
II. avoit toutes les qualitez neceſſaires pour gouverner tant d'Eſtats differens qu'il poſſedoit dans l'un & l'autre monde : Sa politique & ſes inte-
rêts ont pendant 45. ans donné le mouvement à toutes les Puiſſances de
la terre ; & ſans paroître à la tête des Armées , il s'étoit rendu par ſa
prudence & par ſes forces , l'arbitre de la Paix & de la Guerre de l'Europe :

rope : Quoy qu'on l'ait accufé d'avoir été ambitieux , défiant , diffimulé, cruel , vindicatif , & d'avoir facrifié Charles fon fils & Ifabelle de France fa femme , à fes foupçons d'Eftat & à fa jaloufie ; ces accufations n'ont point empêché que la pofterité n'ait rendu juftice à fa memoire , & qu'il ne paffe pour un des plus grands Rois qui ait regné dans l'Efpagne. C'eft encore avec trop de liberté que la maladie pediculaire dont il mourut, a été prife pour une punition divine , puifque des hommes illuftres par leur probité font morts de cette maladie : Mais il y a lieu de s'étonner que ce Prince que les Efpagnols ont appellé le Salomon de fon fiecle , qui fçavoit fi bien fe faire obéir , & que des Papes ont qualifié le défenfeur de la Foy , ait mal réüffi dans fes entreprifes les mieux concertées ; que fes naturels Sujets ayent élevé un nouveau trône fur le débris du fien , & que le Calvinifme foit devenu la Religion publique de fept Provinces qui luy étoient hereditaires : Ce qui apprend aux plus éclairez que les lumieres de la fageffe humaine font quelquefois des feux nuifibles qui entraînent dans le précipice ; & que la feule politique heureufe eft celle qui, conduit par les veritables & conftantes maximes de la Morale Chrétienne , ne s'égare jamais.

A peine l'Archiduc étoit forty de Flandre que l'Admiral d'Arragon paffa la Meufe avec une Armée de trente-mille hommes : Il parut devant Orfoy Ville de l'Eftat de Cleves , & demanda d'y entrer pour paffer le Rhin ; les Habitans oppoferent en vain la Neutralité & furent obligez de luy ouvrir leurs portes : Auffi-tôt il fit fommer le Château d'une maniere affez extraordinaire ; Quelques Soldats le gardoient pour le Duc de Cleves , il leur prefenta trois Capucins avec un Bourreau qui tenoit des cordes, & les menaça de les faire pendre s'ils refiftoient; dequoy effrayez ils livrerent le Château à l'Admiral , qui donna ordre de fortifier Orfoy & alla mettre le Siege devant Rhimberg : Les affiegez fe défendirent fort bien ; mais le feu ayant été mis à leur poudre , & Lucas Hedding Gouverneur de la Ville tué , ils fe rendirent à compofition. Les Efpagnols s'emparerent de Reez , d'Emmerik & d'autres Places dans les Duchez de Cleves & de Juliers & dans la Weftphalie; ils hivernerent en ces Pays Neutres , affaffinerent le Comte de Brouk, couperent la gorge à la Garnifon de fon Château contre la foy donnée , pillerent les Eglifes & les Monafteres , & commirent par tout d'horribles cruautez.

1599.

ETTE invasion des Espagnols & leurs violences dans les Terres de l'Empire , furent cause que les Princes d'Allemagne voisins des Pays-bas , leverent des Troupes pour les chasser. L'Admiral ne voulut pas attendre ces nouveaux Ennemis, il quitta ses quartiers d'Hiver, jetta un pont portatif sur la Meuse , entra en l'Isle de Bommel dans la Gueldre , & assiegea sa Capitale du même Nom , en May 1599. Le Prince Maurice qui s'étoit mis en état de n'être pas surpris par les Espagnols , vint au secours de Bommel & fit lever le Siege. Les Espagnols se retirerent aprés que le Cardinal André eut fait bâtir sur le bord de la Meuse & du Vahal , un Fort à la pointe de l'Isle , afin de brider Bommel & de commander à ces deux Rivieres.

L E Cardinal André fit fraper en 1599 cette Medaille , en memoire de la construction de ce Fort qui fut appellé de son nom.

Le Cardinal André d'Austriche en buste.

ANDREAS AUSTRIUS CARDINALIS.

André d'Austriche Cardinal.

Un Fort.

MUNIMENTUM SANCTI ANDREÆ.

Le Fort de saint André.

L'ARMÉE Allemande qui étoit de vingt-mille hommes , ne fit rien qui fut digne de ses forces & de la gloire de sa Nation , soit par la division de ses Chefs , ou par le peu de respect qu'on portoit à Simeon Comte de Lippe son General , elle leva le Siege qu'elle avoit mis devant Reez & se débanda entierement ; les Espagnols ne laisserent pas d'abandonner cette Ville & se retirerent vers Rhimberg. Le Prince Maurice de son côté s'assura d'Emmerik , que les Etats rendirent depuis au Duc de Cleves.

ALBERT & Isabelle qu'on nommoit les Archiducs , arriverent d'Espagne & firent leur entrée à Bruxelles au mois de Septembre ; le Cardinal André s'en retourna en Allemagne : il étoit fils de Ferdinand frere de l'Empereur Maximilien. Les Archiducs passerent le reste de l'année à dresser l'état de leur Maison , à donner l'Ordre de la Toison d'Or à quelques Seigneurs , & à faire leur entrée dans les principales Villes de leur obéïssance : la plus pompeuse fut celle qu'ils firent dans Anvers; on dressa devant l'Hôtel de Ville un Theatre sur lequel ils furent inaugurez Duc de Brabant , & firent le serment de conserver les Privileges de la Province avec la Ceremonie ordinaire ; on fit largesse au peuple de pieces d'or & d'argent où d'un côté étoit le portrait des Archiducs avec ce mot :

AUSPICIIS

Sous les auspices.

Et de l'autre dans une Couronne de Laurier.

MUNIFICENTIA.

Liberalité.

POUR montrer la grandeur des Archiducs & le bonheur que leur domination devoit apporter aux Provinces.

  LES Archiducs avoient trouvé à leur retour d'Espagne, les affaires des Pays-bas dans une disposition moins avantageuse qu'ils n'avoient esperé : Les Provinces de leur obéissance étoient épuisées par la longueur de la Guerre ; & la pluspart des Troupes Espagnoles mutinées , faute de payement de leur solde ; au contraire les Provinces Confederées devenuës riches par le commerce , étoient dans une parfaite union & bien résoluës de se maintenir par les Armes dans l'indépendance qui leur avoir coûté tant de sang.

                                                                    LB

LE Prince Maurice defirant profiter de la mutinerie Efpagnole, arriva le 21. Mars 1600. devant le Fort de Crevecœur fitué fur la Meufe, qu'il prit le 24. & affiegea le Fort de faint André dont la Garnifon s'étoit mutinée ; les affiegez firent d'abord de la réfiftance, mais fe voyant fans efperance de fecours & incertains de leur reconciliation, ils traiterent avec le Prince le 8. May, reçûrent cent vingt-cinq mille florins, & luy livrerent ce Fort que les Efpagnols appelloient la clef de la Hollande, & que le Cardinal André venoit de faire bâtir avec tant de peine & de dépenfe.

LES Eftats glorieux d'avoir fi bien commencé le nouveau fiecle, entreprirent d'attaquer les Archiducs jufques dans le fein de la Flandre : l'on affembla pour ce deffein grand nombre de Navires des Villes Maritimes de Hollande & de Zelande : l'on forma un Corps d'Armée confiderable ; & le Prince étant arrivé à Oftende, il s'approcha de Nieuport & l'affiegea. L'Archiduc étant venu en perfonne pour combattre les affiegeans, il fe donna le 2. Juillet la memorable Bataille de Nieuport. La victoire demeura toute entiere au Prince Maurice avec l'Artillerie & le Bagage de l'Ennemy, fix cens Prifonniers, & parmy eux l'Admiral d'Arragon. Frederic Henry de Naffau frere du Prince, y donna des marques de cette infigne valeur qui eft hereditaire dans fa Famille. Henry Comte de Coligny petit-fils de l'Admiral de Châtillon & plufieurs autres Seigneurs François & Anglois, y acquirent de l'honneur. L'Archiduc fut bleffé au vifage ; & quoyqu'il eût perdu quatre mille hommes & fes principaux Officiers, il témoigna dans fa difgrace un courage digne de fa Naiffance & de fon rang, fit entrer des Troupes dans Nieuport & dans les Places voifines, & refifta par tout à l'Armée victorieufe ; de forte que le Prince s'en retourna en Hollande fans avoir pris Nieuport ni le Fort d'Ifabelle qu'il avoit attaqué. Claude la Bourlotte Capitaine d'experience & d'execution, & qui avoit paffé par tous les degrez de la Milice, fut tué en défendant ce Fort contre les Confederez.

LES Eftats firent fraper cette Medaille pour la victoire de Nieuport & pour la prife du Fort de faint André.

Le Prince Maurice armé en action de combattre : il a fur la tête une Couronne de Laurier, & l'on voit fous les pieds de fon cheval des Ennemis étendus ; on voit dans le champ de la Medaille un Combat, avec une Flotte dans le loingtain ; au haut de la Medaille le mot Hebraïque, JEHOVA, *Dieu* ; & le millefime 1600 ; autour cette Legende.

HISTOIRE

CAPTIS CENTUM TRIGINTA MILITUM SIGNIS

ORDINUM AUSPICIIS

PRINCEPS MAURITIUS VICTOR REDIIT.

REVERS.

Un Fort aſſiegé par Mer & par Terre , autour
cette ſuitte de la Legende.

COMPULSO AD DEDITIONEM PRÆSIDIO ANDREÆ ,

CÆSO FUGATOQUE

AD NEOPORTUM ALBERTO AUSTRIÆ.

*Le Prince Maurice eſt retourné victorieux aprés avoir
ſous les auſpices des Eſtats , gagné cent trente Dra-
peaux , contraint le Fort ſaint André de ſe rendre ,
défait & mis en fuite Albert d'Auſtriche.*

LA Province d'Utrecht fit faire en ſon particulier cette autre Medaille au ſujet de la même victoire.

Deux Armées qui combattent , & dans le
loingtain des Vaiſſeaux.

HOC OPUS DOMINI EXERCITUUM.

M. DC.

C'eſt l'ouvrage du Dieu des Armées.

REVERS.

Les Armes de la Province d'Utrecht.

ORDINUM TRAJECTENSIUM NUMISMA.

Medaille des Eſtats d'Utrecht.

Les Navires qui paroiſſent dans le loingtain des deux Medailles, marquent la generoſité du Prince Maurice, qui fit retirer en pleine Mer les Vaiſſeaux qui avoient apporté ſon Armée dans la Flandre, afin d'ô- ter aux ſiens toute eſperance de retraite & de les obliger à vaincre ou à mourir : il tâcha de perſuader à Frederic ſon frere de ſe tenir ſur les Vaiſſeaux ; mais ce jeune Prince refuſa d'y demeurer & voulut partager l'honneur & le peril de cette journée.

R HINBERG eſt de l'Electorat de Cologne & un paſſage important ſur le Rhin : Les Eſtats donnerent ordre au Prince Maurice de l'aſſieger, parce que la Garniſon incommodoit les Confederez & levoit des contributions dans la Province d'Overiſſel. Le Prince donna le rendez-vous de ſon Armée au Fort de Skein, lieu propre pour tenir les Ennemis en ſuſpens de ce qu'il vouloit faire ; afin de couvrir encore mieux ſon deſſein, il ſe trouva aux Nôces de Ludovic Gunter de Naſſau, & de la veuve du Comte de Brouk qui ſe faiſoient dans Arnhem, d'où il partit en diligence & parut devant Rhinberg le 12. Juin 1601. La Ville eſt environnée de marais, & les Eſpagnols l'avoient fortifiée depuis que l'Admiral d'Arragon l'avoit priſe lors de ſon irruption dans le Duché de Cleves ; elle ne manquoit ni de vivres ni de munitions, & ſa Garniſon étoit de deux mille hommes ſous le commandement de Loüis Bernard d'Avila Eſpagnol qui en étoit Gouverneur. Le Prince diviſa ſon Camp en trois quartiers ; l'un pour luy ; l'autre pour le Comte Erneſt de Naſſau & de Solms ; & le troi-ſiéme pour le Colonel Giſtelles : L'attaque & la défenſe de la Place fu-rent également vigoureuſes : le Gouverneur ſe défendit en homme de Guerre, & fit de frequentes ſorties ; mais les mines luy ayant enlevé beaucoup de monde & ruïné la pluſpart de ſes fortifications, il capitula

le 30.

le 30. Juillet. Plusieurs Princes & Seigneurs de diverses Nations ; vinrent à ce Siege pour apprendre sous Maurice l'art d'assieger & d'emporter les Places.

L'Archiduc s'étoit mis en campagne pour secourir Rhinberg ; mais ne l'ayant pû faire à cause des retranchemens & des fortifications du Camp des Confederez, il assiegea la Ville d'Ostende à la priere des Flamans, qui ne pouvoient plus souffrir cette épine dans la patte du Lion de leur Province : ce fut le 5. Juillet 1601, que commença ce Siege le plus obstiné, le plus long & le plus celebre qui ait été depuis plusieurs siecles.

Cette Medaille fut frapée par l'ordre des Estats, en memoire de la prise de Rhinberg.
Le Plan du Siege de Rhinberg.

Hostis dira minitans a Berga pellitur.

M. DCI.

L'Ennemy qui faisoit de cruelles menaces est chassé de Rhinberg en l'année 1601.

REVERS.

Le Prince Maurice sur une hauteur ayant à ses côtez une Trompette & un Tambour ; son Armée est au bas en action de recevoir ses Ordres.

Irato numine nil

juvant undique collectæ vires.

Les forces amassées de toutes parts ne servent de rien si le Seigneur est contraire.

Le Siege que le Prince mit au mois de Novembre devant la Ville de Boissleduc, n'eut pas un succés pareil à celuy de Rhinberg : le Secours que l'Archiduc y fit entrer & la rigueur du froid, obligerent le Prince à se retirer. La fortune n'est pas toûjours en humeur de favoriser dans la Guerre le même Party.

1602.

C OM'ME la Republique des Provinces Unies doit à la Mer fon origine, fa puiffance & fes richeffes, & que fa Compagnie des Indes Orientales a été établie en 1602; je mets en cet endroit les premieres entreprifes des Confederez pour les Indes & pour les voyages de long cours, dont je n'ay point encore parlé & que j'ay refervé pour cette année.

L'ANCIEN commerce des Pays-bas étoit borné par les Ports de l'Europe, parce que les Efpagnols & les Portugais ne fouffroient point de Nations étrangeres dans leurs nouvelles découvertes ; mais depuis la guerre contre l'Efpagne & l'Invafion du Portugal par Philippes Second, les Provinces Unies n'ayant plus de confideration pour ces deux Couronnes, refolurent de ne plus limiter leur Navigation , & de porter leur commerce & leurs Armes par tout le monde.

En l'année 1594 , trois Navires partirent de Hollande pour trouver un paffage par la Mer du Nord vers la Chine : ils arriverent à la Nova Zembla , trouverent un détroit, qu'ils nommerent de Naffau , & ne purent aller plu. loin à caufe des glaces.

L'avanture d'un Navire Hollandois qui fit le même voyage en 1596 , eft remarquable : il fut arrêté par la glace & tellement enfermé que les hommes furent obligez de quitter le Navire & de marcher fur la glace pour gagner la terre , dont heureufement ils n'étoient pas beaucoup éloignez : ils bâtirent une loge du bois, qu'ils trouverent par hazard fur le rivage, & demeurerent plufieurs mois dans cette affreufe folitude, en guerre perpetuelle contre les Ours blancs, la neige & le froid ; la mifere qu'ils fouffrirent fut fi extrême , que Guillaume Barentfon leur Pilote mourut, & que de tout l'équipage il ne refta que douze perfonnes qui retournerent en Hollande. Leur retour fit voir que l'homme peut fe retirer des plus grands dangers quand l'efperance & le courage ne l'abandonnent point. Tous ceux qui depuis ont cherché cette route aux Indes par la Mer glaciale & par le détroit d'Anjan, ont perdu leur peine : & l'on croit ce paffage impoffible ; quelques-uns pourtant eftiment qu'on peut éviter les glaces en tirant plus avant vers le Pole.

Les quatre Vaiffeaux qui partirent en 1595 pour les Indes Orientales , firent un voyage plus heureux : ils doublerent le Cap de bonne efperance , aborderent aux Ifles de Madagafcar & de Sumatra , & à la Ville de Bantan en l'Ifle de Java ; repafferent par le même Cap & arriverent au Port de Texel en Hollande chargez de précieufes Marchandifes.

Olivier de Nort natif de Roterdam en Hollande , partit en 1598, paffa par le détroit de Magellan & fit le tour de la Terre ; fon Tombeau eft dans le Temple de Schonhoven avec une Epitaphe qui fait mention de ce merveilleux voyage.

En 1599, les Eftats envoyerent une Flote fous la conduite de Pierre Vander Doez ; les Confederez defcendirent aux Ifles Canaries fituées dans l'Afrique & fujettes à la Couronne d'Efpagne : ils y prirent quatre Châteaux & deux Villes , & aprés avoir fait fauter les Châteaux & mis le feu aux Villes , ils s'embarquerent avec leur butin : L'Admiral ayant renvoyé en Hollande la moitié de la Flotte , continua fa route jufqu'à l'Ifle de faint Thomé , où il prit la Ville de Pavoifan habitée par les Portugais. Le mauvais air de cette Ifle qui eft fous la ligne Equinoxiale le long de la côte de Guinée , fut fatal aux Confederez : une maladie contagieufe causée par la chaleur excessive du climat, emporta l'Admiral Vander Docz, & la pluspart des Officiers & des Soldats de la Flotte ; le reste regagna la Hollande avec plus d'honneur que d'utilité pour la Republique.

U N E Flotte Portugaise avoit assiegé en 1601 la Ville de Bantan, pour se vanger du bon accuëil qu'elle avoit fait aux Hollandois (c'est sous ce nom que les Confederez sont connus dans les Indes.) Cinq Navires des Estats commandez par Wolfard Hermans, quoyque plus foibles que les Portugais, attaquerent leur Armée Navale, la mirent en fuite & délivrerent Bantan : Cette action fut glorieuse aux Hollandois, & les plus puissans Princes des Indes firent alliance avec eux.

D E U X Navires de Zelande attaquerent en 1602, proche l'Isle de sainte Helene en Afrique, un Gallion de Portugal, s'en rendirent les maîtres & y trouverent une riche dépoüille.

E N la même année 1602, les Estats Generaux établirent la Compagnie des Indes Orientales : les motifs de son établissement furent que les Compagnies particulieres se nuisoient les unes aux autres, & qu'une seule Compagnie ayant toutes les forces des autres réünies en elle, seroit plus capable de resister aux Espagnols qui ne manqueroient pas d'employer toutes leurs forces pour chasser les Confederez des Indes. Voilà l'origine de cette illustre Compagnie qui a conquis des Royaumes, fait des Rois tributaires & envoyé des Ambassades aux Empereurs de la Chine & du Japon.

C E T T E Medaille fut frapée dans la Zelande pour la prise du Gallion Portugais par les deux Navires Zelandois.

Un Cheval qui foulant des pieds de derriere un Globe s'élance dans la Mer, au dessus ces mots du Poëte Juvenal.

NON SUFFICIT ORBIS.

Un monde ne suffit pas.

Derriere le Cheval est un Lion nageant.

QUO SALTAS INSEQUAR.

Quelque part que tu sautes je te suivray.

REVERS.

REVERS.

Un Gallion entre-deux Navires.

POSSUNT QUÆ POSSE VIDENTUR,

DECIMO SEXTO MARTII

M. DCII.

*Ils peuvent tout ce qui semble être possible ,
le 16. Mars 1602.*

L'ESPRIT de cette Medaille est, puisque l'ancien monde ne suffit pas à l'ambition d'Espagne , que les Confederez luy porteront la guerre dans le nouveau & combattront par tout contre-elle , pour l'Empire de l'Ocean.

LA Zelande pour animer ses peuples à cet Empire de l'Ocean qui est la source de la richesse & de la grandeur , fit faire cette autre Medaille.

Le Lion ondé de Zelande avec sa devise ordinaire.

LUCTOR ET EMERGO.

Je combats & je sors victorieux.

REVERS.

Un Navire voguant à pleines voiles.

IMPERATOR MARIS TERRÆ DOMINUS.

L'Empereur de la Mer est le maître de la Terre.

1602.

LES affaires de la Mer n'ôtoient pas aux Confederez les soins de leur agrandissement par Terre : Le Prince Maurice assiegea Grave le 18. Juillet 1602 ; cette Ville est sur la Meuse, dont les eaux remplissent ses fossez, on l'estime une des plus fortes & des plus regulieres Places du Brabant : Antoine Gonzales Espagnol en avoit le Gouvernement ; l'Admiral d'Arragon qui fut pris à la Bataille de Nieuport, avoit racheté sa liberté par celle de tous les Prisonniers du party Confederé qui étoient detenus dans les Estats de la domination Espagnole : il commandoit une Armée de vingt mille hommes, avec laquelle il fit diverses tentatives pour la délivrance de Grave ; tous ses efforts furent inutiles, il ne put forcer le Camp du Prince & se retira de peur de manquer de vivres ; sa retraite entraîna la perte de la Ville qui se rendit le 19. Septembre aprés deux mois de Siege : le Prince s'y fit le 28. inaugurer Seigneur du Pays de Cuyk dont elle est Capitale.

EN memoire de sa prise les Estats firent fraper cette Medaille qui marque auffi la défaite de quelque Cavalerie des Archiducs & l'avantage remporté par l'Admiral Opdam fur leurs Galeres commandées par Frederic de Spinola Genois.

Le Plan du Siege de la Ville de Grave avec la Carte des environs.

GRAVIA CAPTA,

TURMIS EQUITUM SEPTEM CÆSIS.

REVERS.

Deux Combats, l'un par Mer entre des Navires & des Galeres ; & l'autre par Terre entre des Cavaliers, avec la Carte des lieux où ils ont été donnez.

TRIREMIBUS SEX DEPRESSIS, FRACTIS

FUGATISQUE ANNO CIƆIƆCII.

FOEDERATÆ PROVINCIÆ FIERI FECERUNT.

Les Provinces Unies ont fait faire cette Medaille aprés avoir pris Grave, défait fept Compagnies de Cavalerie, battu & mis en fuite fix Galeres, en 1602.

LA Province d'Utrecht fit fraper cette autre Medaille pour la prife de Grave.

Un homme qui enleve une groffe pierre avec une machine.

ARS GRAVE TOLLIT ONUS.

L'art leve un pefant fardeau.

Au bas font les Armes de la Province.

ORDINES TRAJECTENSES.

Les Eftats d'Utrecht.

R E V E R S.

Une bêche dans une Courone de Laurier ; dans le loingtain
la Ville de Grave.

I N D U S T R I A E T L A B O R E.

Par induſtrie & par travail.

Dans l'Exergue 1602.

C E S mots , *grave onus ;* font alluſion à celuy de Grave : & ce revers
marque les fortifications du Camp du Prince , & qu'on vient à bout des
plus difficiles entrepriſes par l'adreſſe & par la peine.

C E fut pendant ce Siege que deux Ambaſſadeurs du Roy d'Achem,
vinrent ſaluer le Prince Maurice dans ſon Camp ; ils luy préſenterent
deux Lettres écrites en Langue Portugaiſe , avec un plat d'or & d'autres
choſes précieuſes de leur Pays. C'eſt la premiere Ambaſſade envoyée aux
Confederez par les Rois des Indes Orientales : le Royaume d'Achem
eſt dans l'Iſle de Sumatra qui eſt une des Iſles que les Geographes appellent de la Sonde.

LIZABETH Reine d'Angleterre qui avoit été la fi-
dele Alliée des Provinces Unies, mourut le 23. Avril   **1603.**
1603, âgée de soixante-dix ans. Jacques Stuart Roy
d'Ecosse fils de Marie Stuart, qu'elle avoit fait décapiter,
luy succeda aux Royaumes d'Angleterre & d'Irlande &
fut le premier appellé Roy de la Grand' Bretagne,
par la réünion des trois Royaumes sous un même
Sceptre. La vie d'Elizabeth n'a pas moins été la matiere de l'invective
que du Panegyrique ; les Catholiques zelez ont fait sa peinture avec tous
les traits qui forment les Tirans & les Impies ; les Protestans au contraire l'ont mise au rang des Princesses les plus justes & les plus reli-
gieuses : les uns & les autres ont témoigné trop de passion ; il est vray
qu'Elizabeth a été un des plus beaux genies de son temps ; qu'elle a
excellé dans l'art de regner ; que son Regne de 44 ans a été glorieux;
qu'elle a secouru ses Alliez, protegé ses voisins, dissipé diverses conspira-
tions contre ses Estats & sa vie, & qu'elle a triomphé de la puissance & de
la politique de la Maison d'Austriche & de toute la sagesse de Philippes
Second : Mais il est vray aussi que sa haine a été trop violente contre
la Religion Catholique, & que sa jalousie & sa severité n'ont point épar-
gné la vie ni de ses amis ni de ses parens : il est encore vray qu'elle devoit
respecter la naissance, le malheur & le caractere de Marie Stuart refugiée

D d

dans son Royaume, sa parente & Souveraine comme elle, & que quand elle fit mourir sur l'eschafaut cette Reine infortunée, elle viola en même temps les droits de l'hospitalité du Sang & du Diademe.

Les Estats envoyerent Frederic Henry de Nassau, Walrave de Brederode Seigneur de Viane, Jean Barnevelt Avocat General de Hollande & de Westfrise, & Jacob Waleck Trésorier de Zelande, pour feliciter le Roy Jacques de son avenement aux Couronnes d'Angleterre & d'Irlande: ce Prince quoyqu'il fût fils de Henry & Marie Stuart, tres-bons Catholiques, ne laissa pas de suivre la nouvelle Religion qui avoit commencé sous Henry VIII. & qu'Elizabeth avoit rétablie dans l'Angleterre.

Au mois de May Spinola sortit du Port de l'Escluse avec huit Galeres & quatre Fregates : il vint attaquer deux Navires de Guerre Zelandois, la Galere noire de Hollande & celle de Zelande qui étoient en garde vers cette Ville : le Combat dura long-temps, & enfin les Navires & les Galeres des Confederez l'emporterent sur les Galeres Espagnoles, qui furent maltraitées & contraintes de se retirer en desordre au Port de l'Escluse, avec perte de huit cens hommes & de Spinola leur General ; les Estats y perdirent trente-six hommes, Jacob Michielsen qui commandoit sur la Galere de Hollande fut tué, Joost le More Vice-Admiral de Zelande & le Capitaine Rogier Pietersen, furent blessez.

Ceux de la Province de Zelande firent faire cette Medaille pour ce Combat Naval, & pour montrer que les Vaisseaux avoient été cause de la victoire.

Deux Navires & deux Galeres.

CEDUNT TRIREMES NAVIBUS

M. DCIII.

REVERS.

Les Galeres Espagnoles.

VICTÆ PEREMPTO SPINOLA VIGESIMO SEXTO MAII.

*Les Galeres cedent aux Navires, elles sont vaincuës & Spinola
tué le 26. May 1603.*

FREDERIC de Spinola étoit frere du Marquis Ambroise de Spinola, qui va rendre son nom illustre par diverses conquêtes sur les Provinces Unies.

ANDIS que les assiegez dans Ostende faisoient une re-
siftance incroyable, les Estats jugerent à propos d'affieger
une Place importante de Flandre, afin de faire diversion
& d'avoir toûjours l'entrée libre dans cette Province : Le
Prince Maurice y entra par leur ordre, s'empara de
Cadsant, d'Ysendik, d'Ardenbourg & des autres Forts
aux environs de l'Ecluse, & assiegea cette Ville sur la
fin de May 1604 : le Prince qui étoit le plus habile Capitaine de son
siecle pour attaquer une Place & pour camper, fit retrancher son Camp,
fortifier ses quartiers & dresser des ponts pour en faire la communication avec toute la regularité, que l'application & l'experience luy avoient
apprise ; Ambroise de Spinola auquel les Archiducs avoient entierement

1604.

confié la conduite du Siege d'Oftende , en détacha quelques Troupes &
vint luy-même pour fecourir l'Eclufe qui étoit extremement preffée par
la famine : il tâcha en vain d'y jetter des vivres & perdit plus de deux
cens hommes dans les attaques qu'il fit au Camp du Prince ; ce qui
obligea Matthieu Serano Gouverneur de la Ville , de capituler le 19.
Aouft : les douze Galeres Efpagnoles qui étoient au Port demeurerent
par la capitulation aux Eftats avec leur équipage.

Les Eftats de Zelande firent faire cette Medaille en memoire de la
prife de l'Eclufe.

Capta Slusa cum portu et triremibus

xix. Augusti m. dciv.

Miraculum meum Jehova.

*L'Eclufe prife avec fon Port & les Galeres le 19. Aouft 1604 ,
eft un miracle du Seigneur.*

REVERS.

Les Armes particulieres des Villes de Zelande faifans une ceinture
autour de celles de la Province.

Luctor et emergo.

Je combats & je fors victorieux.

Cette autre Medaille fut encore frapée dans le même temps &
pour le même fujet.

La Ville d'Oftende affiegée.

Itane Flandriam liberas Iber?

ΧΡΥΣΕΑ ΧΑΛΚΕΙΩΝ.

*Eft-ce ainfi Efpagnol que tu délivres la Flandre , & que
de l'or tu en fais du cuivre ?*

REVERS.

La Ville de l'Eclufe avec la Carte des environs.

C'est

C'est une raillerie contre les Espagnols qui avoient promis d'assurer la Flandre par la prise d'Ostende, & qui cependant avoient laissé prendre l'Ecluse, Place aussi commode que l'autre pour insulter cette Province. En effet les Archiducs perdirent en moins de trois mois la Ville de l'Ecluse, aussi forte & aussi considerable par sa situation, que celle d'Ostende qui depuis trois ans arrêtoit toutes leurs forces.

Ludovic Gunter de Nassau, mourut des fatigues qu'il avoit souffertes au Siege de l'Ecluse ; ce jeune Comte étoit de grande esperance, & avoit fait paroître sa conduite & son courage en plusieurs rencontres.

Pierre Ernest Comte de Mansfeld, mourut aussi cette année dans son Gouvernement de Luxembourg, âgé de 87 ans ; il avoit servy sous Charles-Quint, Philippes II. & Philippes III. dans presque toutes les Guerres de l'Europe; l'Espagne a eu peu de Capitaines qui luy aient rendu plus de service avec plus de fidelité & pendant un plus long-temps, que ce Comte qui avoit gouverné quelques années les Pays-bas.

1604

PINOLA pressa Ostende avec la derniere vigueur; les Estats consolez par avance de la perte de cette Ville par la conquête de Rhinberg, de Grave & de l'Ecluse, donnerent ordre au Gouverneur d'Ostende de la rendre aux Archiducs : ce qui fut fait le 22. Septembre 1604, aprés trois ans deux mois dix-sept jours de Siege, dont le succés donna naissance à cette belle reputation que le Marquis de Spinola s'est depuis acquise : Il y eut plusieurs Gouverneurs d'Ostende durant le Siege ; Charles Vander Noot, François Vere General des Anglois, Frederic de Dorp qui fut blessé, les quatre Colonels, Gisthelles, Jean de Loon, Jacques de Berendrecht & Utenhove qui furent tuez, & Daniel de Hertain Seigneur de Marquette, qui signa la Capitulation. On rapporte un trait de François

Vere affez fingulier ; ayant eu avis qu'on devoit donner affaut , & crai-
gnant d'être emporté à caufe de la foibleffe de fa Garnifon, il fit battre
le Tambour pour parlementer ; envoya & reçût des ôtages afin d'avoir
du temps pour être fecouru : en effet cinq Compagnies Zelandoifes étant
arrivées , il renvoya les ôtages des affiegeans & retira les fiens : on fit
divers jugemens de cette action ; mais la plufpart demeurerent d'accord que comme toute la gloire d'un Gouverneur dépend de la confervation de fa Place , il peut dans le peril ufer de ftratageme pour conferver l'une & l'autre. Ce François Vere , Horace & Robert Vere fes freres,
Jean Norris & plufieurs autres Seigneurs & Officiers de Guerre Anglois,
ont rendu dans les Guerres des Pays-bas de grands fervices aux Provinces Unies.

Ce Siege d'Oftende merite d'être appellé une guerre particuliere où
tout ce qu'on peut faire pour l'attaque & pour la défenfe d'une Place a
été executé , & qui a fervy d'école à tous les peuples de l'Europe & à
toutes fortes de profeffions. Lorfque les Archiducs entrerent dans la Ville
d'Oftende , ils reconnurent que pour tant d'hommes , de temps & d'argent qu'elle leur avoit coûté , ils n'avoient qu'un monceau de fable &
de pierres abbatuës , un mélange confus de ruines , une maffe informe
de fortifications renverfées & un horrible cimetiere ; le Lecteur peut voir
le détail admirable de ce Siege dans les Relations qui en ont été imprimées.

Les Eftats pour montrer que la défenfe d'Oftende leur étoit plus
utile & plus glorieufe que fa prife ne leur avoit été préjudiciable , firent
fraper cette Medaille.

La Ville de l'Eclufe affiegée avec la Carte des lieux circonvoifins.

R E V E R S.

DEI OMNIPOTENTIS

GRATIA ORDINES FOEDERATARUM

PROVINCIARUM BELGII,

ILLUSTRISSIMI PRINCIPIS MAURITII AURAICI DUCTU,

POST STRENUAM TRIGINTA OCTO

MENSIBUS OSTENDÆ DEFFENSIONEM, FUGATIS,

CÆSIS ET REPULSIS HISPANIÆ COPIIS,

CADSANTIUM, ISENDICUM,

ARDENBURGUM, SLUSAM ET DUODECIM
TRIREMES HISPANIÆ
PRO RUDERIBUS OSTENDÆ CAPIUNT MUNIUNTQUE
M. DC. IV.

Les Eſtats des Provinces Unies des Pays-bas, par la grace du Dieu Tout-puiſſant, ſous la conduite du tres-Illuſtre Maurice Prince d'Orange, aprés avoir vaillamment défendu Oſtende pendant trente-huit mois, mis en fuite, défait & repouſſé les Troupes d'Eſpagne, prennent & fortifient Cadſant, Yſendick, Ardenbourg & l'Ecluſe, & ſe rendent maîtres de douze Galeres Eſpagnoles, au lieu des monceaux de pierre d'Oſtende, en l'année 1604.

LA Province d'Utrecht fit fraper cette autre Medaille pour le même ſujet.

Le Siege de la Ville de l'Ecluſe.

Autour de la Medaille.

JEHOVA PRIUS DEDERAT.

Au bas les Armes de la Province.

ORDINES TRAJECTENSES.

Les Eſtats d'Utrecht.

REVERS.

Le Siege de la Ville d'Oſtende.

PLUSQUAM PERDIDIMUS

CIƆIƆCIV.

Dieu nous avoit déja donné plus que nous n'avions perdu 1604.

CETTE

ETTE Medaille fut faite à l'honneur du Prince Mau-
rice, en 1605.   1605.

Le Prince Maurice en bufte armé.

MAURITIUS PRINCEPS AURAICÆ,

COMES NASSAVIÆ,

CATZENELEBOGII, MARCHIO VERÆ ET VLISSINGÆ.

*Maurice Prince d'Orange , Comte de Naffau & de Catzenelcboge,
Marquis de la Vere & de Fleffingue.*

R E V E R S.

Dans une Couronne de Laurier un rejeton fortant
d'un arbre coupé.

TANDEM FIT SURCULUS ARBOR.

ANNO M. DC. V.

Enfin le rejeton devient arbre.

C'ETOIT la devife ordinaire du Prince qui l'avoit choifie aprés la
mort de Guillaume de Naffau : elle veut dire que le rejeton fera renaître
l'arbre qui l'a produit , & que le fils fera revivre la gloire du pere.

CE Prince étant entré en Flandre , le Marquis de Spinola General
des Archiducs , le fuivit & campa proche de luy : quelques jours s'étant
F f

paffez en de legeres efcarmouches , Spinola quitta la Flandre & alla joindre Charles de Longueval Comte de Buquoy , qui commandoit une autre
Armée des Archiducs le long du Rhin. Ces deux Armées étant jointes,
le Marquis s'empara d'Oldenzeel en la Province d'Overiffel , & de Lingen dans la Frife au mois d'Aouft : le Prince quitta pareillement la Flandre & fuivit le Marquis , mais il ne put arriver qu'aprés la redition de
Lingen : la campagne finit fans qu'il y eût de combat general entre les
Armées ennemies ; il y en eut un particulier où le Prince Frederic Henry
de Naffau , fut en danger de fa perfonne & donna des preuves de fa valeur.
Loüis de Velafco General de la Cavalerie des Archiducs , étoit proche du
Château de Brouk avec 14. Cornettes de Cavalerie & huit Compagnies
d'Infanterie ; le Prince Maurice réfolu d'enlever ce logement , donne à
fon frere l'Avantgarde à commander ; Frederic avance & charge les Ennemis : mais il trouve une telle réfiftance qu'il demeure prefque abandonné des fiens , il fe défend vaillemment avec ceux qui luy reftent,
attaque un Capitaine Efpagnol & tous deux font le coup de piftolet fans
que les armes prennent feu , Marcel Baëx & Hodenpiil Efcuyer du Prince , le délivrent de ce danger ; cependant Horace Ver avec quatre Compagnies Angloifes , & Dommerville Gentilhomme François avec une
troupe de fa Nation étans arrivez , & quelque Cavalerie s'étant ralliée ,
le Combat recommence , & la mêlée devient plus rude & plus fanglante
qu'elle n'avoit été ; elle dura fept heures & donna le temps au Prince
Maurice de fecourir fon Frere & de mettre en fuite les Ennemis qui perdirent cinq cens hommes & le Comte Theodore Trivulce ; deux cens
furent tuez du côté des Eftats avec Dommerville.

1606.   LA campagne de l'année 1606 , fut avantageufe aux Archiducs ;
Spinola partit du Rhin & vint prendre Lochen dans la Gueldre , il y demeura jufqu'à la fin de Juillet qu'il fe mit en marche , & alla mettre le
Siege devant Grol en la même Province le troifiéme Aouft ; le Prince
Maurice qui avoit peu de Troupes affemblées , donna ordre de ramaffer
tout ce qu'on pourroit pour le fecours de Grol ; mais le Marquis preffa
fi vivement les affiegez qu'ils fe rendirent le quatorze. Aprés que le Marquis eut achevé cette expedition , il affiegea Rhinberg qu'il avoit fait in-
veftir par le Comte de Buquoy ; le Prince le fuivit , mais voyant qu'il ne
pouvoit délivrer Rhinberg fans donner bataille & ne voulant rien hazarder , il fe retira. Les affiegez n'ayant plus d'efperance d'être fecourus ,
capitulerent le 2. Octobre aprés un mois de fiege. Le Prince ayant repris en trois jours Lochen , s'efforça en vain de reprendre Grol & leva
le Siege qu'il y avoit mis au mois de Novembre.

  LE Comte Jean de Naffau mourut à Dilembourg. Les Provinces
Unies font redevables à fon zele & à fes confeils de l'union d'Utrecht qui
a fondé leur Republique : il affifta Guillaume Prince d'Orange fon frere
aîné , dans tous les orages qui s'éleverent contre luy.

LA perte de Grol & de Rhinberg fut reparée par la victoire que les Eſtats remporterent ſur l'Armée Navale d'Eſpagne au détroit de Gilbraltar en Afrique : la Flotte Hollandoiſe étoit de vingt-ſix Vaiſſeaux, & avoit pour Admiral Jacques de Heemskerk natif d'Amſterdam ; l'Eſpagnole de vingt Vaiſſeaux & de dix Gallions que commandoit Jean Alvarez Davila. Le combat ſe donna le 2ᵉ. Avril 1607 ; les Eſpagnols furent battus, Davila tué & ſon fils priſonnier ; le Vaiſſeau Admiral, le Vice-Admiral & cinq Gallions Eſpagnols, furent brûlez & les autres échouërent ; Heemskerk fut tué dés le commencement du combat : c'étoit un des meilleurs Capitaines de Mer qu'euſſent les Eſtats, & qui avoit autrefois accompagné Guillaume Barentſon dans le malheureux voyage de la Nova Zembla. Les Eſtats regreterent cet Admiral & le firent enterrer honorablement dans la vieille Egliſe d'Amſterdam.

CETTE Medaille fut frapée par leur ordre pour honorer la memoire du brave Heemskerk, & pour laiſſer à la poſterité un monument de ſa victoire.

HISTOIRE

DEI OPTIMI MAXIMI NUTU;

Illustrium Ordinum

Generalium Confoederatarum regionum

inferioris Germaniæ auspiciis,

sub Mauritio Nassaviæ Principe Auraicæ Architalasso,

Heros Jacobus ab Heemskerk

in ipsis freti Heculei faucibus sub

conspectum Urbis Gilbeltariæ

Naves Hispanicas

huc usque habitas inexpugnabiles devicit,

exussit ac sua paucorumque

morte non ingloria funditus delevit

septimo Calendarum Maii

anno M. DC. VII.

Par la volonté de Dieu tres-bon, tres-grand, sous les auspices des Illustres Estats Generaux des Provinces Unies des Pays-bas, sous Maurice de Nassau Prince d'Orange, grand Admiral, le Heros Jacques de Heemskerk a le 25. Avril 1607, dans le détroit des colomnes d'Hercule à la vüe de la Ville de Gilbraltar, vaincu, brûlé & entierement dissipé les Vaisseaux Espagnols qu'on avoit jusqu'à present estimez invincibles, sans avoir perdu que peu des siens qui sont morts glorieusement avec luy.

Au bas de la Legende.

Hæ tibi erunt artes.

Ce seront tes emplois.

Ces mots sont du sixiéme Livre de l'Eneïde ; & Anchise les dit à
Enée

Enée pour l'avertir qu'il doit s'appliquer à dompter les superbes. Ils s'a-
dreffent icy à la Republique , & veulent dire qu'étant accoûtumée à
vaincre l'Efpagne , elle triomphera toûjours de cette orgueilleufe Nation.

Qu E L Qu E temps avant cette victoire l'on avoit commencé de parler de Paix : l'ouverture qui en fut faite de la part des Archiducs , fut
reçûë affez fierement , & les Eftats n'y voulurent point entendre ny con-
fentir la fufpenfion d'armes , qu'aprés avoir eu une Declaration du Roy
d'Efpagne & des Archiducs , qu'ils traitoient avec eux comme peuples
libres & indépendans.

L E s principales raifons qui obligerent les Efpagnols à defirer la Paix
étoient que la Mer & les Fleuves combattoient en faveur des Provinces
Confederées ; que l'induftrie des Habitans fuppleoit aux endroits qui n'é-
toient pas fortifiez par la nature ; que la Guerre n'avoit point eu d'autre
effet que de les rendre plus puiffantes & plus unies ; que la crainte de
leurs Ennemis étoit le plus fort lien de leur Union ; que cette bonne intelligence feroit alterée dans la Paix , foit par la jaloufie du Commandement & de la puiffance les uns contre les autres , ou par les differens
que caufent ordinairement les nouvelles Religions ; que les troubles do-
meftiques feroient naître des occafions favorables au Roy & aux Archiducs ; & qu'enfin les heureux commencemens de la Navigation des Hollandois aux Indes devoient faire apprehender qu'ils ne fe rendiffent trop
puiffans dans un Pays dont le commerce & les dépoüilles faifoient toute
la richeffe de l'Efpagne & du Portugal.

Gg

1608.

A Declaration que Philippes & les Archiducs avoient
donnée aux Provinces Unies de leur indépendance,
n'empêcha pas que les Confederez selon leur interest
ou leur passion, n'eussent des sentimens bien contraires
sur la Paix qui leur étoit proposée : plusieurs Ministres
de la Republique la souhaitoient ; le Prince Maurice la
croyoit un obstacle à sa grandeur, & ne vouloit ni Paix
ni Treve. Les premiers soûtenoient qu'il étoit temps de finir une cruelle
Guerre qui désoloit la Patrie depuis tant d'années ; Qu'ils ne pouvoient
pas la continuer sans le secours des Puissances étrangeres ; Que ce secours
pouvoit manquer soit par la mort des Princes leurs Alliez , ou par le
changement de la politique & des interests de leurs Royaumes ; Que la
mutinerie des Troupes Espagnoles qui avoit procuré tant d'avantage aux
Estats ne seroit peut-être pas si frequente qu'elle avoit été ; Que les Ennemis trouveroient les moyens d'y remedier & de rétablir la discipline
dans leurs Armées ; & que les Provinces Unies étant reconnuës libres,
elles ne pouvoient terminer la querelle plus glorieusement que par l'aveu
de leur liberté qui en étoit le sujet. Les plus éclairez portoient leurs reflexions plus loin : les Charges & les Gouvernemens du Prince , la disposition qu'il avoit de toutes les forces de l'Estat par Mer & par Terre ,
ses Alliances , sa Valeur , ses Conquêtes & ses Victoires , leur faisoient
craindre de se donner eux-mêmes un maître par la continuation de la

Guerre. Les Partifans du Prince difoient que la Guerre contre l'Efpagne°
étoit une playe qu'il falloit tenir ouverte , de peur de faire rentrer dans
les entrailles un mal qui n'étoit plus ni penetrant ni dangereux ; Que
les Provinces Unies ne feroient jamais affurées ni tranquilles tant que
l'Efpagnol feroit leur voifin ; Que la conjonéture étoit favorable pour le
chaffer des Pays-bas ; Que fon impuiffance & la crainte de perdre le
commerce des Indes luy faifoient demander la Paix ; Et peut-on fe per-
fuader , ajoûtoient-ils , que l'Efpagne abandonne fincerement des Eftats
qui luy font hereditaires , elle qui commet toutes fortes de violences.&
d'injuftices pour fe maintenir dans ceux qu'elle a ufurpez , & doit-on fe
fier à une Nation immoderée dans la vengeance & dans la haine dont
nous connoiffons la perfidie , & qui un jour nous traittera de Rebelles
& d'Heretiques à qui elle croit n'être point obligée de garder la foy.

C e t t e diverfité d'opinions fit voir plufieurs écrits pour & contre
la Paix : ceux qui ne la défiroient pas & qui fe défioient des Efpagnols,
firent fraper cette Medaille dans la Zelande où le Prince avoit tout pouvoir & étoit extrêmement aimé.

Les Armes de Zelande ayant pour ceinture celles
des Villes de la Province.

R E V E R S.

Un Cheval qu'on traîne dans une Ville.

E Q U O   N E   C R E D I T E   T E U C R I.

Troyens défiez-vous de ce Cheval.

C'e s t un avis qu'on donne aux Eftats de fe garder des artifices de
l'Efpagnol , avec les paroles du fecond Livre de l'Eneïde que Virgile fait
dire à Laocoon fils de Priam , lorfqu'il diffuadoit les Troyens de recevoir
chez eux le Cheval de Bois que les Grecs feignoient d'avoir confacré à
Minerve , & qui fut caufe de la ruine & de l'embrafement de Troye.

1609.

ALGRE' tous ces differens fentimens , les Conferen-
ces pour la Paix ne laiſſoient pas de continuer à la Haye
où les Eſtats Generaux tiennent leur Siege , & qui étoit
la réſidence des Anciens Comtes de Hollande. Les Députez du Roy d'Eſpagne & des Archiducs étoient le
Marquis de Spinola ; Jean Richardot Préſident du Conſeil privé des Archiducs ; Jean de Mancididor Secretaire
du Roy d'Eſpagne ; Louïs Verreichen premier Secretaire d'Eſtat des Archiducs ; & le Pere Jean de Neyen Commiſſaire General de l'Ordre de
ſaint François aux Pays-bas , qui avoit fait les premieres ouvertures de la
Paix. Les Députez des Eſtats étoient Guillaume Ludovic Comte de Naſſau , Gouverneur de Friſe ; Walrave de Brederode ; Jean Barnevelt &
autres repreſentans les Provinces Unies. Lorſque les Députez d'Eſpagne
& de Flandre arriverent à la Haye , le Prince Maurice alla au devant
d'eux accompagné de Frederic de Naſſau ſon Frere , du Comte Guillaume Ludovic de Naſſau ſon Couſin , & de pluſieurs Seigneurs & Magiſtrats.
Ce fut un objet bien agréable aux Holandois de voir leur ancien & leur
ſuperbe Maître venir juſques dans le centre de leur domination leur demander la Paix comme à des Souverains , & par conſequent reconnoître
leur liberté & la juſtice de leurs Armes. Ce fut encore un charmant
ſpectacle

ſpeƈtacle de voir le Prince Maurice & le Marquis de Spinola qui venoient d'être ennemis & de faire tous leurs efforts pour ſe vaincre & pour ſe détruire , ſe donner toutes les marques d'une veritable & ſincere amitié. Tout eſt myſterieux & maſqué dans la politique , toutes les démarches y ſont ajuſtées aux deſſeins que l'on a formez , & les Grands joüent en public toutes ſortes de perſonnages pour faire réüſſir ce qu'ils ont réſolu en ſecret. Les Députez s'aſſemblerent pluſieurs fois , où aſſiſterent les Ambaſſadeurs de France , d'Angleterre , de Dannemark , du Comte Palatin du Rhin , du Marquis de Brandebourg , du Langrave de Heſſe & de quelques autres Princes Proteſtans d'Allemagne. L'Empereur Rodolphe n'envoya perſonne à la Haye , il avoit écrit au Roy d'Eſpagne , aux Archiducs & aux Eſtats que les dix-ſept Provinces dépendans de l'Empire, on ne pouvoit rien faire ſans ſa participation ; mais tous ayans fait réponſe à ſes Lettres , cette affaire n'eut point de ſuite & l'on continua le Traité ſans que Rodolphe y eût aucune part : mais à la vingt-ſixiéme Conference , il fut rompu ſur l'exercice de la Religion Catholique dans les Provinces Unies , & ſur la Navigation des Indes : ce qui obligea les Eſtats de faire une nouvelle Ligue avec la France & l'Angleterre.

LA Province d'Utrecht en memoire de cette Ligue , fit faire cette Medaille au commencement de l'année 1609.

Trois Cœurs joints enſemble , & au bas les Armes d'Utrecht.

JUNCTA CORDA FIDELIUM.

REVERS.

Une Fleur de Lis , une Roſe , & les ſept Fleches Couronnées.

CONTRA VIM TIRANNORUM

M. DC. IX.

Les Cœurs des Fideles unis contre la force des Tirans.

LA Fleur de Lis repreſente la France , la Roſe l'Angleterre , les Fleches les ſept Provinces Unies , & les Cœurs l'Alliance de ces trois Puiſſances.

Hh

ETTE rupture du Traité qu'on negocioit à la Haye ne fit point cesser la suspension d'armes, & même au lieu de la Paix on proposa de faire une longue Treve; la proposition fut reçûë, & les Députez de part & d'autre se rendirent en la Ville d'Anvers avec les Ambassadeurs de France & d'Angleterre : aprés quelques Conferences toutes les difficultez furent levées par les Conseils & l'autorité de Henry Roy de France; par la prudence de Pierre Janin Président au Parlement de Bourgogne son Ambassadeur extraordinaire; & par le crédit & le zele de Barnevelt qui étoit un veritable Republicain & entierement dévoüé aux interests de sa Patrie : enfin une Treve de 12. années fut concluë le 9. Avril 1609, & le premier Article du Traité portoit que le Roy d'Espagne & les Archiducs tenoient les Provinces Unies libres sur lesquelles ils ne prétendoient rien. Les Confederez eurent principalement obligation à la France de ce premier aveu de la liberté de leur Republique qu'on appelle de Hollande, parce que cette Province est la plus considerable de l'Union & qu'elle seule contribuë plus de la moitié aux necessitez publiques.

1609.

Les Estats en memoire de la Treve & du renouvellement d'Alliance avec la France & l'Angleterre, firent faire cette Medaille.

Une main sortant du Ciel & tenant un triple-nœud où sont attachez les Ecussons des Armes de France, d'Angleterre& des Estats Generaux.

A Domino factum est istud.

C'est là l'ouvrage du Seigneur.

R E V E R S.

ORDINES FOEDERATI BELGII À REGE HISPANIÆ

ET ARCHIDUCIBUS LIBERI

AGNITI POST BELLUM CONTINUUM XLII

ANNORUM INDUCIAS

PACISCUNTUR INTERVENTIONE REGUM GALLIÆ ET

MAGNÆ BRITANNIÆ ET CUM IISDEM

FOEDUS RENOVANT ANNO

CIƆICCIX.

*Les Estats des Provinces Unies reconnuës libres par
le Roy d'Espagne & par les Archiducs aprés une
Guerre continuelle de 42. années, font Treve par
la mediation des Rois de France (+) de la Grande
Bretagne, (+) renouvellent avec eux leur Alliance en
l'année 1609.*

JEAN Guillaume Duc de Cleves & de Juliers, étant mort fans enfans au mois de May de cette année, il y eut different pour fa fucceff-
fion ; l'Electeur de Brandebourg, le Duc de Neubourg, le Duc des
deux Ponts & le Marquis de Burgau qui avoient époufé les quatre filles
de Marie Eleonore fœur aînée de ce dernier Duc de Cleves, prétendoient être fes heritiers : les Ducs de Saxe & de Nevers avoient auffi
des prétentions fur les Duchez de Cleves & de Juliers. L'Empereur
Rodolphe fous pretexte que le jugement du different luy appartenoit
& que cependant il devoit avoir le fequeftre, envoya pour Commiffaire
de l'Empire Leopold d'Auftriche Evêque de Strafbourg, qui fe faifit de
la Ville & du Château de Juliers par intelligence, & y laiffa Garnifon
avec Jean de Raufchenberg pour Gouverneur. Cette affaire de Juliers
a été l'origine des divifions qui troubleront l'Allemagne dans quelques
années.

'EMPEREUR s'étant ainſi emparé de Juliers , Jean Sigiſmond Electeur de Brandebourg , & Wolfgand Guillaume Duc de Neubourg qui s'étoient mis en poſſeſſion des Eſtats du défunt , eurent recours à la France & aux Eſtats pour s'y maintenir ; Henry IV. leur ac- corda ſa protection , & déja il avoit aſſemblé une Ar- mée pour les ſecourir lorſqu'il fut tué par un execrable

1610. parricide le 14. May 1610. Prince qui par ſa Valeur Heroïque , par ſa Clemence & par ſa Juſtice acquit le nom de Grand , le cœur de ſes Su- jets , l'eſtime de ſes Voiſins , l'alliance de ſes Ennemis & la veneration de toute la Terre : Louïs XIII. ſon fils luy ſucceda , & la Reine Mere Marie de Medicis fut déclarée Regente pendant ſa Minorité. La mort de Henry n'empêcha pas la France d'envoyer du Secours à l'Electeur de Brandebourg & au Duc de Neubourg qu'on nommoit les Princes Poſſe- dans ; les Eſtats avoient auſſi promis de les aſſiſter , & comme ils avoient intereſt que Leopold beaufrere du Roy d'Eſpagne ne fût pas long-temps maître de Juliers , le Prince Maurice par leur ordre l'aſſiegea le 25. Juillet : quelques jours aprés Claude de la Châtre Maréchal de France, arriva devant la Place avec le Secours de douze-mille hommes de pied

& de

& de deux mille chevaux : le Siege dura jufqu'au deuxiéme Septembre que Raufchenberg remit en la poffeffion des Princes poffedans la Ville de Juliers & fon Château , qu'on eftimoit imprenable.

CETTE Medaille fut frapée pour la prife de Juliers.

Le Siege de Juliers.

NIHIL INEXPUGNABILE.

Il n'y a rien d'imprenable.

R E V E R S.

IPSIS CALENDIS SEPTEMBRIS

CIƆIƆCX,

SUIS ET SUBSIDIARIIS ARMIS JULIACUM EJUSQUE

PROPUGNACULUM MUNITISSIMUM

PRINCIPIBUS ASSERUNTUR POSSIDENTIBUS.

La Ville & le tres-fort Château de Juliers , font affurez aux Princes poffedans par leurs armes & par celles de leurs Alliez , le deuxiéme Septem-bre 1610.

LA Guerre de Juliers ne caufa point de divifion entre les Provinces Unies & les Obéiffantes ; la Republique joüiffoit alors de toutes les douceurs de la Treve : elle étoit dans cette profperité qui accompagne ordinairement le premier âge des Empires ; fes Ambaffadeurs avoient été reçûs chez les Souverains de l'Europe comme ceux des Têtes couronnées, & fon commerce & fa puiffance augmentoient tous les jours dans les Indes Orientales. Le Zamorin de Calicut le plus puiffant Prince des côtes Malabares , avoit demandé fon amitié ; Eftienne Vander Hage avoit emporté la Fortereffe de l'Ifle d'Amboina fur les Portugais ; Corneille Mathelief leur avoit pris ou brûlé fept Gallions devant la Ville de Mala-ca ; & les Hollandois s'étoient emparez de quelques Places dans les Ifles des Moluques, abondantes en épiceries. Ces heureux fuccés furent fuivis du Traité de commerce que les Eftats firent avec Muley Sidan Roy de Maroc & de Fez en Afrique, & de l'arrivée au Port du Texel de plufieurs Navires chargez de poivre , de clouds de girofle , de noix de mufcade, de foye & d'autres riches marchandifes des Indes.

1611.

I i

1612.

En l'année 1612, Corneille de la Haye que les Estats avoient en- voyé en Ambassade à Constantinople, fit alliance avec le Grand Sei- gneur Achmet premier; il fut dit que les Hollandois auroient le trafic li- bre dans toute l'étenduë de l'Empire Ottoman & un Ambassadeur resi- dent à la Porte. Ainsi les Hollandois ayans pour Alliez les plus grands Princes de l'Europe, de l'Asie & de l'Afrique, ils pouvoient trafiquer librement sur l'Ocean & sur la Mediterranée, & leur Republique naissan- te avoit déja porté son nom & ses forces aussi loin que les anciennes Monarchies.

Mathias d'Austriche qui avoit été Gouverneur des Provinces, fut élû Roy des Romains, & Empereur aprés la mort de Rodolphe son frere.

I la Hollande par ſes forces & par l'induſtrie & le cou‑
rage de ſes peuples avoit fait penetrer ſon nom dans
toutes les parties du monde, le Prince avoit auſſi par
ſes belles actions merité l'eſtime de tous les Princes. Le
Roy de la Grand' Bretagne pour témoigner celle qu'il
avoit pour luy, envoya ſon premier Heraut d'Armes
porter l'Ordre de la Jartiere, avec commiſſion à Ro‑
dolphe Vinuod ſon Ambaſſadeur ordinaire vers les Eſtats, pour le pre‑
ſenter au Prince; la Ceremonie s'en fit à la Haye le 4. Fevrier 1613,
de la même maniere qu'elle ſe fit le même jour en la Ville de Londre
à la reception des Chevaliers de cet Ordre, inſtitué par Edoüard III.
Roy d'Angleterre, en l'année 1347: les Eſtats y aſſiſterent, & Barne‑
velt fit le remerciement pour eux de l'honneur qu'ils avoient reçû en la
perſonne de leur Capitaine General, & Felicita le Prince de ſa nouvelle
Dignité.

161

CETTE Medaille en ovale fut faite pour la reception du Prince à
l'Ordre de la Jartiere.

Le Prince Maurice en buſte armé.

MAURITIUS AURAICÆ PRINCEPS, COMES NASSAVIÆ

ET MURSIÆ,

MARCHIO VERÆ FLESSINGÆ,

EQUES ORDINIS PERISCELLIDIS.

Maurice Prince d'Orange , Comte de Naſſau & de Meurs , Marquis
de la Vere & de Fleſſingue , Chevalier de l'Ordre
de la Jartiere.

REVERS.

Les Armes du Prince avec la deviſe ordinaire de
l'Ordre de la Jartiere.

Honny ſoit qui mal y penſe.

LUBECK eſt une Ville Imperiale ſituée dans la baſſe Saxe en Allemagne , conſiderable par ſon commerce , & la premiere des Villes an-
ſeatiques. Chriſtian IV. Roy de Dannemark avoit mis de nouvelles
impoſitions au détroit du Sond qui appartient à cette Couronne ; ceux
de Lubeck qui ſont obligez de faire paſſer leurs Navires par ce Détroit
pour trafiquer dans l'Europe , s'en plaignirent à l'Empereur ; mais leurs
plaintes ayans été inutiles , ils s'adreſſerent aux Eſtats dont la puiſſance
maritime étoit devenuë redoutable : l'Ambaſſade qu'ils envoyerent à la
Haye fut bien reçûë des Eſtats qui avoient auſſi intereſt que cette Clef
de la Mer Baltique fût libre. Il y eut le 29. May de cette année Traité
d'Alliance entre les Provinces Unies & la Ville de Lubeck ; & il fut arrêté que ſi quelqu'un empêchoit la Navigation, elles le déclareroient leur
ennemy commun.

CETTE liberté de la Navigation devoit être precieuſe aux Confederez ; car leurs Ports étoient remplis de Vaiſſeaux qu'on équipoit pour
faire voile aux Indes , & continuellement il y en arrivoit des Pays les
plus éloignez : de ſorte que les Hollandois avoient attiré chez eux preſque tout le commerce de l'Ocean.

ETTE Medaille fut faite à l'honneur d'Albert & d'Isabelle en 1614.

1614.

Eux en buste du même côté.

ALBERTUS ET ISABELLA

DEI GRATIA ARCHIDUCES AUSTRIÆ M. DC. XIV.

Albert & Isabelle par la grace de Dieu Archiducs d'Austriche.

REVERS.

Une branche d'Olivier

IMPERIO ET OBSEQUIO.

Par empire & par obéïssance.

POUR montrer la tranquillité dont joüissoient les Provinces sujettes aux Archiducs, & qu'elles étoient heureuses par la justice de l'empire de leurs Princes & par leur obéïssance.

COMME l'union est rare entre deux Puissances égales qui possedent les mêmes Estats, l'Electeur de Brandebourg & le Duc de Neubourg qui possedoient en commun les Duchez de Cleves & de Juliers, ne de-

K k

meurerent pas long-temps en bonne intelligence. On dit que la source
de leur divifion fut un foufflet donné par Brandebourg à Neubourg dans
la débauche d'un feftin ; le premier qui étoit Calvinifte eut recours aux
Hollandois , & par leur moyen fe faifit de la Ville & du Château de Juliers ; l'autre qui avoit époufé Magdelaine de Bavieres fœur de Maximilien Duc de Bavieres , & qui abjura le Lutheranifme pour fe faire Catholique , fut affifté par l'Empereur Mathias Second & par les autres
Princes de la Maifon d'Auftriche : il s'empara de la Ville du Duffeldorp
capitale du Duché de Berg en Weftphalie & de quelques autres Places.

L'Empereur avoit fait publier un Mandement contre la Ville
d'Aix , & avoit fait l'Archiduc Albert Commiffaire de l'Empire ; le Marquis de Spinola fous pretexte de l'execution du Mandement Imperial ,
fut le premier en campagne avec une Armée de trente-mille hommes :
aprés s'être affuré de la Ville d'Aix , il marcha vers les Duchez de Cleves & de Juliers en faveur du Duc de Neubourg , Dure , Berkem , Ca-
fter , Grevembrock , Orfoy , Duifbourg , Mulhein & Wezel , furent fes
Conquêtes. Le Prince Maurice vint au fecours de Brandebourg & prit
Emmerik , Reez & quelques Forterefles fur le Rhin. Cette guerre ne rompit point la Treve dans les Pays-bas , quoyque les Archiducs & les Provinces Unies fe fuffent déclarez pour des partis contraires ; & ce qui eft
furprenant , ces deux puiffantes Armées Auxiliaires commandées par de
fameux Generaux , fe tinrent quelques jours retranchées dans leur Camp
fi proche l'une de l'autre que les Sentinelles fe parloient & fe donnoient à
boire , & cependant elles fe retirerent fans avoir donné aucun combat.

1615.   La continuation de la Guerre entre les Princes poffedans , l'augmen-
tation du commerce & du bonheur des Eftats , & l'arrivée de Vaiffeaux
richement chargez aux Ports de Hollande & de Zelande , font les plus
remarquables évenemens de l'année 1615.

APRE'S l'affaffinat de Guillaume de Naffau Prince
d'Orange arrivé en 1584, les Confederez demanderent
à Elizabeth Reine d'Angleterre du fecours & fa protection ; ils traiterent avec elle en 1585 & luy livrerent
la Brille, Fleffingue & le Château de Ramekens ou de
Zeebourg : les Eftats défirant les retirer envoyerent
une celebre Ambaffade au Roy Jacques pour luy en
faire la propofition ; Barnevelt qui en étoit le Chef negocia fi prudemment , que Sa Majefté Britannique promit de les rendre en payant les
fommes que les Eftats devoient à la Couronne d'Angleterre. Barnevelt
s'appliqua enfuite à recouvrer ces fommes avec tant de zele , qu'elles
furent envoyées à Londre & les trois Places remifes en la poffeffion des
Provinces Unies au mois de Juin 1616.

1616.

La Zelande qui étoit plus interreffée que les autres en cette affaire ,
fit fraper cette Medaille pour la reftitution de Fleffingue & de Ramekens,
Places maritimes de cette Province & tres-importantes.

Les Armes de Zelande entourées de celles de fes Villes.

ZELANDIA.

La Zelande.

HISTOIRE

REVERS.

BENIGNITATE, FIDE, JUSTITIA JACOBI REGIS,

SALVO FOEDERE AMICITIAQUE,

ORDINUM GENERALIUM PRUDENTIA,

RESTITUTA ZELANDIS

FLESSINGA ET ZEEBURGO

ANNO M. DC. XVI. XIV. JUNII.

Flessingue & Zeebourg ont été restituez aux Zelan-
dois, & l'alliance & l'amitié conservées par la
bonté, la foy, la justice du Roy Jacques, &
par la prudence des Estats Generaux en l'année
1616 le 14. Juin.

LA Guerre pour la succession de Cleves & de Juliers, continua durant cette année entre l'Electeur de Brandebourg & le Duc de Neubourg, & enfin cessa par un accommodement dont les Archiducs &
les Estats eurent tout l'avantage, puisqu'ils demeurerent les maîtres de
ce qu'ils avoient pris ; leurs Armées camperent souvent l'une proche de
l'autre & prirent des Villes sans se combattre ni donner aucun empêche-
ment à leurs differentes entreprises : on eut dit qu'elles agissoient de
concert & qu'elles n'étoient venuës secourir leurs Alliez que pour partager leurs dépoüilles. Il est quelquefois dangereux d'appeller à son secours des voisins trop puissans, parce qu'ils ne manquent point de pretexte pour retenir leurs conquêtes quand elles sont à leur bienseance
& qu'elles assurent leurs frontieres.

LE

E Navire Hollandois qui avoit resisté pendant la tempête pensa perir dans le calme par une querelle de Religion ; Jacques Arminius Professeur en Theologie en l'Université de Leyde , ayant publié une nouvelle doctrine contraire au sentiment de Calvin ; François Gomarus Professeur en la même Université , la combattit avec chaleur : la mort d'Arminius étant arrivée , Conrad Vorstius son successeur soûtint son opinion : chacun eut ses Partisans; les Arminiens ou Remontrans ainsi appellez à cause d'une remontrance qu'ils avoient presentée aux Estats Generaux , étoient appuyez des Estats Particuliers des Provinces de Hollande , d'Utrecht & d'Overissel , de plusieurs Magistrats & de Barnevelt qui paroissoit le Chef de cette nouvelle Secte ; les Gomaristes ou Contre-Remontrans à cause de leur opposition à la remontrance des Arminiens , avoient pour eux les Estats Generaux , le Prince Maurice , la Noblesse , les Gens de Guerre & le Peuple. Il y eut en Fevrier 1617 , une furieuse émotion contre les Arminiens d'Amsterdam , si bien qu'une Question de Theologie qui ne devoit causer de la dispute que dans l'Ecole & qui n'en devoit point sortir, troubla toutes les Provinces Unies & remplit les meilleures Villes de factions , de libelles , de batteries & de meurtres.

1617.

C e s divisions domestiques furent cause que cette Medaille fût faite.

Un Laboureur conduisant sa charuë tirée par deux bœufs.

ÆQUO TRAHITE JUGO.

Tirez également sous le même joug.

Dans l'Exergue.

M. DC. XVII.

R'EVERS.

Deux pots de terre flottans sur la Mer.

FRANGIMUR SI COLLIDIMUR.

Nous nous brisons si nous nous heurtons.

CES emblêmes sont autant d'avis qu'on donne aux Confederez du danger où ils se mettent par leur division.

PHILIPPES Guillaume de Nassau mourut à Bruxelles sans enfans le 20. Fevrier 1618 ; le Prince Maurice son frere, herita de la Principauté d'Orange qui étoit tombée dans la Maison de Nassau par le Mariage de Claude de Châlon sœur de Philbert Prince d'Orange mort sans posterité: la Ville d'Orange est située entre le Dauphiné & le Comtat de Venaissin ; on l'estime une des plus anciennes de la Gaule Narbonnoise , elle a Evêché , Parlement & Université & trois Conciles y ont été celebrez. On rapporte que Philippes Guillaume étant detenu dans un Château d'Espagne , le Capitaine qui le gardoit ayant mal parlé de Guillaume de Nassau son pere , il jetta par la fenêtre ce médisant qui en mourut , & que Philippes Second tout severe qu'il étoit , approuva le juste ressentiment de ce fils genereux & de ce Prince offensé.

LES troubles causez par les nouveaux Sectaires ne laisserent pas de continuer dans les Provinces Unies , & même les Ariminiens oserent lever des Soldats qui furent nommez Attendans ; cette hardiesse obligea le Prince Maurice d'aller en plusieurs Villes où il cassa les Atitendans , déposseda quelques Magistrats , chassa les Ministres Arminiens & rétablit l'autorité des Estats Generaux ; ensuite il fit arrêter Barnevelt , Hugues Grotius pensionnaire de Roterdam , Arnould Hoegerbets pensionnaire de Leyde , & Gilles Ledemberg Secretaire des Estats d'Utrecht : & pour regler les differens de la Religion , il se fit à Dordrecht capitale de Hollande , l'ouverture d'un Sinode Nationnal au mois de Novembre 1618.

L n'y a point eu dans la Hollande d'Assemblée plus
solemnelle pour les differens de la Religion que le Si-
node de Dordrecht ; les Estats Generaux, les sept Provinces Unies , le Roy d'Angleterre , l'Electeur Palatin,
le Landgrave de Hesse , les Suisses Protestans , la Ville
de Genêve & celles de Bremen & d'Emden , envoyerent au Sinode leurs Deputez & leurs Theologiens:
toutes les opinions d'Ariminius contraires au sentiment de Calvin y furent
condamnées & le Calvinisme remporta une victoire entiere sur l'Armi-
nianisme. Vorstius & les autres Ministres & Professeurs qui ne voulurent
pas souscrire aux decrets du Sinode furent bannis des Provinces Confederées , & l'on priva plusieurs Ariminiens de leurs Charges & des ap-
pointemens qu'ils recevoient des Estats.

1619.

Les principaux Points qui causoient la division étoient de la Predestination , de la Redemption , de la Vocation , de la Conversion & de
la Perseverance. Au premier Point les Ariminiens soûtenoient contre les
Gomaristes , que la Predestination n'est autre chose que la volonté generale de Dieu de sauver les Fideles ; qu'il n'y a point de Decret absolu
de reprobation, & que les Elûs peuvent décheoir de la grace. Au second,
que CHRIST est mort & a satisfait pour les pechez de tous les hommes , & qu'ils sont tous compris dans l'alliance de grace. Au troisiéme,
que Dieu appelle tous les hommes au salut ; que ceux qui sont privez
des lumieres de l'Evangile ne laissent pas d'être suffisamment appellez par
la contemplation des Oeuvres de Dieu dans la Nature ; que la volonté

n'a pas perdu abſolument ſon libre arbitre pour le bien aprés le peché ; qu'il y a une grace ſuffiſante pour tous les hommes & une efficace pour quelques-uns. Au quatriéme , que l'homme a toûjours la liberté d'accepter ou de refuſer la grace laquelle concourt également avec le franc arbitre à ſa converſion. Et au cinquiéme , que la Perſeverance eſt un effet de nôtre volonté & que la certitude du ſalut ne peut être que Morale & ſelon les conjectures. Cette doctrine d'Ariminius ne laiſſe pas d'avoir encore aujourd'huy ſes Partiſans dans la Hollande , malgré la condamnation du Sinode & les défenſes faites par les Eſtats de la ſuivre.

Les Eſtats Generaux firent fraper cette Medaille en 1619 , pour le Sinode tenu à Dordrecht.

L'Aſſemblée du Sinode.

ASSERTA RELIGIONE.

Aprés avoir aſſuré la Religion.

REVERS.

Une montagne au ſommet de laquelle eſt un Temple où des gens montent par un chemin eſcarpé , les vents ſoufflent avec impetuoſité aux quatre coins de la montagne.

ERUNT UT MONS SION CIƆIƆCXIX.

Ils ſeront comme le Mont de Sion 1619.

Les vents ſont les Novateurs qui s'efforcent en vain de troubler l'Eſtat , puiſque les Provinces Unies ſont fermes dans leur Religion.

L E Sinode étant fini on fit le procés aux prisonniers; Barnevelt fut condamné à mort, le corps de Ledemberg qui s'étoit défait en prison fut pendu dans sa biere à une potence ; Grotius & Hoogerbets furent condamnez à une prison perpetuelle & envoyez au Château de Louvestein situé prés de Gorkum en Hollande, à la pointe d'une Isle entre le Vahal & la Meuse : Grotius quelques années aprés se sauva de prison par l'adresse de Marie Reigersberg sa femme, elle avoit permission de voir son mari & de luy faire porter des Livres, elle en fit remplir un coffre qu'elle envoya au Château, son mari s'y étant mis trompa les Gardes qui porterent eux-mêmes le coffre hors du Château ; il se refugia en France où le Roy Louis XIII. le reçût avec beaucoup de bonté.

1619.

BARNEVELT eut la tête tranchée dans la Cour du Château de la Haye le 13. May 1619, à l'âge de 72 ans ; étant monté sur l'échaffaut, il s'écria : ô Dieu que devient l'homme! Puis se tournant vers les assistans: Mes Compatriotes, dit-il, je ne meurs point en traître, mais pour avoir maintenu les droits & la liberté de la Patrie. Il étoit natif d'Amersford en la Province d'Utrecht d'une noble & ancienne famille, & avoit longtemps exercé la Charge d'Avocat ou Pensionnaire de Hollande, qui est une des plus importantes de l'Estat, il composa son Apologie en prison & l'adressa aux Estats Generaux, elle contient les Negociations & les

M m

Alliances qu'il a traitées pour eux avec divers Princes de l'Europe ; qu'il a été cinq fois leur Ambaſſadeur en France & en Angleterre ; qu'il a défendu l'autorité des Provinces contre l'ambition & les attentats du Comte de Leyceſtre, & qu'il a retiré des Anglois la Brille, Fleſſingue & Ramekens. En verité une perſonne de ſon âge & qui avoit ſi bien ſervi ſon Pays devoit avoir une fin plus douce & terminer ſa vie ſur une ſcene plus glorieuſe. C'eſt quelquefois un crime chez les populaires de leur rendre trop de ſervices & d'acquerir par ſon merite trop de crédit & de reputation.

Ceux qui ont pris ſoin de laiſſer à la poſterité des marques du ſouvenir de Barnevelt, ont fait fraper aprés ſa mort cette Medaille.

Il eſt de front à demy corps.

JOANNES AB OLDENBARNEVELT.

Jean de Oldenbarnevelt.

REVERS.

DE TYT HEEFT NIMMER WEGHGENOMEN

DE NAEM ENT

OVERSCHOT DER VROOMEN WANT NA DAT ZY ZYN

OVERLEEN BLINKT

HUNNE DEUGT VOOR YDER EEN.

Le temps n'a jamais effacé le nom ni la memoire des hommes de probité ; puiſqu'aprés leur mort leur vertu eſt toûjours brillante.

PRE'S que les Hollandois eurent fait Treve avec le Roy d'Espagne & les Archiducs en l'année 1609., ils envoyerent Corneille Vander Mylen en Ambassade à Venise, & les Venitiens leur envoyerent pareillement Thomas Contarini; mais ces premiers Ambassadeurs ne firent que des protestations mutuelles d'amitié, & le traité d'alliance entre les deux Republiques ne fut signé qu'en 1620.

1620.

Les Estats firent fraper cette Medaille en memoire de leur alliance avec les Venitiens.

Le Lion aîlé de saint Marc tenant les Armes de Venise.

REVERS.

Les Armes des Estats Generaux.

FOEDUS INITUM ANNO CIƆIƆCXX.

Alliance faite en l'année 1620.

QUOYQUE ces Republiques soient amies & qu'elles ayent également interest de s'opposer à la grandeur & à l'ambition de la Maison d'Austriche, on ne laisse pas de remarquer beaucoup de difference entre elles en diverses choses, & que la maniere de leur Gouvernement est bien opposé : la premiere est venerable par son âge de douze siecles & par la pureté de son origine ; l'autre ne fait que de naître & doit à son courage & à l'evenement la justification de sa naissance ; l'une contente de son ancienne gloire & de sa fortune, aime la Paix & ne songe qu'à conserver ses Estats ; l'autre inquiete demande la Guerre & attend avec impatience la fin de la Treve pour s'agrandir aux dépens des Archiducs : Venise tâche de maintenir le calme & l'égalité parmy les Princes d'Italie ; la Hollande ne se soucie pas de troubler toute la terre pour susciter des ennemis à l'Espagne. Le Senat de Venise n'est composé que de ses Nobles qui sont les maîtres du Gouvernement ; il y a peu de Noblesse dans la Hollande, & les Gentilshommes n'ont point dans les Estats & les Conseils plus d'autorité que les Bourgeois qui en font la plus grande partie. La conduite des Venitiens est fine & dissimulée, ils gouvernent moins par la force que par l'adresse, & leur politique est plus sage qu'elle n'est vigoureuse; celle des Hollandois est ouverte, agissante, robuste & ils aiment mieux être redevables de leurs avantages à la force & à la valeur, qu'aux intrigues de la negociation & au rafinement de la politique. Cependant ces deux Puissances ne laissent pas de réüssir en leurs desseins par des maximes differentes, & d'être les premieres Republiques du monde.

TANDIS que Venise & la Hollande étoient paisibles, l'Allemagne leur voisine étoit troublée par une guerre, dont l'affaire de Cleves & de Juliers peut être appellée l'origine. Comme les Princes Catholiques d'Allemagne s'étoient interessez pour le Duc de Neubourg, & les Protestans pour l'Electeur de Brandebourg, il s'étoit formé deux partis qui ne durerent pas long-temps sans éclater ; les Protestans commencerent par le soûlevement des Bohemiens contre Ferdinand Second qui avoit obtenu l'Empire aprés la mort de Mathias son cousin, & Frederic Electeur Palatin du Rhin, fut Couronné Roy de Boheme dans la Ville de Prague capitale de ce Royaume, en l'année 1610. Cette nouvelle grandeur de Frederic s'évanoüit bien-tôt, la seule bataille de Prague qu'il perdit le 8. Novembre 1620, remit toute la Boheme sous l'obéïssance de Ferdinand & assura dans l'Allemagne la Religion Catholique, l'autorité de l'Empire & de la Maison d'Austriche. Frederic fut dépoüillé de sa Couronne & de son Palatinat, & l'on transfera sa dignité d'Electeur en la personne de Maximilien Duc de Bavieres qui avoit gagné la bataille de Prague ; de sorte que Frederic & Elizabeth Stuart sa femme fille du Roy Jacques, furent reduits à se retirer en Hollande. La reception qu'on leur fit à la Haye fut proportionnée à la majesté de leur caractere & non pas à l'état de leur fortune ; le Prince Maurice alla au devant d'eux avec les Ambassadeurs d'Angleterre, de Dannemark & de Suede. Les Estats n'avoient garde d'en user autrement avec Frederic, qui étoit gendre du Roy

de la

de la Grand' Bretagne leur Allié , & fils de Louïse Julienne de Naſſau ſœur du Prince Maurice ; outre qu'il étoit glorieux à la Republique d'étre l'aſile des Souverains opprimez.

La mort de Guillaume Ludovic de Naſſau priva cette année les Eſtats d'un grand Capitaine , & qui avoit ſecondé le Prince dans la pluſpart de ſes Conquétes & de ſes Victoires ; il étoit le fils aîné du Comte Jean de Naſſau & Gouverneur de Friſe , de Groningue & des Ommelandes. Ces Provinces furent extrémement affligées de la mort de ce Comte qui les avoit gouvernées avec beaucoup de douceur & d'équité.

Louise de Coligny mourut auſſi cette année , elle avoit toutes les qualitez qui donnent de l'eſtime pour ſon ſexe , & ſa vertu ne meritoit pas les malheurs domeſtiques qui éprouverent ſa conſtance ; l'Admiral de Châtillon ſon pere , & Louïs Seigneur de Teligny ſon premier mary, furent tuez à la ſaint Barthelemy ; & Guillaume Prince d'Orange ſon ſecond mary , aſſaſſiné à Delft. Ceux qui ont comparé ſon ſort à celuy de Cornelie veuve de Craſſus & de Pompée que les Partes & les Egyptiens firent perir , n'ont pas ſongé que la Françoiſe fut encore plus malheureuſe que la Romaine, qui ne perdit point Metellus Scepion ſon pere par une mort violente.

162 1. A Treve qui devoit expirer le 9. Avril 16 2 1 , fut con-
tinuée par la médiation des Ambaſſadeurs de France &
d'Angleterre , juſques au troiſiéme Aouſt que la Guerre
fut déclarée de part & d'autre.

Le Roy d'Eſpagne étoit mort avant cette déclaration le dernier Mars , & Philippes I V. ſon fils luy avoit
ſuccedé ; Philippes I I I. étoit un bon Prince , judicieux , moderé , pacifique. Il prit néanmoins quelques Places dans l'Afrique & chaſſa les Maures d'Eſpagne ; mais il ne s'entêta point comme ſes Predeceſſeurs du ſa-
ſtueux deſſein de la Monarchie univerſelle : au contraire il s'attacha aux
moyens de conſerver ſes Royaumes dans la tranquilité & de rétablir dans
les Pays-bas la Paix que la rigueur de Philippes Second ſon pere en
avoit bannie.

L'Archiduc Albert étoit mort ſans enfans le 13. Juillet , les vertus
de cet Archiduc l'avoient rendu l'objet de la plus tendre affection des
peuples de la Flandre ; ſa valeur parut à la bataille de Nieuport où il fut
bleſſé ; ſa prudence dans les ordres qu'il donna pour arrêter les ſuites de
la victoire du Prince Maurice ; ſa fermeté dans la longueur du Siege
d'Oſtende ; ſa douceur & ſa juſtice dans le Gouvernement de ſes Sujets,
& ſa pieté dans tout le cours de ſa vie & qui luy fit donner le ſurnom de

Pieux. Il ne tint pas à luy que les dix-sept Provinces ne fussent paisibles,
mais la Republique n'y voulut point entendre à cause des divisions domestiques dont elle avoit été troublée pendant la Treve, & qui luy
avoient fait reconnoître que la continuation de la Guerre étoit son veritable interest. Ainsi l'Archiduc mourut sur le point de l'expiration de la
Treve, sans avoir pû luy succeder la Paix qu'il souhaitoit.

ISABELLE veuve de l'Archiduc témoigna sa puissance & sa résolution dans la reprise des armes contre les Estats, & fit assieger en même
temps deux fortes Places ; le Marquis de Spinola mit le Siege devant la
Ville & le Château de Juliers, & Dom Inigo de Borgia Gouverneur
de la Citadelle d'Anvers, assiegea la Ville de l'Ecluse : ces deux Sieges
commencerent au mois de Septembre.

ON frapa cette Medaille à l'honneur du Prince Maurice après la
déclaration de la Guerre contre l'Espagne.

Le Prince à demy-corps, armé, tenant le Bâton de General.

MAURITIUS DEI GRATIA

NATUS AURAICÆ PRINCEPS,

COMES NASSAVIÆ.

REVERS.

Les Armes du Prince, & autour la suite de ses qualitez.

MARCHIO VERÆ ET VLISSINGÆ,

GUBERNATOR PROVINCIARUM CONFOEDERATARUM,

MARIS PRÆFECTUS.

*Maurice par la grace de Dieu né Prince d'Orange,
Comte de Nassau, Marquis de la Vere & de
Flessingue, Gouverneur des Provinces Unies &
Admiral de la Mer.*

ES Sieges de Juliers & de l'Ecluse finirent en Janvier 1622, avec un succés bien different ; la Garnison Hollandoise qui défendoit la Ville & le Château de Juliers, les rendit au Marquis de Spinola ; mais Borgia qui commandoit devant l'Ecluse, en leva le Siege aprés avoir perdu la plufpart de fon Armée de froid & de neceffité.

LEs Eftats fe tinrent fur la défenfive & n'entreprirent rien, finon qu'ils entrerent au mois de May dans le Brabant & la Flandre ; coururent jufqu'aux portes de Bruxelles ; défolerent le Pays par le fer & le feu ; emmenerent quantité de prifonniers & firent un butin de fix cens mille florins.

LA campagne fe termina par le Siege de la Ville de Bergue fur Zoom en Brabant, qui fut affiegée par Spinola au mois de Juillet ; les

affiegez

aſſiegez ſe défendirent ſi bravement & le Prince d'Orange prit des meſures ſi juſtes pour les ſecourir , que Spinola qui n'avoit point encore
aſſiegé de Places ſans les prendre , leva le Siege le 2. Octobre avec perte
de plus de dix mille hommes qui moururent devant cette Place : les plus
experimentez & les plus heureux Capitaines ne ſont pas invincibles ni
exempts des diſgraces de la Guerre. Le Comte Erneſt bâtard de la Maiſon de Mansfeld , & Chriſtian de Brunſwik Evêque Proteſtant d'Hal-
berſtad , aiderent avec leurs Troupes au Prince à délivrer Bergue ſur
Zoom ; ces deux Guerriers avoient déſolé l'Allemagne par leurs cruautez
& leurs ravages : on appelloit l'Evêque Chriſtian l'Enragé à cauſe de ſes
actions violentes & brutales : ſa deviſe étoit , amy de Dieu & ennemy
des Prêtres.

Il y eut des réjoüiſſances publiques dans les Provinces Unies pour
la délivrance de Bergue ſur Zoom , & les Eſtats en firent frapei ces
deux Medailles.

La premiere.

Le Plan de la Ville aſſiegée.

Bergen Opzoom Hispanis fugatis

II. Octobris anno M. DC. XXII.

Les Eſpagnols ont levé le Siege de Bergue ſur Zoom
le 2. Octobre 1622.

R E V E R S.

Un trophée d'Armes.

Hostibus Mauritio duce fugatis

Jehovæ victoria.

Les Ennemis ont été chaſſez ſous la conduite de Maurice ;
c'eſt la victoire du Seigneur.

La ſeconde Medaille.

Le Prince d'Orange à demy-corps , armé

HISTOIRE

MAURITIUS DEI GRATIA PRINCEPS AURAICÆ,

COMES NASSAVIÆ,

CATZENELEBOGII ET MURSIÆ.

*Maurice par la grace de Dieu Prince d'Orange , Comte de Naſſau ,
de Catzeneleboge & de Mœurs.*

REVERS.

Les Armes du Prince 1622.

SOLI DEO HONOR ET GLORIA.

A Dieu ſeul honneur & gloire.

1623

P ENDANT que les Espagnols assiegeoient Bergue sur Zoom, ils eurent encore dessein sur Hasselt; mais ceux de Harlem y jetterent du monde si à propos qu'ils furent cause de la conservation de la Place.

COMME les personnes qui avoient rendu ce service à l'Estat meritoient de la reconnoissance, cette Medaille fut frapée à leur honneur.

La Ville de Harlem.

Au bas.

TOT BERGENS ONTSET DIE VAN HARLEM GINGEN

HASSELT TE EWAREN VOORE S'VYANTS

BESPRINGEN.

Autour,

CAPITEINEN WAREN OLICAN EN VANDER

CAMER INDIEN TYDEN.

HISTOIRE

Ceux de Harlem allans pour secourir Bergue, empêcherent

les Ennemis de surprendre Hasselt.

Ils avoient pour Capitaines Olican & Vander Camer.

Dans l'Exergue.

M. DC. XXIII.

La Medaille fut faite en cette année.

R E V E R S.

La Ville de Hasselt.

Autour.

GODT WIL ONS BRENGEN INT EEWICH

VERBLYDEN.

Dieu nous veüille mener en la joye éternelle.

Au bas.

ANNO M. DC. XXII. DEN XXVII. SEPTEMBER.

Le 27. Septembre 1622.

Ce sont le jour & l'année de l'action.

LA Compagnie des Indes Orientales avoit eu durant la Treve le temps de faire de nouveaux établissemens & d'étendre son commerce jusqu'aux portes de la Chine ; toutes les differentes Nations des Indes avoient de la crainte ou de la consideration pour elle, & ses colonies augmentoient tous les jours : Jacques Lemaire avoit trouvé en sa faveur un détroit un peu au dessus de celuy de Magellan, & avoit par ce nouveau détroit qui porte son nom, ouvert le chemin pour aller aux Moluques en moins de temps & avec moins de peine, qu'en doublant le Cap de bonne Esperance & qu'en passant le détroit de Magellan. La Compagnie s'étoit aussi établie à Java grande Isle d'Asie en la Mer des Indes, & y avoit fait bâtir la Ville de Batavia sur les ruines de celle de Jacatra qu'elle avoit prise sur les Javans. Comme Batavia est la Place dominante des Hollandois dans les Indes Orientales & que le General de la Compagnie y fait sa résidence, j'en feray en cet endroit une legere descrip-tion. Elle est situëe sur le bord de la Mer, ses maisons sont belles & ses ruës spacieuses, y ayant par tout des Canaux bordez d'arbres, à l'ombre desquels defquels on peut aller en bateau ; ces Canaux ne tariffent point & font remplis d'une eau claire qui vient de deux Rivieres, dont l'une traverfe la Ville & l'autre arrofe fes murailles qui font garnies de quatre cens pieces de canon : il y a une bonne Citadelle où demeure le General de la Compagnie & dont la Garnifon eft ordinairement de cinq cens hommes. Le commerce de Batavia eft le plus confiderable de l'Afie ; il y arrive journellement des Vaiffeaux des côtes de Malabar & de Coromandel, des Ifles de la Sonde, de Bengala, de Malaca & de tous les autres lieux des Indes.

C E T Eftat floriffant de la Compagnie des Indes Orientales, fit reprendre le deffein que les Confederez avoient eu autrefois d'établir une Compagnie de l'Amerique ou des Indes Occidentales ; la propofition avoit été faite dés l'année 1607, mais l'execution en avoit été empéchée par la Treve avec l'Efpagne & les Archidues : les Eftats en firent l'établiffement en 1623, & luy accorderent des privileges & des conditions tres-favorables.

1623.

C E T T E même année les Enfans de Barnevelt voulans venger la mort de leur Pere, confpirerent contre la perfonne du Prince d'Orange qu'ils accufoient du malheur de leur Famille, la confpiration fut découverte, & l'aîné Barnevelt executé avec quelques-uns de la fecte Arminienne fes complices. Cela fit renouveller la rigueur des Edits contre les Arminiens qui fe défendirent par diverfes Apologies ; celle qu'on eftima la plus excellente fut compofée par Grotius qui s'étoit fauvé du Château de Louveftein : la France où s'étoit refugié ce fçavant Hollandois, eft la mere de toutes les Nations & l'afile ordinaire des hommes de doctrine & de merite.

1624.

A rigueur de l'Hyver de l'année 1624, fit songer aux Espagnols de se servir de l'occasion des glaces pour entrer dans les Provinces Unies, & passer les Canaux & les Marais qui sont frequens aux Pays-bas ; le Comte Henry de Bergue passa le Fleuve d'Issel avec dix mille hommes de pied & quarante Cornettes de Cavalerie : il marcha vers Arnhem dans la Gueldre ; mais ayant trouvé par tout de la résistance & sçachant que le Prince d'Orange venoit à luy avec les forces des Estats, il repassa l'Issel, & bien loin de faire des conquêtes sur les Confederez, il perdit la moitié de son Armée de froid & de misere ; sa retraite luy attira la raillerie des Hollandois qui disoient que comme un autre Moyse, il n'avoit fait que montrer aux jeunes Espagnols une terre de promission d'où leurs peres avoient été chassez. Le Marquis de Spinola employa plus utilement les armes d'Espagne au Siege qu'il mit devant Breda le 27. Aoust ; ce Siege fut memorable & occupa pendant dix mois les forces des deux partis pour l'attaque ou pour le secours de la Ville assiegée.

Le Prince Maurice eut une entreprise sur la Citadelle d'Anvers, ceux qu'il avoit choisis pour l'executer arriverent à la Citadelle la nuit du 12. Octobre, jetterent des pontons dans l'eau & dresserent des échelles contre les remparts ; mais le vent étant devenu impetueux, ils ne purent arrêter leurs pontons & leurs échelles ; & la Garnison étant accouruë au coup de mousquet que tira André Cea vieux Soldat qui étoit en Sentinelle , ils furent obligez de tout abandonner & de se retirer promptement.

CETTE Medaille est la derniere qui ait été frapée à l'honneur de Maurice de Nassau Prince d'Orange.

Le Prince d'Orange en buste , armé ; il est dans un rond autour duquel sont les Armes particulieres des sept Provinces Unies , qui se terminent par deux mains jointes ensemble tenant les sept fleches : entre chaque Arme il y a un petit écriteau sur lequel est gravé le nom de la Province ; sçavoir Gueldre , Hollande , Zelande , Utrecht , Frise , Overissel & Groningue.

Autour du buste.

MAURITIUS DEI GRATIA PRINCEPS AURAICÆ,

COMES NASSAVIÆ,

PROVINCIARUM CONFOEDERATARUM

GUBERNATOR.

Maurice par la grace de Dieu Prince d'Orange , Comte de Nassau ,

Gouverneur des Provinces Unies.

REVERS.

Les Armes du Prince entourées d'une ceinture de Laurier.

Autour des Armes.

Honny soit qui mal y pense.

Dans l'Exergue.

Je maintiendray. 1624.

CE mot, Je maintiendray , est la devise ordinaire de la Maison de Nassau.

1625.

QUATRE celebres évenemens fignalerent l'année 1625, la mort du Roy de la Grand' Bretagne ; le Mariage de Frederic de Naffau ; la mort de Maurice Prince d'Orange , & la prife de Breda par le Marquis de Spinola.

Le Roy Jacques mourut le 26. Mars & laiffa pour fucceffeur Charles fon fils unique ; il aima la paix & l'étude & honora fon repos de la compofition de quelques Ouvrages.

Le Mariage de Frederic de Naffau avec Amelie fille de Jean Albert Comte de Solmes , fut celebré à la Haye le 4. Avril ; elle étoit d'une Illuftre Maifon d'Allemagne alliée aux premieres Maifons de l'Empire , & qui l'avoit été fept fois à celle de Naffau.

Maurice de Naffau mourut le 23. Avril âgé de 58 ans , Prince fage , vaillant , infatigable dans le travail , qui poffeda parfaitement les Mathematiques , inventa plufieurs machines & mit les fortifications en meilleur état qu'elles n'étoient auparavant ; fur tout il fut incomparable pour affieger ou fecourir une Place , fortifier un Camp , furprendre l'Ennemy , épargner la vie du Soldat , & faire obferver la difcipline parmy les Troupes. Auffi fa vie a été une perpetuelle fuite de triomphes & toute confacrée à la grandeur & à la gloire de fon Pays ; car il y a peu d'ap-

parence

parence à ce qu'on a écrit, qu'il eut deſſein d'uſurper la Souveraineté des Provinces Unies, & que ſon ambition cauſa la mort de Barnevelt dont il craignoit le crédit & la fidelité. En effet, ſi le Prince avoit eu ce deſſein, il pouvoit le faire réüſſir après la mort de Barnevelt & lorſ-qu'il étoit tout-puiſſant dans l'Eſtat par la chûte du party Arminien ; ce-pendant il n'a paru dans le public aucune marque d'une entrepriſe de cette nature, & qui n'auroit pas manqué de faire quelque éclat ſi effec-tivement elle avoit été conçûë. La gloire eſt ſi précieuſe, il faut tant d'années, tant de fatigues, tant de ſoins & tant de belles actions pour la former, qu'il eſt injuſte de la vouloir détruire ſur de ſimples conjectures. On doit donc avoir de la veneration pour la memoire d'un Heros qui a défendu un coin de terre contre une ſi vaſte Monarchie que l'Eſpagne, qui a conſervé la Republique dans les temps difficiles, & qui en a augmen-té les Provinces aux dépens d'une Nation qu'on eſtimoit invincible ; il ne fut point marié : Frederic Henry ſon frere le dernier des enfans mâles de Guillaume de Naſſau, luy ſucceda en ſa Principauté d'Orange, & les Eſtats Generaux luy accorderent ſes Charges & ſes Gouvernemens.

La premiere entrepriſe du nouveau Prince d'Orange, fut de tenter le ſecours de la Ville de Breda, que le Marquis de Spinola tenoit aſſiegée depuis le mois d'Aouſt de l'année derniere, & qui étoit réduite à l'extre-mité par la peſte & par la famine ; mais le Marquis avoit ſi bien pourvû à la ſureté de ſon Camp que les tentatives du Prince ne ſervirent de rien, & que Juſtin de Naſſau fils naturel de Guillaume Prince d'Orange, fut contraint de rendre la Place le cinquiéme Juin après avoir remply tous les devoirs d'un Gouverneur. Je ne diray rien des particularitez de ce Siege dont il y a des Relations imprimées, je remarqueray ſeu-lement pour montrer l'inconſtance des choſes humaines, que la priſe de Breda par le ſtratageme d'un bateau de tourbes en 1590, donna naiſſance à la reputation du Prince Maurice, & que le chagrin de ne pouvoir délivrer la même Ville, fut cauſe de ſa mort, à ce qu'ont dit quelques Hiſtoriens.

Les Eſpagnols firent faire cette Medaille pour la reduction de Breda & pour montrer que la conquête en étoit dûë à la valeur & à la pruden-ce du Marquis.

Le Profil de Breda.

BREDA A PHILIPPO QUARTO HISPANIÆ

REGE CAPTA.

La Ville de Breda priſe par Philippes IV. Roy d'Eſpagne.

REVERS.

Un Lion tenant d'une de ses pattes un Serpent,
& de l'autre une Palme.

VICTORIA PRUDENTIA ET FORTITUDINE

M. DC. XXV.

Victoire remportée par la prudence & par la valeur.

Durant le Siege de Breda les Bourgeois furent obligez d'apporter leur Argenterie pour en faire de la Monnoye , l'on en fit des pieces où étoient les Armes de la Ville avec ces mots ; *Breda obsessa :* La Ville de Breda assiegée. Il s'en fit aussi sur du cuir & sur du carton qui avoient cours pour le même prix que celles d'argent , par Ordonnance du Magistrat.

L'Infante Isabelle ayant fait sçavoir au Marquis la résolution qu'elle avoit prise de venir à Breda , les ordres furent donnez pour sa reception ; le Marquis alla trois lieuës au devant d'elle , & à son entrée l'Artillerie du Camp & de la Ville , & toute l'Armée la saluerent de trois décharges : mais cette pieuse Princesse commanda qu'on remit les feux de joye & les autres réjouïssances au lendemain aprés la Messe , qui fut celebrée dans la Grand' Eglise par le Cardinal Alphonse de la Cueva. Voicy deux inscriptions qui étoient sur la porte par laquelle l'Infante entra.

La premiere.

PHILIPPUS HISPANIÆ REX,

GUBERNANTE ISABELLA CLARA EUGENIA,

OBSIDENTE SPINOLA,

HOSTIBUS FRUSTRA IN SUPPETIAS CONJURANTIBUS

BREDA

VICTOR POTITUR.

*Philippes Roy d'Espagne , victorieux , se rend maître
de la Ville de Breda qui avoit été assiegée par
Spinola , sous le Gouvernement d'Isabelle Claire
Eugenie , & que les Ennemis avoient tâché en
vain de secourir.*

La *feconde infcription.*

AMBROSII SPINOLÆ VIGILANTIA

BREDA EXPUGNATA.

La Ville de Breda conquife par la vigilance d'Ambroife Spinola.

IL n'arriva rien de remarquable en l'année 1626, & la campagne se passa sans aucun avantage des deux Partis, sinon que le Prince d'O- 1626.
range donna des Troupes au Comte Errest Casimir de Nassau, Gou-
verneur de Frise, qui prit en huit jours la Ville d'Oldenzeel & le Château
de Laach qu'il fit démolir. Quoyque ces conquêtes fussent de peu d'importance, on ne laissa pas d'en faire des réjouïssances publiques en la
Province d'Overissel où ces Places sont situées, à cause des courses & du
desordre que leurs Garnisons y faisoient.

LA mort du bâtard de Mansfeld & de l'Evêque de Halberstad, arriva cettte année; le premier mourut d'un mal d'entrailles, non sans
soupçon de poison, à Spalatro en Dalmatie comme il alloit à Venise;
& l'autre à Wolfembutel d'une fievre chaude. La mort violente est la
fin ordinaire de ces esprits inquiets & feroces qui ne respirent que le
trouble & le sang, & qui semblent n'être nez que pour la desolation
des Provinces.

1627.

HARLES premier Roy de la Grand' Bretagne, honora le Prince Frederic de Naffau, de l'Ordre de la Jartiere ou de faint Georges, en l'année 1627 ; la Ceremonie s'en fit à la Haye, & l'on frapa cette Medaille pour la reception du Prince.

Le Prince d'Orange à demy corps, armé, ayant pour ceinture autour de fon bufte les Armes des Provinces Unies, qui font terminées par deux mains jointes enfemble tenans les fept fleches.

FREDERICUS HENRICUS DEI GRATIA

PRINCEPS AURAICE, COMES NASSAVIÆ.

Frederic Henry par la grace de Dieu Prince d'Orange , Comte de Naffau.

REVERS.

L'Ecuffon des Armes du Prince avec la devife de l'Ordre.

Honny foit qui mal y penfe.

APRE'ι

Apre's que Frederic eut été reçû Chevalier de l'Ordre de la Ja-
tiere , il affembla l'Armée des Eſtats & alla mettre le Siege devant Grol
le 19. Juillet ; la fortune de la Guerre avoit donné a cette Ville differens maîtres , elle avoit été priſe , repriſe , aſſiegée , délivrée , & enfin
conquiſe par le Marquis de Spinola. Mathieu Dulquen vieux & experimenté Capitaine y commandoit ; Lambert Verreiken fils de Louis Verreiken qui avoit été député des Archiducs pour la Treve , étoit chargé
de la défenſe de la Place , à cauſe de la vieilleſſe & de la maladie du
Gouverneur : le Siege dura juſqu'au 20. Aouſt que les aſſiegez capitulerent aprés s'être vaillemment défendus , & que le Comte Henry de
Bergue qui s'étoit avancé pour les ſecourir , eut été repouſſé par deux
fois dans l'attaque du Camp du Prince. Le Gouvernement de Grol fut
donné à Herman Othon Comte de Stirum. Je n'entreray point , à mon
ordinaire , dans le détail de ce Siege où Guillaume de Naſſau Admiral
de Hollande , fils naturel du Prince Maurice , fut tué d'un coup de
mouſquet dans un aſſaut ; c'étoit un jeune Seigneur qui promettoit
beaucoup : il n'y eut point de Medaille particuliere de cette conquête ,
parce qu'elle fut miſe avec d'autres en des Medailles que j'expliqueray
en leur place.

Jacques Philippes de Guſman Marquis de Leganez , arriva en
Septembre à la Cour de l'Infante ; le Roy Philippes l'avoit envoyé pour
propoſer aux Provinces obéïſſantes de s'unir avec les autres Eſtats de la
Couronne d'Eſpagne ; une Aſſemblée ayant été pour cela convoquée a
Bruxelles , le Marquis n'oublia rien pour perſuader cette union : il leur
repreſenta qu'elle étoit un moyen infaillible pour renverſer les deſſeins de
tant d'Ennemis qui s'étoient élevez contre la Religion , contre le Roy &
contre le repos des Provinces , qu'étans membres d'un même corps ils ne
pouvoient ſubſiſter que par l'union qui eſt le principe de la force & de
la conſervation des Empires , & que ſa propoſition étoit appuyée de
l'experience domeſtique , puiſqu'une pareille union avoit fait l'établiſſement & la puiſſance de la Republique de Hollande : mais toutes ces
raiſons ne perſuaderent point les Flamans , l'affaire tira en longueur ; le
Marquis de Leganez y trouva des obſtacles qu'il ne pût vaincre , & l'u-
nion demandée ne fut point faite.

1628.

A Compagnie des Indes Occidentales n'eut pas moir
de fortune dans les premieres années de son établiff
ment , que celle des Indes Orientales avoit eu ; elle f
plufieurs prifes fur les Efpagnols & fur les Portugais
Pierre Hein fon Admiral s'empara d'une Flotte chargé
de fucre à la Baye de tous les Saints dans le Brefil
Province de l'Amerique Meridionale ; Pierre Adrie
Ita défit les Efpagnols en l'Ifle de Cuba l'une des Antilles , & leur pr
deux Navires qui venoient des Honduras dans le Mexique ou la nouvel
le Efpagne : enfin la Compagnie des Indes Occidentales pouvoit déja l
venter que Chriftofle Colomb Genois , Americ Vefpuce Florentin , Frar

çois Pizarre Espagnol , & les autres avanturiers qui ont découvert le
nouveau monde, avoient autant travaillé pour elle que pour la Couronne
d'Espagne. Tant de riches dépoüilles donnerent moyen à la Compagnie
d'équiper trente-un Navires pour enlever aux Espagnols leur Flotte d'Argent ; les Vaisseaux Hollandois commandez par le même Pierre Hein étant
arrivez proche de Havana en l'Isle de Cuba , ils furent battus de la tempête
& avancerent en Mer à la vûë d'Elpan de Matanza , ce qui leur fut favorable : car la Flotte de la nouvelle Espagne ayant pris ce courant , elle
vint tomber entre les Hollandois qui s'en rendirent maîtres sans combat
au mois de Septembre 1628 , cette prise fut estimée plus de douze mil-
lions , & les Navires de la Compagnie pour la conserver reprirent le chemin de Hollande avec leur butin en Janvier 1629. Pierre Hein eut l'a-
vantage dans la prise de cette Flotte , & d'enrichir les Provinces Confederées des dépoüilles de leurs Ennemis , & de se venger des mauvais
traitemens qu'il avoit reçûs des Espagnols pendant une captivité de quelques années ; il avoit même été Forçat sur les Galeres de Frederic Spinola , & n'étoit sorty de cet indigne esclavage que quand les Prisonniers
des Provinces Unies furent mis en liberté pour celle de Mendosse Admiral d'Arragon , qui avoit été pris à la bataille de Nieuport : les Estats le
recompenserent de la Charge d'Admiral de Hollande dont il ne jouït
pas long-temps , ayant été tué d'un coup de canon en Juin 1629 dans
un combat naval contre les Dunquerquois. Il fut enterré dans le Temple
de Delf où sont les Tombeaux des Personnes Illustres & qui ont bien merité de la Republique ; la pompe fut solemnelle & tous les ordres de l'Estat y
assisterent : ce digne Admiral n'étoit pas de naissance , en quoy il est plus
à estimer , puisqu'il n'a dû la gloire de sa vie qu'à ses propres actions ,
qu'il n'a point formé sa reputation du merite de ses ancestres ni de la
Noblesse & des richesses de sa Famille qui sont des biens étrangers , &
qu'il a , pour ainsi dire , contraint la fortune qui luy avoit fait porter des
chaînes si pesantes , de briser elle-même ses fers & de rendre justice à
sa vertu.

LES Estats firent fraper ces deux Medailles en memoire de la prise
de la Flotte d'Argent par les Vaisseaux de la Compagnie des Indes Occidentales.

La premiere.

Deux Flottes qui se rencontrent en Mer.

Autour de la Medaille ces paroles du Prophete Jeremie.

FILIA BABILONIS QUASI AREA CALCABITUR.

AB AQUILONE

TEMPORE MESSIS EJUS.

La fille de Babilone sera foulée aux pieds comme l'aire du côté d'Aquilon au temps de sa moisson.

Et au bas cette legende.

SEXTO IDUUM SEPTEMBRIS

CIƆIƆCXXVIII,

AUSPICIIS FOEDERATI REGIMINIS BELGII,

SOCIETAS INDIARUM OCCIDENTALIUM

DUCTU PETRI HEIN,

POTITA EST IN ET SUB MATANZA SINU CUBA

INSULÆ REGIA

CLASSE ARGENTEA REGNI NOVÆ HISPANIÆ.

Le 6. des Ides de Septembre 1628 sous les auspices des Estats des Provinces Unies , la Compagnie des Indes Occidentales sous la conduite de Pierre Hein , s'est emparée dans le Golfe de Matanza en l'Isle de Cuba , de la Flotte Royale d'Argent du Royaume de la nouvelle Espagne.

R E V E R S.

La Sphere du nouveau monde avec ces paroles du même Prophete Jeremie.

GENTES SERVIENT EI DONEC VENIAT TEMPUS

QUO EANDEM

AB IPSO SERVITUTEM EXIGENT.

Les Nations luy seront soûmises jusqu'à ce que le temps vienne qu'elles exigeront de luy la même servitude.

La seconde Medaille.

Plusieurs Vaisseaux.

Autour

Autour ce diſtique.

NON FERRO TANTUM HISPANUS

QUANTUM VALET AURO,

AURUM AUFER, FERRO NON SUPERABIT IBER,

L'Eſpagnol ne vaut pas tant par le fer qu'il vaut par l'or,

Ôtez-luy l'or, il ne vaincra point par le fer.

REVERS.

INDICA CLASSE INTERCEPTA

PARTISQUE SINE

SANGUINE OPULENTISSIMIS SPOLIIS AD CUBÆ

PORTUM HISPANORUM NUNC DAMNIS

QUAM OLIM CÆDE NOBILIOREM FOEDERATÆ BELGICO

GERMANIÆ

PROCERES E GAZA

CAPTIVA MONUMENTUM CUDI FECERUNT

CIƆIƆCXXIX.

CUM PRIVILEGIO.

Les Eſtats des Provinces Confederées aprés avoir
ſurpris la Flotte des Indes & gagné ſans répan-
dre de ſang de tres-riches dépoüilles au Port de
Cuba, maintenant plus renommé par le dommage
que les Eſpagnols y ont reçû qu'il n'étoit autre-
fois par leur défaite, ont ſait ſraper cette Me-
daille en l'année 1629, en memoire des richeſſes
qu'ils ont priſés.

AVEC PRIVILEGE.

A l'égard des Pays-bas il n'y eut point de Siege ni par les Eſpagnols
ni par les Hollandois, & quelques legers Combats y ſirent toutes les
actions guerrieres de l'année 1628.

1629.

LES richeſſes que les Flottes des deux Compagnies des Indes Orientales & Occidentales avoient enlevées aux Eſpagnols & aux Portugais apporterent l'abondance dans la Republique, & la mit, en état d'entreprendre ſur ſes ennemis plus fortement que jamais; le Prince d'Orange aſſiegea Boiſleduc avec une puiſſante Armée. Cette Ville eſt entourée de Forts & de Marais qui la rendent inacceſſible, & on l'appelloit la Vierge du Brabant; les Hollandois l'inveſtirent ſur la fin d'Avril 1629 & la capitulation en fut ſignée le 14. Septembre la Garniſon ſortit le 17. & paſſa devant une Tente où étoient le Prince & la Princeſſe d'Orange accompagnez du Roy & de la Reine de Boheme, du Prince de Dannemark & des Ducs de Witemberg, & de Holſtein, qui étoient venus au Camp du Prince. Ce fut l'un des plus beaux Sieges du ſiecle; Antoine Schetz Baron de Grobendonck ſe défendit avec toute la réſolution dont eſt capable un Gouverneur qui a du courage & de l'experience & qui en perdant ſa place perd ſon établiſſement. La Nobleſſe Françoiſe qui étoit à ce Siege, y fit paroître cette bravoure qui luy eſt naturelle & qui étoit encore animée par le deſir de venger la mort de Breauté Gentilhomme Normand, qu'on avoit poignardé dans Boiſleduc contre les Loix de la Guerre. Le Prince fit retirer le Comte Henry de Bergue qui s'étoit approché de ſon Camp avec trente mille hommes, & s'expoſa tant de fois que les Eſtats Generaux le prierent par leurs lettres de conſerver une vie ſi precieuſe à la Republique; il ne témoigna pas moins de fermeté que de valeur, car il continua toûjours ſon Siege quoyque le Comte fût entré dans le Velau pour faire diverſion, qu'il eut été joint par les Troupes Imperiales commandées par Erneſt Comte de Montecuculli, qu'il eut pris Amersfort à trois lieuës d'Utrecht, & que ſes Armes euſſent porté la terreur par toutes les Provinces Unies: Othon de Gend ſieur de Dieden Gouverneur d'Emmerick pour les Eſtats, leur rendit un grand ſervice pendant le Siege de Boiſleduc par la ſurpriſe qu'il fit le 19. Aouſt de la Ville de Vezel où l'Armée Eſpagnole avoit ſa groſſe Artillerie & le Magaſin de ſes proviſions. Cette ſurpriſe rompit ſi abſolument les meſures du Comte de Bergue, qu'il fut contraint d'abandonner Amersfort, de ſortir du Velau & de repaſſer l'Iſſel; le Comte avoit eu le Generalat à la place du Marquis de Spinola que le Roy d'Eſpagne avoit rappellé des Pays-bas pour commander dans les guerres d'Italie.

LA priſe de Boiſleduc & de Vezel & la délivrance du Velau, furent le ſujet de ces trois Medailles.

SINA DVCIS
CAPTA

EXPVGNATA OPORTET
SILVA LIBERATA
SILVA DVCIS
CAPTA

M DCXXIX

METALLIQUE

La premiere.

Le Prince d'Orange à cheval, armé, en action d'aller à quelque expedition, dans le lointain de la Medaille paroît la Ville de Boisleduc.

Autour cette legende.

ORDINUM CONFOEDERATI

BELGII AUSPICIIS, PRINCIPIS FREDERICI HENRICI

FORTITUDINE.

Dans l'Exergue.

SILVA DUCIS CAPTA.

La Ville de Boisleduc prise par la valeur du Prince Frederic Henry, sous les auspices des Estats des Provinces Unies.

REVERS.

Le Plan de Vezel surpris.

FACTUS EST JEHOVA REFUGIUM ET ADJUTOR

IN TEMPORE OPPORTUNO

M. DC. XXIX.

Le Seigneur s'est fait à propos nôtre refuge & nôtre aide.

La seconde.

Le Prince aussi à cheval, & avec la même legende que la precedente.

REVERS.

La Ville de Vezel.

VEZALIA EXPUGNATA.

La Ville de Vezel emportée.

HISTOIRE

Dans le travers de la Medaille.

VELAVIA LIBERATA.

Le Velau delivré.

Au deſſous, des Forts avec des Soldats qui ſe retirent.

OPPORTUNE VINDICAS CAUSAM TUAM DOMINE.

Seigneur tu défens à propos ta cauſe.

La troiſiéme Medaille.

Le Lion Belgique chaſſant d'une foreſt pluſieurs oiſeaux, animaux & reptiles.

Autour ce Vers.

HINC INIMICA MIHI, SILVA EST MEA,

CEDITE MONSTRA.

Retirez-vous d'icy monſtres , ennemis , le bois eſt à moy.

REVERS.

SILVA DUCIS A MAXIMIS ORBIS TERRARUM

DUCIBUS OLIM OBSESSA NEC CAPTA,

A FREDERICO HENRICO

PRINCIPE ARAUSIONENSIUM , EXERCITUUM FOEDERATI

BELGII

IMPERATORE PRIDIE CALENDARUM OBSESSA

MUNIMENTIS IPSI

PARIBUS IN ADITU OBJECTIS,

SUB OCULIS

AUXILII REPULSI OPPUGNATIS, HOSTE CUM SUO

ET CÆSARIS EXERCITU

IN VELAVIAM TRANSGRESSO ET
CUNCTA FRUSTRA MOVENTE,
CAPTA EST DECIMO SEPTIMO SEPTEMBRIS
M. DC. XXIX.

La Ville de Boisleduc autrefois attaquée par les plus grands Capitaines de la terre sans avoir été reduite, ayant été assiegée le premier jour de May par Frederic Henry Prince d'Orange , a été prise le 17. Septembre 1629 , aprés s'être rendu maître des Forts qui étoient à l'entrée (y) d'une auffi grande défense que la Place , & à la vûë du Secours qui a été repouffé , quoyque l'Ennemy avec fon Armée & celle de l'Empereur eût entré dans le Velau (y) qu'il eût fait en vain toutes fortes d'efforts.

LA premiere de ces trois Medailles montre d'un côté la prife de Boifleduc & de l'autre la furprife de la Ville de Vezel , l'une des principales du Pays de Cleves & frontiere d'Allemagne.

LA feconde marqué au revers que la furprife de Vezel a fait quitter aux Efpagnols le Velau.

ET la troifiéme reprefente par le Lion chaffant les animaux de la foreft , le Prince d'Orange qui chaffe les Ennemis de Boifleduc , qu'on appelle en Latin , *Silva Ducis* ; Foreft du Duc : à caufe que cette Ville a été autrefois bâtie dans une foreft où les Ducs de Brabant prenoient le divertiffement de la chaffe.

Tt

L ſembloit que la fortune eût oublié ſes caprices ordinaires en faveur de la Republique de Hollande , & que
la Mer qui eſt le ſymbole & la ſcene de l'inconſtance ,
fût devenuë pour elle ſeule le théatre d'une égale & con-
ſtante proſperité ; la Compagnie des Indes Occidentales non contente de s'être enrichie par les dernieres priſes qu'elle avoit faites ſur les Vaiſſeaux d'Eſpagne & de
Portugal , reſolut de s'aſſurer de quelques Places maritimes dans l'Amerique & d'en faire une ſeconde Batavia : elle envoya une Flotte de vingt-ſept
Navires dont Henry Lonke étoit Admiral , les Hollandois décendirent à
terre dans la Province du Brezil, ſous la conduite du Colonel Diederik de
Wardenbourg qu'on avoit nommé pour commander à la Milice , & emporterent ſur les Portugais la Ville d'Olinde & le Fort de ſaint Georges
en Fevrier 1630. Olinde eſt la Capitale de la Capitanie de Fernambourg,
la plus grande des Capitanies du Brezil & abondante en ſucre.

1630.

L E reſte de l'année ſe paſſa ſans qu'il y eût aucun Siege ni d'autre
exploit dans les Pays-bas que la défaite de huit Cornettes de Cavalerie
& de quinze cens Fantaſſins qui furent battus proche de Vezel par les
Hollandois , ſous le commandement du Rytmaiſtre Yſelſtein ; le Comte
Jean de Naſſau General de la Cavalerie Eſpagnole , y fut bleſſé & fait
priſonnier.

AMBROISE Marquis de Spinola mourut à Gennes lieu de sa naissance au mois de Septembre ; l'Italie a produit peu de Generaux de son merite , tant qu'il commanda les Armées des Archiducs dans les Pays-bas , la Hollande ne fut pas souvent victorieuse de ses Ennemis , dés qu'il eut quitté la Flandre aprés la prise de Breda qui fut son dernier exploit, la victoire que luy seul avoit fait balancer , se déclara pour les Estats qui prirent Grol , Vezel , Boisleduc & chasserent les Espagnols du Vclau.

CE fut pour la conquête de ces trois Villes & pour les heureux progrés de la Compagnie des Indes Occidentales , que les Estats firent fraper cette Medaille en 1631 à l'honneur du Prince d'Orange.

Il est en buste , armé , dans un cartouche qui a pour suppost d'un côté le dieu Mars tenant d'une main les Armes du Prince , & de l'autre une Couronne de Laurier au dessus du Prince ; la victoire servant d'autre suppost , soûtient aussi d'une main la Couronne & tient de l'autre une palme.

AUREA CONDET SÆCULA.

Il fera renaître le siecle d'or.

Dans l'Exergue.

Boisleduc. 1629.

REVERS.

Les Armes des Estats ayans pour supposts la prudence & la force tenans d'un cordon quatre cartouches attachez ensemble , dans le premier Grol 1627 , dans le second la Flotte d'argent 1628, dans le troisiéme Vezel 1629 , & dans le quatriéme Fernanbuco 1630.

AUSPICIIS JEHOVÆ ADSIT

VICTRIX CONCORDIA.

Que la concorde victorieuse soit favorable sous les auspices du Seigneur.

168

1631.

U commencement de l'année 1631, les Estats Generaux assemblez à la Haye donnerent à Guillaume de Naſſau fils unique du Prince d'Orange, la ſurvivance des Charges & des Gouvernemens de ſon pere.

LES Eſpagnols ayans formé le deſſein d'ôter aux Eſtats la communication de la Hollande avec la Zelande, firent durant deux années travailler à un grand nombre de Fregattes, de Pontons & de Chalouppes ; ils partirent de leurs Ports au mois de Septembre ſous le commandement de Jean de Naſſau qui avoit payé ſa rançon : l'Armée Navale étoit de ſept à huit mille hommes, & la Flotte pourvûë de toutes les choſes neceſſaires pour une grande entrepriſe. Mais le malheureux ſuccés de celle-cy apprit aux Eſpagnols que la fortune ſe mocque des deſſeins les mieux concertez, & qu'elle ſe plaît à détruire en peu d'heures l'appareil de pluſieurs années ; leur Flotte fut entierement défaite, ſes Chalouppes & ſes Pontons pris, coulez à fond ou brûlez, avec plus de quatre mille Priſonniers : Jean de Naſſau & Albert Prince de Barbançon, ſe ſauverent dans un Eſquif.

ON frapa les Medailles ſuivantes en memoire de ce fameux Combat des Chalouppes.

LES Zelandois firent fraper la premiere.

La Carte d'une partie de la Zelande.

Dans l'Exergue.

L'explication des lieux où l'action s'eſt paſſée.

REVERS.

DEUS OPTIMUS MAXIMUS,

HISPANICAM

CLASSEM AUSPICIIS ORDINUM BELGII,

DUCTU FREDERICI HENRICI PRINCIPIS AURAICÆ,

SUB LEGATO SUO

IN ZELANDIA HOLLARIO DISSIPAVIT

INTRA VIANEN ET STAVENISSE,

ET

ET POSTEA NEBULA CIRCUMFUSAM VADISQUE

ALLISAM IN MANUS SUORUM

OMNES DEDIT AUT PERDIDIT, SOLO

PRÆFECTO COMITE JOHANNE DE NASSAU SOCIISQUE

DECEM EXCEPTIS

LXXVI NAVIBUS ET CIƆ CIƆ CIƆ CIƆ CXL MILITIBUS CAPTIS,

PERQUE CASTRA PRINCIPIS

BERGAM AD ZOMAM GREGATIM DEDUCTIS

XIII SEPTEMBRIS ANNO

M. DC. XXXI.

Le Seigneur tres-bon & tres-grand, sous les auspices des Estats, sous la conduite de Frederic Henry Prince d'Orange, & sous Hollard son Vice-Admiral en Zelande, a dissipé la Flotte Espagnole entre Vianen & Stavenisse, & aprés l'avoir entourée d'un brouïllard & fait échoüer, il les a tous livrez entre les mains des siens ou fait perir, à la reserve du seul General le Comte Jean de Nassau & de dix de ses Compagnons, soixante-seize Vaisseaux ont été pris & quatre mille cent quarante Soldats faits prisonniers, qui ont été conduits comme troupeaux par le Camp du Prince à Bergue sur Zoom le 13. Septembre 1631.

La seconde fut encore frapée par l'ordre des Estats de Zelande.

La victoire aîlée & couronnée de Laurier, elle est assise & tient d'une main une Palme avec un Ecusson aux Armes du Prince d'Orange, & de l'autre un Etendart où sont celles des Estats Generaux ; au dessus le mot de JEHOVA, & deux cordons qui soûtiennent les Armes particulieres des Villes de la Zelande faisans une ceinture autour de la victoire.

Vu

HISTOIRE

Dans l'Exergue.

AUSPICIIS ARMATA DEI.

Elle eſt armée ſous les auſpices de Dieu.

REVERS.

Les Armes de Zelande ſuſpenduës en l'air avec le millefime 1631.

Dans le corps du revers le Plan du Combat des Chalouppes.

Dans l'Exergue.

ZELANDIA VICTRIX

PRISCA PER INDIGENAS REGNA TUETUR AQUAS.

La Zelande victorieuſe défendra dans ſes Mers ſon ancien patrimoine.

La troiſiéme Medaille.

Le Prince d'Orange en buſte.

FREDERICUS HENRICUS DEI GRATIA

PRINCEPS AURAICÆ, COMES NASSAVIÆ.

Frederic Henry par la grace de Dieu Prince d'Orange ,
Comte de Naſſau.

REVERS.

La Mer chargée de Vaiſſeaux & de Chalouppes.

Dans l'Exergue ce vers du Poëte Claudien.

CONJURATI VENIUNT AD CLASSICA VENTI.

Les vents viennent au ſon des trompettes comme s'ils avoient été

appellez pour aider à la victoire.

La quatriéme.

Le Prince à cheval , au deſſus de ſa tête un Ange tenant d'une main une Palme , & de l'autre une Couronne de Laurier.

Dans l'Exergue.

DEN PRINS VAN ORANGIE

ONSEN HELD VAARDYCH

STRYD VOOR T'VADERLAND ENDE VRYHEIDWAARDICH.

Le Prince d'Orange nôtre Heros , combat pour la Patrie

& pour la chere liberté.

REVERS.

La Mer auſſi chargée de Vaiſſeaux & de Chaloupes, avec la Carte des côtes Maritimes.

Dans l'Exergue.

GOT WAS ZYN VOLK DEN

13. SEPTEMBER GEDACHTICH

EN BRACHT TOT NIET T'VYANTS

VLOOT OVER DE SEILEN TACHTICH

M. DC. XXXI.

Dieu ſe ſouvient de ſon peuple & a reduit à rien la Flotte de l'En-nemy de 80 Voiles , le 13. Septembre 1631.

LA cinquiéme Medaille a été faite en la même année 1631 , à l'honneur du Prince d'Orange , & ne marque rien de particulier pour le combat des Chaloupes.

Le Prince d'Orange en buſte.

FREDERICUS HENRICUS DEI GRATIA

PRINCEPS AURAICÆ , COMES NASSAVIÆ.

Frederic Henry par la grace de Dieu Prince d'Orange,
Comte de Naſſau.

REVERS.

Deux colomnes, dont l'une panche & l'autre eſt arrachée
par un Lion.

Au haut ces mots.

HERCULEAS ULTRA EXTULIT COLUMNAS.

Il a élevé des colomnes plus loin que celles d'Hercules.

Dans l'Exergue.

CONCUSSIT UTRAMQUE M. DC. XXXI.

Il a ébranlé l'une & l'autre.

CE revers a du rapport à celuy de la Medaille de l'Empereur Charles-Quint, faite peu de temps avant ſa premiere expedition d'Afrique en
1541, & veut dire que la reputation du Prince a paſſé les colomnes
d'Hercules & s'eſt étenduë juſqu'au bout du monde ; il marque auſſi que
la Hollande repreſentée par le Lion, a par ſes conquêtes renverſé le monument & obſcurcy la gloire de celles d'Eſpagne.

PENDANT

ENDANT que les Confederez obtenoient ces der-
niers avantages dans les Pays-bas, Gustave Adolphe
Roy de Suede, étoit entré en Allemagne en faveur des
Protestans & étonnoit l'Empereur par la rapidité de ses
conquêtes, il avoit soûmis des Provinces entieres, défait en plusieurs rencontres les vieilles Troupes de l'Empire tant de fois victorieuses, rétably les Ducs de Me-
kelbourg en leurs Estats & gagné la Bataille de Leipsic. Ce Conquerant
rechercha l'alliance des Hollandois, & les invita par Axel Oxenstiern
Chancelier de Suede, à s'unir avec luy contre la Maison d'Austriche leur
ennemie commune ; le Chancelier fut bien reçû, & les Estats resolurent
d'attaquer puissamment les Espagnols en l'année 1632. Le Prince d'O-
range entra dans la Gueldre avec une belle Armée & prit Venlo & Ruremonde ; Venlo est une petite Ville assez forte qui se rendit aprés trois
jours de siege ; Ruremonde est la seconde de la Gueldre située à l'embouchure de la Rure dont elle a pris son nom. Le Comte Ernest Casimir
de Nassau qui l'avoit investie, fut tué d'un coup de mousquet allant reconnoître la Place ; c'étoit un Capitaine d'un rare merite & qui avoit
bien servy la Republique : les Habitans de Ruremonde porterent les
clefs au Prince à son arrivée au Camp. Cet heureux commencement de
campagne fut suivi de la prise de Mastricht que le Prince assiega le 10.
Juin 1632 ; les assiegez commandez par le Baron de Leyde resisterent
avec toute la valeur imaginable, ils firent diverses sorties & soûtinrent

1632.

un long & furieux affaut. Alvarez de Bazan Marquis de fainte Croix, General des Efpagnols , alla fe pofter à la vûë des affiegeans qu'il tâcha plufieurs fois de forcer. Le Comte de Papenheim vint d'Allemagne au fe-cours des affiegez & donna deux attaques generales aux Lignes des Hol-landois avec beaucoup de hardieffe ; mais la prudence & l'intrepidité du Prince l'emporterent fur tant d'ennemis qui furent repouffez & qui ne pûrent empêcher la reddition de Maftricht le 22. Aouft. Le Gouverne-ment en fut donné à Frederic Maurice de la Tour d'Auvergne , Duc de Boüillon , qui s'étoit fignalé au Siege ; il étoit fils d'Elizabeth de Naffau fille de Guillaume Prince d'Orange , & Neveu du Prince Frederic.

APRE's la reduction de Maftricht le Prince fit un détachement dont il donna la conduite à Stakembourg Lieutenant General de fa Cavalerie, qui prit à compofition la Ville de Limbourg le 8. Septembre : ainfi le Prince en trois mois de tems emporta un bon paffage fur la Meufe , & la Capitale d'une des dix-fept Provinces. La prife d'Orfoy dans le Duché de Cleves par le Comte Guillaume de Naffau , termina une campagne fi glorieufe aux Hollandois.

CETTE Medaille fut frapée pour la conquête de Maftricht & de Limbourg.

Le Prince en bufte , armé.

AUSPICIIS POTENTISSIMORUM BELGII

ORDINUM, ARMIS ET INDUSTRIA

INVICTISSIMI PRINCIPIS AURAICÆ FREDERICI HENRICI,

EST LIBERATA MOSA , LIMBURGUM

RECEPTUM,

A DEO ILLUSTRIS VICTORIA.

Sous les aufpices des tres-puiffans Eftats des Pro-vinces Unies , par les armes & par la prudence du tres-invincible Prince d'Orange Frederic Hen-ry , la Meufe eft delivrée & Limbourg pris , victoire illuftre qui vient de Dieu.

REVERS.

Le Plan du Siege de Maftricht.

TRAJECTUM AD MOSAM RECEPTUM

M. DC. XXXII.

La Ville de Maſtricht repriſe.

LE 16. Novembre ſe donna en Allemagne la Bataille de Lutzen où le Roy de Suede fut tué, la victoire accompagna toûjours le grand Guſtave & même dans les bras de la mort; il ſoûmit en deux ans & demy les deux tiers de l'Allemagne, triompha depuis la Viſtule juſqu'au Danube & au Rhin, battit par tout les Generaux & les Troupes de l'Empire qui n'avoient point encore trouvé de reſiſtance, & fut le plus redoutable Ennemy qu'ait eu la Maiſon d'Auſtriche.

GEOFFROY Henry Comte de Papenheim qui étoit venu au ſecours de Maſtricht, fut auſſi tué dans cette Bataille; ce Comte a été un des plus hardis & des plus vigilans Generaux de l'Empereur Ferdinand Second; il en donna des marques dans les Guerres de l'Empire & dans les Batailles de Prague, de Leipſic & de Lutzen : à la premiere il fut trouvé parmy les morts grievement bleſſé : à la ſeconde qui fut ſi funeſte aux Catholiques d'Allemagne, il recuëillit le debris de l'Armée Imperiale & défit enſuite Jean Bannier General des Suedois : & à la troiſiéme il fut tué d'un coup de fauconneau.

FREDERIC Roy de Boheme, mourut à Mayence peu de jours aprés le Roy de Suede, dans le temps qu'il eſperoit d'être rétably par les Armes de ce Conquerant; il ſupporta ſi genereuſement la perte de ſa Couronne, de ſon Palatinat & de ſa Dignité d'Electeur, qu'il en merita le ſurnom de Conſtant & par cette conſtance aſſez rare parmy les Grands, il fit voir qu'il étoit digne d'une meilleure fortune & de poſſeder ce qu'il avoit perdu.

ES Efpagnols alarmez du bonheur des Eftats & crai-
gnans que la retraite du Comte Henry de Bergues qui
avoit quitté leur fervice n'eût des fuites fâcheufes , eurent recours à leur politique ordinaire , c'eft à dire à un
pourparler de Paix ; l'Archiducheffe envoya fes Députez à Maftricht où ceux des Eftats fe rendirent : il y
eut plufieurs Conferences qui furent continuées à la
Haye , mais rien ne fut conclu , & les Eftats reconnurent que c'étoit
encore un artifice des Efpagnols pour les amufer par la longueur & par
l'intrigue de la negociation , & pour arrêter le cours de leur profperité.

1633.

Le Prince d'Orange ne laiffa pas d'affieger Rhinberg en May 1633,
Ville renommée par le nombre de fes Sieges & par les divers change-
mens de fa fortune ; le Siege dura 20 jours , & la Place fut reduite fous
l'obéiffance des Eftats qui par fa prife & par celle d'Orfoy que le Comte Guillaume de Naffau avoit pris l'année derniere , furent maîtres du
bas du Rhin.

Pendant le Siege de Rhinberg le Comte Guillaume affiegea &
prit le Fort de Philippine , que les Eftats firent fortifier comme un paffage
tres-commode pour entrer dans la Flandre où il eft fitué ; il prit encore
le Fort de l'Etoille qu'on appella le Fort Coupetête , à caufe que les
deux Gouverneurs qui le rendirent l'un aux Efpagnols & l'autre aux Hollandois , eurent la tête coupée.

CETTE

CETTE Medaille fut faite en 1633 au sujet de la prise de Rhinberg.

Le Prince en buste dans un cartouche orné de trophées d'Armes.

Autour.

PATRI PATRIÆQUE.

A son Pere & à sa Patrie.

Dans l'Exergue.

Le Profil de la Ville de Rhinberg.

REVERS.

Il est semblable à celuy de la Medaille precedente pour Mastricht.

LE Prince avoit choisi cette devise, *Patri Patriæque ;* pour montrer qu'il donnoit tout à la memoire de son Pere & au service de son Pays.

ISABELLE Claire Eugenie d'Austriche, mourut à Bruxelles le premier Decembre âgée de 67 ans ; Princesse d'une pieté si solide que son Palais étoit plûtôt un Monastere qu'une Cour : sa douceur, sa prudence & sa justice, la rendirent extrêmement chere aux peuples qu'elle gouvernoit, & elle témoigna par une conduite genereuse qu'elle étoit du noble Sang de France & petite fille de Henry Second.

FRANÇOIS de Moncada Marquis d'Ayetonne eut l'Administration des affaires en attendant Ferdinand d'Austriche Infant d'Espagne & Cardinal, à qui le Roy d'Espagne son frere avoit donné le Gouvernement des Pays-bas. Dés que le Marquis d'Ayetonne eût reçû les Ordres de Madrid, il visita les Provinces qui étoient retournées sous la domination de Philippes par la mort de l'Archiducesse ; le premier objet de ses Armes fut la Ville de Mastricht qu'il assiegea en Juillet 1634, le Duc de Boüillon la défendit si bien qu'il donna le temps au Prince d'Orange d'assembler ses Troupes & d'assieger Breda : la nouvelle de ce Siege allarma les Espagnols, ils jugerent plus à propos de secourir une Place de cette consequence que de continuer un Siege dont le succés étoit incertain ; le Marquis abandonna Mastricht & vint en diligence au secours des assiegez : le Prince étant averty de sa marche quitta pareillement Breda, & par ce moyen executa le dessein qu'il avoit concerté avec les Estats d'assieger Breda pour faire seulement diversion & pour délivrer Mastricht. Ces deux Sieges firent toute la campagne.

Y y

LE Cardinal Infant arriva en Novembre aux Pays-bas, & y fut reçû avec autant de joye que de magnificence ; il avoit passé par l'Allemagne & s'étoit trouvé à la Bataille de Norlingue que les Imperiaux gagnerent sur les Suedois le sixiéme Septembre : quelques mois auparavant le Prince Thomas frere du Duc de Savoye, étoit arrivé à Bruxelles pour être Lieutenant General du Cardinal Infant.

JEAN Oxenstiern Ambassadeur de Suede, vint en Hollande d'où il passa en Angleterre tres-content de ce qu'il avoit negocié avec les Estats & de la reception qu'ils luy avoient faite ; il étoit fils du Chancelier de Suede, l'un des plus sages Ministres de son temps, & qui tenoit le timon du Royaume pendant la minorité de la Reine Christine fille du grand Gustave.

LORSQUE cet invincible Gustave portoit ses Armes victorieuses par l'Allemagne, Philippes Christofle de Sotteren Electeur de Treves, se mit sous la protection du Roy de France pour conserver son Pays ; cette démarche ne plut pas à la Maison d'Austriche, & l'Empereur aprés la Bataille de Norlingue fit surprendre la Ville de Treves par les Espagnols, qui emmenerent l'Electeur prisonnier à Bruxelles & ensuite à Gand d'où il fut envoyé à Vienne.

LES Estats firent un nouveau Traité avec la France par le Ministere d'Hercules Baron de Charnassé, Ambassadeur ordinaire de France en Hollande ; ce Traité fut comme l'avantcoureur de la Guerre que Loüis XIII. déclara l'année suivante à l'Espagne, par le conseil d'Armand Jean Duplessis Cardinal Duc de Richelieu, son premier Ministre.

EN effet le Roy de France ne put souffrir l'injustice & la violence qu'on avoit faite à un Prince qui s'étoit mis sous sa protection, il demanda la liberté de l'Electeur de Treves & la restitution de ses Estats ; ce que n'ayant pû obtenir, il déclara en 1635 la Guerre aux Espagnols par un Heraut d'Armes envoyé à Bruxelles : ce fut le pretexte publique de la rupture entre les deux Couronnes ; mais les Ennemis du Cardinal de Richelieu en attribuerent la veritable cause à sa vanité & à son ambition, ils l'accuserent d'avoir mis le feu dans toute l'Europe pour faire paroître la force de son genie dans les occurrences imprevuës que le tumulte des Armes fait naître, & pour divertir par une Guerre étrangere les broüilleries domestiques qui menaçoient tous les jours sa fortune. La Guerre commença par la Bataille qui se donna proche du Bourg d'Avein au Pays de Liege, Gaspard de Coligny Seigneur de Châtillon, & Urbain de Maillé Marquis de Brezé Maréchaux de France, commandoient l'Armée Françoise, & le Prince Thomas de Savoye étoit General de l'Espagnole : les François défirent le Prince qui perdit quatre mille hommes, trois cens chariots & seize pieces de canon. Aprés cette victoire les

François ayans joint le Prince d'Orange à Maſtricht, les deux Armées emporterent d'aſſaut Tillemont en Brabant & aſſiegerent Louvain ; il y avoit peu d'apparence que les aſſiegez puſſent reſiſter contre tant de forces unies & commandées par d'excellens Chefs : cependant le Siege tira en longueur, les vivres manquerent aux aſſiegeans & enfin le Prince leva le Siege ſous pretexte que le Comte Octave Picolomini, amenoit des Troupes d'Allemagne au ſecours des aſſiegez. La fin de la campagne fut auſſi funeſte aux François que le commencement leur avoit été glorieux, & la plus grande partie de leur Armée perit de faim & de maladies. On tient que le Prince s'étoit vengé du Cardinal de Richelieu, qu'il croyoit luy avoir voulu enlever ſa Principauté d'Orange par intelligence avec Jean de Hertoghe Seigneur de Valkembourg Gouverneur de la Ville d'Orange, que le Prince fit perir ſur l'avis qu'il eut de ſa perfidie. La politique des Republicains eſt ordinairement inquiete, défiante, jalouſe ; ils ont en matiere d'Eſtat des vûës & des penetrations qui leur ſont ſingulieres ; tout leur fait ombre : la valeur de leurs Alliez ne leur eſt pas moins redoutable que la puiſſance de leurs Ennemis ; le voiſinage & la proſperité des uns & des autres, leur donnent également de la jalouſie, & le ſeul intereſt regle leur conduite dans leurs Alliances, dans leurs Guerres & dans leur Paix.

Les Eſpagnols n'avoient pas mieux réüſſi aux attaques qu'ils avoient données au Fort de Philippine que les Hollandois au Siege de Louvain ; ils avoient été repouſſez de ce Fort avec perte de douze cens hommes & contraints de ſe retirer à l'arrivée du Comte Guillaume de Naſſau : les Eſpagnols furent plus heureux dans la ſurpriſe du Fort de Skein qu'ils emporterent la nuit du 16. Juillet en cette maniere. Adolphe Denhold dont le pere avoit été décapité à la Haye, ayant eu avis que la Garniſon du Fort étoit foible, tira de la Ville de Gueldre appartenant à l'Eſpagnol cinq cens hommes choiſis, leſquels ayans ſous ſon commandement paſſé le Vahal où de bonheur pour eux le Vaiſſeau de Guerre ordonné pour la garde du paſſage n'étoit pas, vinrent gagner les maiſons proche du Fort, décendirent dans le foſſé qu'ils trouverent à ſec & les paliſſades à demy pouries, & quoyque la Sentinelle eût donné l'alarme, ils s'approcherent du rempart & attaquerent le Fort avec tant de réſolution qu'ils le prirent ſur les trois heures du matin, malgré la forte reſiſtance de la Garniſon & l'intrepidité de Welderen Gouverneur, qui ne voulut point de quartier & qui mourut de ſes bleſſures. Le Cardinal Infant en donna le Gouvernement avec une chaîne d'or & cinquante mille livres à Denhold, qui avoit ſi prudemment & ſi vaillemment executé l'entrepriſe.

Comme ce Fort étoit la clef de la Hollande, les Eſtats ne voulurent pas le laiſſer longtemps au pouvoir de leurs Ennemis, & le Prince d'Orange l'aſſiegea le 5. Aouſt. La continuation de ce Siege, la mort du Marquis d'Ayetonne homme de conſeil & de valeur, & la repriſe de Limbourg par les Eſpagnols, acheverent l'année.

ES deux partis étoient tellement attachez , l'un à re-
prendre & l'autre à conferver le Fort de Skein , que
toute la Guerre des Pays-bas fembloit être renfermée
dans ce coin de la Province de Gueldre ; la rigueur de
l'Hyver étant paffée , les Hollandois recommencerent
leurs attaques : ils s'affurerent des Châteaux, & des Paffages des environs du Fort : firent écouler les eaux &
fe mirent en état de donner un affaut general.

LEs affiegez de leur côté firent tout devoir en la défenfe de la Place , & Denhold qui l'avoit furprife y fut tué d'un coup de moufquet ;
le Cardinal Infant qui les avoit plufieurs fois rafraîchi, fçachant que depuis la prife des paffages & l'écoulement des eaux ils étoient réduits à
l'extremité , tâcha de les délivrer , & dans ce deffein fit avancer l'Armée
Efpagnole jufqu'à Cleves : le Prince Thomas de Savoye , Jean de Naffau
& le Comte Picolomini qui en étoient les principaux Chefs, ayans recon-
nus qu'il étoit impoffible de forcer le Camp du Prince , ils perdirent l'efperance de fecourir les affiegez & fe retirerent avec leurs Troupes ; aprés
1636. leur retraite les Efpagnols fe rendirent le 30. Avril 1636. Les Hollandois
demeurerent quelque temps en leur Camp pour faire rétablir ce Fort qui
eft fitué à l'endroit où le Rhin fait deux bras, dont l'un qui retient fon
nom paffe devant Arnhem , & l'autre appellé Vahal devant Nimegue.
Martin Skein le fit conftruire en 1586 & luy donna fon nom.

IL

Il y avoit eu au mois de Fevrier un Combat fur Mer devant la Ville de Dieppe entre les Hollandois & les Dunquerquois ; les premiers commandez par Jean Everfen, battirent les autres, leur coulerent à fond deux Vaiſſeaux & firent Antoine Collart leur Admiral & ſon Lieutenant priſonniers : les Dunquerquois commençoient à ſe rendre redoutables fur l'Ocean ; le reſte de l'année ſe paſſa ſans aucun exploit de conſequence entre l'Eſpagne & les Eſtats. Les Eſpagnols ſous la conduite du Prince Thomas & de Jean de Werth, entrerent en Picardie & y prirent la Capelle, le Caſtellet & Corbie ; les François reprirent Corbie la même année.

Cette Medaille fut frapée à l'honneur du Prince d'Orange en 1636.

Il eſt en buſte, armé.

Henricus Fredericus Dei gratia

natus Auraicæ Princeps,

Comes Nassaviæ.

Henry Frederic par la grace de Dieu né Prince d'Orange,

Comte de Naſſau.

R E V E R S.

Le Soleil & un Tourneſol.

Non inferiora secutus.

Il ne s'eſt pas attaché à des choſes baſſes.

L'esprit de ce revers eſt que toutes les entrepriſes du Prince Frederic ſont relevées ; & qu'il acheve glorieuſement les plus difficiles par ſa valeur & par ſa fermeté ; ainſi qu'il a fait paroître dans les longs & dangereux Sieges de Boiſleduc, de Maſtricht & du Fort de Skein qu'il a ſoûmis à ſes Armes, malgré tant de forces ennemies qui s'oppoſoient à ſes deſſeins.

A Compagnie des Indes Occidentales avoit depuis la prife d'Olinde au Brefil, ajoûté à fes Conquêtes l'Ifle de Tamarica, le Cap de faint Auguftin & la Capitanie de Pariba ; le Comte Maurice de Naffau qu'elle avoit fait fon General dans cette Province, y fignala fon arrivée en 1637 par la défaite de trois mille Efpagnols & par la prife du Fort de Pavafon : il porta même fes Armes au delà de fon Gouvernement, & fit partir de Fernambourg une Flotte de neuf Vaiffeaux fous la conduite du Colonel Hanskin ; cette Flotte garnie de douze cens Soldats, emporta le Château de faint Georges de la Mine dans la Guinée, l'une des meilleures Places que le Roy d'Efpagne eut fur les côtes d'Afrique : on y trouva quarante quatre pieces de canon.

Les Admiraux Henry Lonke & Jean Corneille Lichetart, avec les Colonels Diederick de Wardenbourg, Jean Giffelin, Sigifmond de Schupen & Servais Carpentier, eurent beaucoup de part aux Conquêtes des Hollandois dans le Brefil.

Le Colonel Chriftofle Artichofski s'y fit diftinguer par des actions d'éclat, il fe rendit maître de la Fortereffe de Larrayal où il fut bleffé & défit les Ennemis proche de Porto-Calvo.

Ses services furent si agreables à la Compagnie , qu'elle fit faire cette Medaille pour luy servir d'éloge.

Un trophée couronné sous lequel sont les Armes de Portugal.

REVERS.

HEROI

GENERIS NOBILITATE ARMORUM

ET LITTERARUM

SCIENTIA LONGE PRÆSTANTISSIMO,

CHRISTOPHORO AB ARTISCHAU ARCIS ZEWSKI,

REBUS IN BRASILIA

PER TRIENNIUM PRUDENTISSIME

FORTISSIME FOELICISSIME GESTIS,

SOCIETAS AMERICANA

SUÆ GRATITUDINIS ET IPSIUS FORTITUDINIS AC

FIDEI MONUMENTUM ESSE

VOLUIT ANNO

CHRISTI

M. DC. XXXVII.

La Compagnie de l'Amerique a fait fraper cette Medaille en l'an de CHRIST 1637 , à l'honneur de Christofle Artichofski Heros tres-excellent par sa Noblesse & par sa science des Armes & des Lettres, & a voulu qu'elle fût le monument de sa reconnoissance pour les choses qu'il a tres-prudemment , tres-vaillemment & tres-heureusement executées dans le Brezil pendant trois ans , & de sa valeur & de sa fidelité.

L'Empereur Ferdinand Second mourut , & Ferdinand son fils fut élû son successeur.

E Cardinal de Richelieu ne témoigna aucun reſſenti-
ment contre les Hollandois de la diſſipation de l'Armée des Maréchaux de Châtillon & de Brezé ; ce ſage
& diſſimulé politique ſçachant bien que le veritable intereſt de la France & de la Hollande étoit de ſe tenir
unies contre la Maiſon d'Auſtriche, n'oublia rien pour
conſerver leur union & s'acquerir l'amitié du Prince
d'Orange qu'il eſtimoit & qui étoit tout-puiſſant dans la Republique :
le Baron de Charnaſſé Ambaſſadeur de France, traita publiquement le
Prince d'Alteſſe au lieu d'Excellence qu'on luy donnoit auparavant ; on
a depuis donné ce nouveau titre aux Princes d'Orange qui en ont la premiere obligation à la France.

1637.

APRE'S

Ap̃re's que la bonne intelligence eut été rétablie entre les deux Alliez , les François prirent Landrecy en Hainaut & reprirent la Capelle; & le Prince assiegea le 23. Juillet 1637 , la Ville de Breda qui est une Baronnie de l'ancien patrimoine des Comtes de Nassau : le Cardinal Infant assembla ses forces & s'approcha du Camp des Hollandois , *il le trouva si bien retranché qu'il n'osa l'attaquer* & se retira pour executer d'autres entreprises ; les assiegez malgré cette retraite se défendirent en braves gens , jusqu'au 10. Octobre que la Place fut renduë par Omer de Fourdin qui en étoit Gouverneur. Ce fut un Siege memorable où le Baron de Charnassé fut tué en relevant la Garde , à la tête du Regiment d'Infanterie dont il étoit Colonel pour les Estats , quoyqu'il fût Ambassadeur ordinaire de France en Hollande , ces deux Qualitez n'étant point incompatibles ; Charles Louïs Comte Palatin du Rhin , fils de Frederic Roy de Boheme & plusieurs Seigneurs Errangers , vinrent au Camp du Prince : la Hollande étoit lors la meilleure École de l'Europe pour la Guerre.

Le Cardinal Infant n'ayant pû secourir Breda , marcha vers Venlo & Ruremonde qu'il prit en peu de jours.

Les Estats firent fraper ces deux Medailles pour la conquête de Breda.

La premiere.

Un Bateau prés de la Forteresse ; une Dame couronnée qu'une femme maigre & défigurée tire à elle , & une main armée.

ANTE FAME AUT ASTU,

VI MODO FACTA VIA EST.

Cette Ville autrefois réduite par l'adresse & par la famine ,
l'est maintenant par la force.

REVERS.

DEO OPTIMO MAXIMO SACRUM.

BREDAM

PRIMO BELGARUM IN TIRANNUM

REGEM FOEDERE NOBILEM,

MOX MAURITIANÆ NAVIS FOELICIBUS INSIDIIS

NOBILIOREM, DEIN FAMELICA MARCHIONIS SPINOLÆ

OBSIDIONE NOBILISSIMAM,

TANDEM AUSPICIIS POTENTISSIMORUM

CONCORDIS

BELGII PATRUM, OMNES

BELLANDI GRADUS TRANSCENDENS, APERTO

MARTE GLADIATA FREDERICI

CELSISSIMI AURIACI PRINCIPIS DEXTERA FOEDERATÆ

PATRIÆ FAMILIÆQUE

SUÆ RESTITUIT DECIMO OCTOBRIS ANNO

M. DC. XXXVII.

A Dieu tres-bon , tres-grand.

*Le 10. Octobre 1637 , la main armée de Frederic
Henry tres-haut Prince d'Orange , surpassant toutes
les manieres de combattre , a enfin sous les auspices
des tres-puissans Estats des Provinces Unies , restitué
par la force ouverte à sa Patrie confederée & à
sa Famille , la Ville de Breda celebre par la premiere confederation contre le Roy Tiran , depuis
plus celebre par l'heureux stratageme du Bateau de
Maurice , & ensuite tres-celebre par la famine du
Siege du Marquis de Spinola.*

Dans l'Exergue.

Ces cinq Lettres initiales S. P. Q. F. B. qui font :

SENATUS POPULUSQUE FOEDERATI BELGII.

Les Estats & le Peuple des Provinces Unies.

LES figures de cette Medaille montrent la maniere des trois differentes prises de Breda ; le Bateau represente la premiere arrivée en 1590

par le moyen d'un Bateau chargé de tourbes ; la femme couronnée est
Breda dont elle tient les Armes, & l'autre est la famine qui la fit rendre
au Marquis de Spinola en 1625 ; & la troisiéme prise est figurée par la
main armée qui signifie que le Prince l'a emportée par la force des Armes : ces trois prises sont encore exprimées par le Vers étant autour de
la Medaille.

La seconde.

Le Siege de Breda.

Autour de la Medaille

D E O   F A V E N T E,

A U S P I C I I S   O R D I N U M   F O E D E R A T I   B E L G I I,

V I R T U T E

F R E D E R I C I   H E N R I C I   A U R A I C Æ   P R I N C I P I S.

R E V E R S.

Le Lion Belgique sur un trophée de canons.

Dans l'Exergue.

B R E D A   R E C E P T A   M. D C. X X X V I I.

La Ville de Breda reprise en 1637 avec l'aide de Dieu, sous les auspices
des Estats des Provinces Unies, (t) par la vertu de
Frederic Henry Prince d'Orange.

LE sort des Armes ne fut pas si contraire aux Espagnols en 1638,
qu'il avoit été l'année precedente ; ils défirent le Comte Guillaume de
Nassau qui étoit campé avec une partie de l'Armée Hollandoise au Fort
de Caloo proche d'Anvers ; luy tuerent quinze cens hommes, & parmy
eux Maurice de Nassau son fils, âgé de 21 ans ; firent deux mille cinq
cens prisonniers & gagnerent dix-huit pieces de canon.

LE Prince Thomas & le Comte Picolomini firent lever le Siege de
saint Omer aux François, qui ne laisserent pas de prendre Renty & le
Castelet ; les Espagnols firent aussi lever aux Hollandois le Siege de Gueldre, avec perte de plusieurs Soldats & de six pieces de canon : enfin la
campagne fut glorieuse au Cardinal Infant, qui assista en personne à la
défaite du Comte Guillaume & à la délivrance de la Ville de Gueldre.

1638.

L E Comte Henry de Bergues & Jean de Naſſau moururent cette
année ; le Comte avoit commandé les Armées d'Eſpagne , & ſa retraite
en Hollande l'avoit fait condamner à mort par Arreſt du Parlement de
Malines ; & Jean de Naſſau avoit été General de la Cavalerie des Archiducs : ils furent tous deux peu heureux en Guerre , quoyque bons
Capitaines, & tous deux porterent les Armes contre leur Patrie & ſervirent les Ennemis de leur Famille ; car le Comte de Bergues étoit Neveu
de Guillaume Prince d'Orange. L'homme ne doit pas ſe venter d'être par
ſa prudence l'arbitre de ſa gloire & du repos de ſa vie , l'empire de ſa
raiſon eſt ſi foible & celuy de ſes paſſions ſi tirannique , que malgré luy-
même & malgré toutes ſes lumieres , elles l'entraînent dans des engagemens d'où il ne peut ſortir avec honneur que par un merite extraordinaire & par des ſuccés ineſperez.

COMME

OMME la Republique des Provinces Confederées semble être fortie du fein de la Mer, elle n'a gueres manqué de reparer fur cet Element les pertes qu'elle avoit faites fur la Terre; Martin Harpez Tromp Admiral de Hollande, la vengea de fes difgraces de la derniere campagne par la victoire qu'il remporta fur l'Efpagnol entre Douvres & Calais en 1639 : la Flotte d'Efpagne étoit compofée de foixante-fept Vaiffeaux fans compter les Dunquerquois; les Efpagnols n'avoient point fait d'armement de Mer plus confiderable depuis l'Armée qu'ils nommerent l'Invincible & qui fut défaite aux côtes d'Angleterre en 1588. Tromp attaqua les Ennemis avec tant de refolution qu'il les défit entierement, & que Dom Antoine Doquedo leur Admiral eut de la peine à fe fauver au Port de Dunquerque; les Efpagnols perdirent fept mille hommes avec quarante Navires, & entr'autres le grand Galion de Portugal de douze cens tonneaux & monté de huit cens pieces de canon. La hardieffe, la conduite & le bonheur de Tromp éclaterent en cette occafion, ayant d'abord ofé arrêter une fi puiffante Flotte avec dix-fept Navires feulement, & n'ayant perdu que fort peu de monde dans les differens Combats qu'il luy livra; les forces Maritimes des Eftats parurent auffi en cette rencontre par le fecours de plufieurs Vaiffeaux de Guerre qui fortirent de leurs Ports & vinrent joindre l'Admiral Tromp.

1639.

BBb

L ES Eftats reconnoiffans la grandeur de cette action, ordonnerent d'en fraper cette Medaille.

Un Combat Naval où quelques Vaiffeaux font brûlez
& d'autres coulez à fond.

REVERS.

ÆTERNITATI SACRUM.

OB HISPANICAM

CLASSEM NAVIBUS SEXAGINTA SEPTEM, SPECTATIS

BELLI DUCIBUS, NAUCLERIS,

MILITIBUS, OMNIQUE APPARATU INSTRUCTISSIMAM,

ILLUSTRISSIMI PRINCIPIS

HENRICI FREDERICI AUSPICIIS,

A MARTINO TROMPIO

HOLLANDIÆ MARIS PRÆFECTO XVI SEPTEMBRIS

M. DC. XXXIX,

NAVIBÚS TANTUM SEPTEMDECIM AGGRESSAM,

ET SEQUENTI DIE CIRCA

NOCTEM ITERUM OPPUGNATAM,

ALTEROQUE DIE UNDECIM NAVIBUS AUCTO DISSIPATAM,

AC SUB ANGLIÆ

LITTORIS CEDERE COACTAM, IBIQUE

PER MENSEM OBSESSAM,

TANDEMQUE A REGNO CEDERE JUSSAM,

VIGESIMO PRIMO OCTOBRIS

MAGNA VIRTUTE

DELETAM, ORDINES FOEDERATI

BELGII FIERI FECERUNT.

Ce monument est consacré à la posterité par ordre des
Estats des Provinces Unies, pour la défaite de
la Flotte Espagnole composée de soixante-sept
Vaisseaux, munie de fameux Chefs de Guerre,
de Pilotes, de Soldats & de tout l'appareil ne-
cessaire, sous les auspices du tres-Illustre Prince
Henry Frederic, par Martin Tromp Admiral de
Hollande lequel l'attaqua le 16. Septembre 1639
avec dix-sept Navires seulement; le lendemain
l'attaqua encore vers la nuit; & le troisiéme
jour ayant reçû onze Vaisseaux de renfort, la
dissipa & la contraignit de se retirer sous les
Forteresses des côtes d'Angleterre, où l'ayant
tenuë investie durant un mois, il l'obligea de
s'éloigner de ce Royaume, & par son grand
courage la défit entierement le 21. Octobre.

LA Ville d'Arras ayant été assiegée par les François le 19. Juin 1640, le Cardinal Infant n'oublia rien pour la secourir, il tâcha de couper les vivres aux assiégeans & fit attaquer leurs lignes par deux fois; mais les Espagnols furent toûjours repoussez & cette Capitale de la Province d'Artois se rendit le 9. Aoust: ce fut en ce Siege que Louïs de Bourbon lors Duc d'Anguien, donna les premieres marques de cette haute valeur qui devoit être l'admiration de toute la terre.

A l'égard des Espagnols & des Hollandois, ils ne firent rien de remarquable & tout se passa en quelques legers combats, en l'un desquels fut tué Henry Casimir de Nassau Gouverneur de Frise, regreté du Prince d'Orange son parent, & des Estats.

LA Navigation & le Commerce des Indes Orientales & Occidentales ont causé trop de differens entre la Hollande & le Portugal, pour omettre icy la revolte de ce Royaume contre l'Espagne; le soûlevement commença le premier Decembre dans la Ville de Lisbonne, où les conjurez arrêterent Marguerite de Savoye Duchesse, Doüairiere de Mantouë, Vice-Reine de Portugal, & tuerent Michel de Vasconcellos son Secretaire; ils agirent avec tant de secret, d'artifice & de bonheur, que dans le mois tout le Portugal reconnut pour Roy Jean Duc de Bragance qui étoit du Sang de ses Rois, & que dans l'année toutes les Vil-

1640.

les & les Provinces d'Afie, d'Afrique, d'Amérique & des deux Indes
dépendantes de cette Couronne, chafferent les Efpagnols, à la referve
de la feule Ville de Ceute Port de Mer en Afrique fur le détroit de
Gibraltar, qui demeura fidele à l'Efpagne. Cette revolution furprenante
fera douter un jour qu'une domination établie depuis foixante ans ait été
fi facilement détruite, & que les Portugais ayent pû fi heureufement
tromper cette grande défiance qui eft naturelle aux Efpagnols ; celuy
qui eft le maître des Empires les change quand il luy plaît & par des
moyens impenetrables à l'efprit humain.

A gloire , la naiſſance & l'intereſt d'Eſtat , ſont ordinairement les motifs du choix que font les Princes pour
l'alliance de leur famille ; ces trois choſes contribuerent
au Mariage du Prince Guillaume de Naſſau avec la
Princeſſe Marie Stuart fille aînée du Roy de la Grand'
Bretagne : la gloire des exploits du Prince d'Orange
s'étoit répanduë par tout le monde ; Guillaume ſon fils
avoit témoigné en quelques rencontres qu'il ne degeneroit point de la
vertu de ſes ancêtres : la Maiſon de Naſſau avoit donné cinq Electeurs
à Mayence & à Treves & un Empereur à l'Allemagne , & l'intereſt de
l'Angleterre & de la Hollande étoit que leur alliance devinſt plus étroite
par ce Mariage : ainſi la propoſition en fut bien reçûë par Sa Majeſté
Britannique , & le Prince Guillaume ſe rendit à Londres où le Mariage
fut celebré en 1641.

1641.

CETTE Medaille fut frapée à Amſterdam pour ce ſujet.

Le Prince Guillaume & la Princeſſe Marie ſe donnant la main
pendant que deux Genies les couronnent de Mirthe ; la Ville
de Londres paroît dans le lointain de la Medaille , & ces deux
vers ſont dans un côté du champ.

CCç

ALBIONUM GENUIT REX ME SUMMUSQUE
MONARCHA
CAROLUS, ET SPONSAM ME JUBET ESSE TUAM.

Charles Roy d'Angleterre & grand Monarque, m'a donné la naissance &
me commande d'étre vôtre Epouse.

Ces deux autres vers étans dans l'autre côté du champ
y servent de réponse.

PRINCEPS ME HENRICUS GENUIT FORTISSIMUS
HEROS
NASSAVIÆ, ET SPONSUM ME JUBET ESSE TUUM.

Le Prince Henry tres-vaillant Heros de Nassau, m'a donné la naissance &
me commande d'étre vôtre Epoux.

Dans l'Exergue.

LONDINI DESPONSATI WILLELMUS ET MARIA
ANNO M. DC. XLI DUODECIMO MAII.

Guillaume & Marie ont été mariez à Londres le 12. May 1641.

REVERS.

Pallas proche d'un trophée d'Armes & foulant aux pieds Bellonne ;
la Paix luy presente une branche d'Olivier ; la Victoire est derriere Pallas, & la Paix est accompagnée de Ceres qui tient une
corne d'abondance ; il y a entre Pallas & la Paix un Amour tenant les sept Fleches.

Dans le haut sont ces vers.

BELLONAM PRINCEPS PALLAS PEDIBUS TERIT, ET
PAX
FLORET ET ALMA CERES CONFERT SACRO ALITE
FRUGES.

*La Princeſſe Pallas foule aux pieds Bellonne ; la Paix fleurit , &) la fe-
conde Ceres nous fait preſent des biens de la terre.*

Dans l'Exergue.

Novi Imperii auspicio bono.

Sous l'heureux auſpice d'un nouvel Empire.

L'esprit de cette Medaille eſt que ce Mariage apportera la Paix
& l'abondance dans les Provinces Unies.

Apre's la celebration du Mariage le Prince d'Orange aſſiegea le
fort Château de Gennep dans le Duché de Cleves , Thomas Preſton
Irlandois qui en étoit Gouverneur , fit toute la reſiſtance poſſible depuis
le premier Juin qu'il fut aſſiegé , juſqu'au 27. Juillet qu'il capitula.

Les François de leur côté prirent les Villes d'Aire & de Bapaume
en Artois , & les Eſpagnols reprirent la premiere que le ſieur d'Aigue-
berre défendit juſqu'à l'extremité.

Pendant le Siege d'Aire par les Eſpagnols , le Cardinal Infant
mourut à Bruxelles ; Prince qui ne fut pas moins illuſtre par ſes actions
que par ſa qualité : il gouverna les Pays-bas avec ſuccés dans un temps
que les premieres Puiſſances de l'Europe étoient unies & armees contre
la Maiſon d'Auſtriche ; aprés ſa mort Dom Franciſco de Melo eut l'ad-
miniſtration des affaires.

1642.

ENRIETTE Marie de Bourbon Reine d'Angleter-
re, & la Princesse Marie sa fille qui étoient parties de
Londres, arriverent en Hollande au mois de May 1642;
Amsterdam leur fit une reception magnifique : il y avoit
des Arcs de Triomphe où les anciennes Alliances de la
Maison de Nassau avec les Rois d'Angleterre & les
Conquêtes du Prince Frederic, étoient representées.

La Ville fit faire cette Medaille à l'honneur du Prince d'Orange &
des nouveaux mariez, en 1642.

Le Prince est assis sur un trophée foulant aux pieds des ennemis;
il tient d'une main une épée & de l'autre un cordon où les Armes des sept Provinces sont attachées, celles du Prince sont à
côté de luy : on voit dans le champ de la Medaille des Batailles
& des Sieges de Villes, & dans le lointain des Vaisseaux.

Autour de la Medaille ce distique.

LIBERTAS PATRIÆ ME DEFFENSORE TRIUMPHAT,

INSIDIATA NIHIL VIS INIMICA NOCET.

La liberté de la Patrie triomphe m'ayant pour défenseur, la surprise
et) la force des Ennemis ne peuvent luy nuire.

REVERS.

R E V E R S.

Le Prince Guillaume & la Princesse Marie sont à l'entrée d'un jardin où le Prince reçoit la Princesse laquelle tient une rose, au dessus de la porte du jardin est le Lion Belgique soûtenant une lance avec un chapeau sur la pointe, deux amours en l'air renversans une corne d'abondance pleine de fleurs & de fruits.

Autour cet autre distique.

QUO TE MARS ET AMOR VOCAT,

INTRA DIVA VIRETUM,

FRUCTUM HIC LIBERTAS TE GENITRICE FERET.

Entrez Déesse dans ce jardin où Mars & l'Amour vous appellent, la liberté portera icy du fruit dont vous serez la mere.

IL n'arriva rien de remarquable entre les Espagnols & les Hollandois pendant cette campagne ; à l'égard de la France voicy en peu de mots ses avantages & ses pertes.

JEAN Baptiste de Bude Comte de Guebriant, General des Troupes Françoises contre l'Empereur Ferdinand III. passa le Rhin sur un pont qu'on avoit dressé à Wezel, aprés avoir joint les Hessiens Alliez de la France commandez par le Comte d'Erbestin, il emporta Ordinguen, défit les Imperiaux dans leurs retranchemens de Kempen & fit prisonnier Guillaume Comte de Lamboy leur General : Nuis, Kempen & quelques autres Villes de l'Archevêché de Cologne, se rendirent au Comte de Guebriant que le Roy de France recompensa du Bâton de Maréchal.

DOM Francisco de Melo prit Lens, la Bassée & défit l'Armée Françoise à Honnecour ; les François employerent plus heureusement leurs Armes dans les autres Provinces qu'ils n'avoient fait en Flandre, ils prirent dans le Roussillon Perpignan & Coulioure, & secoururent puissamment les Catelans qui s'étoient revoltez contre l'Espagne dés l'année 1640, quelques mois avant le soûlevement des Portugais.

LE Cardinal de Richelieu qui avoit appuyé la revolte de la Catalogne & du Portugal, mourut à Paris le 4. Decembre ; il porta le ministere au plus haut point d'autorité qu'il puisse avoir : aussi la nature l'avoit enrichi de toutes les qualitez dont elle prend plaisir à former un Ministre accomply ; il fut liberal, magnifique, genereux, éloquent, perſuaſif , protecteur des hommes de lettres , zelé pour la gloire de ſon Pays , ferme & ſecret dans ſes reſolutions , capable de ſe maintenir par luy-même contre ſes ennemis , propre à s'acquerir des perſonnes de merite pour creatures, & adroit à ſe faire des confidens & des penſionnaires dans toutes les Cours & les Conſeils des Princes : la perte d'une Place ou d'une Bataille & la levée d'un Siege ne luy donnerent jamais le moindre étonnement ; au contraire il trouva l'art de faire ſervir à ſes deſſeins les victoires des ennemis & de paroître tranquillé dans les rencontres qui devoient luy cauſer de l'agitation ; il eut également l'adreſſe & de mettre la diviſion parmy les Sujets de la Maiſon d'Auſtriche & de tenir la France unie avec la Hollande & ſes autres Alliez. Enfin ce Cardinal fut ſi habile dans le maniement des affaires d'Eſtat & ſi juſte dans ſes conjectures, qu'il a quelquefois anticipé les nouvelles des évenemens; de ſorte qu'on attribuoit à une connoiſſance extraordinaire ce qui n'étoit que l'effet naturel des lumieres & de la ſolidité de ſon genie. Ce n'eſt pas que pluſieurs Ecrivains ne l'ayent accuſé d'ingratitude , de vengeance & de cruauté ; mais outre que la fidelité de l'Hiſtoire n'a pû luy refuſer les éloges qu'il meritoit, il ſemble que la poſterité qui eſt le ſevere & le veritable juge de la conduite des Grands , ait pris elle-même le ſoin de le défendre contre la médiſance & l'envie , puiſque ſa memoire devient tous les jours plus glorieuſe & qu'il paſſera éternellement pour un parfait politique.

L 643.   L O U I S XIII. ne ſurvéquit pas longtemps à ſon Miniſtre ; ce juſte & pieux Monarque mourut à ſaint Germain en Laye le 14. May 1643 : ſon Regne fut plus guerrier que pacifique & preſque toûjours victorieux ; il ſoûmit les Rebelles & les Heretiques de ſon Royaume , la Suede & la Hollande furent redevables à ſon alliance de leur agrandiſſement ; il protegea les Catholiques en Allemagne , rétablit dans l'Italie des Princes dépoſſedez & conſerva ſur le Trône de Portugal ſon Roy legitime. Mais ſi ſes Armes furent favorables à ſes Alliez , elles furent funeſtes à ſes Ennemis , elles triompherent dans l'Empire , les Pays-bas , la Lorraine , le Rouſſillon , la Catalogne , le Milanois , le Piemont & le Montferrat , ſur l'Ocean & ſur la Mediterranée, & vengerent la France de toutes les injures que la jalouſe & l'ambitieuſe Maiſon d'Auſtriche luy avoit faite depuis le Mariage de Maximilien avec Marie de Bourgogne.

A peine L O U I S XIV. ſon Fils luy avoit ſuccedé ſous la Regence de la Reine Anne d'Auſtriche ſa Mere, que le Duc d'Anguien gagna ſur les Eſpagnols la Bataille de Rocroy qui fut ſuivie de la priſe de Thionville ; heureux preſage de la gloire du Regne de L O U I S L E G R A N D, & des autres Victoires que cet Illuſtre General devoit remporter.

C E P E N D A N T les Hollandois ſe contenterent de faire faire à leur

Armée quelques marches qui eurent peu d'effet ; il arriva que Guillaume fils du Prince d'Orange ayant attiré les Espagnols dans une embusca-
de proche Anvers : il les enveloppa , les chargea & les défit. Ce fut le
premier Combat où le Prince Guillaume commanda ; il y fit voir que la
valeur & la sagesse ont toûjours été des qualitez éminentes dans les Princes de Nassau : Dom Jean de Borgia qui commandoit la Cavalerie Espagnole , fut fait prisonnier avec plusieurs Officiers & Soldats.

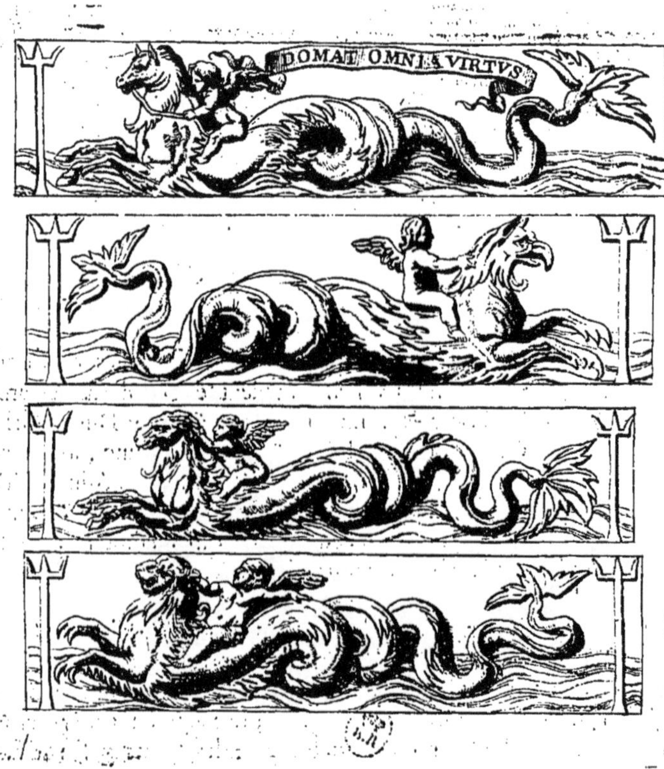

1644.

N l'année 1644 les Armées Hollandoifes ne furent pas fi tranquilles qu'elles avoient été les dernieres années ; les François commandez par Gafton Duc d'Orleans, Oncle de Sa Majefté très-Chrétienne, ayant affiegé Graveline Ville Maritime de Flandre, l'Admiral Tromp tint la Mer avec les Vaiffeaux des Eftats & empêcha qu'elle ne fût fecouruë ; ce qui facilita fa prife le 29. Juillet aprés vingt-un mois vingt jours de Siege.

Le Prince d'Orange accompagné du Prince Guillaume fit paffer l'Armée Hollandoife dans le Pays de Vas, & aprés avoir emporté les Forts des environs du Sas de Gand, il affiegea fur la fin de Juillet cette Place qui eft la clef de la Flandre & du Brabant; le Siege dura jufqu'au feptié-me Septembre qu'elle fut renduë au Prince : les Eftats y firent faire de nouvelles fortifications.

Cette Medaille fut frapée pour la prife de Gravelines & du Sas de Gand.

Le Plan du Siege du Sas de Gand.

REVERS.

Une Couronne d'Orange entremêlée des fept Fleches dans laquelle eft cette infcription.

Anno

ANNO FLANDRIÆ HISPANICÆ FATALI,

CUM GRAVELINGA A GALLIS TERRA,

MARI VERO CLASSE NAVALI A FOEDERATI BELGII

ORDINIBUS CLAUDERETUR,

ILLUSTRISSIMUS PRINCEPS HENRICUS FREDERICUS

VIGESIMO SEPTIMO JULII

M. DC. XLIV,

FOSSA GANDENSI, NOCTU SUIS NANDO

PRÆTERGRESSA, FLANDRIÆ

FORTISSIMUM CASTRUM QUOD SAS DICITUR,

INTRA SEX HEBDOMADAS

HISPANIS

FRUSTRA OMNIA OBNITENTIBUS COEPIT.

En l'année fatale à la Flandre Espagnole, pendant que la Ville de Gravelines étoit assiegée des François par Terre, & que l'Armée Navale des Estats des Provinces Unies l'enfermoit par Mer, le tres-Illustre Prince Henry Frederic ayant le 27. Juillet 1644, fait passer de nuit à la nage par les siens le Canal de Gand, a pris la Forteresse qu'on nomme Sas en six semaines, quoyque les Espagnols eussent fait tout leur possible pour la secourir.

Autour de l'inscription.

CONCORDIA RES PARVÆ CRESCUNT,

DISCORDIA MAXIMÆ DILABUNTUR.

Les petites choses croissent par la concorde, au lieu que les plus grandes perissent par la desunion.

EEe

CETTE sentence de Salluste est la devise ordinaire des Estats Generaux.

LES Puissances de l'Europe interessées dans la Guerre étans conve-
nuës de la Ville de Munster en Westphalie pour traiter de la Paix generale, Claude de Mesme Comte d'Avaux, & Abel Servient Comte de
la Roche des Aubiers Plenipotentiaires de France, passerent par la Hollande, & aprés avoir renouvellé l'alliance entre la France & les Estats
se rendirent à Munster.

DOM Francisco de Melo s'en retourna en Espagne ; le Comte Picolomini eut en sa place le Generalat de l'Armée Espagnole, en attendant l'Archiduc Leopold Guillaume d'Austriche qui devoit gouverner les
Pays-bas : il étoit frere de l'Empereur.

S'ANNE'E 1645 fut encore dans les Pays-bas toute guerriere & toute glorieuse aux deux Alliez ; les François prirent Mardik, Bourbourg, Betune, saint Venant, Armentieres & quelques autres Places dans la Flandre & dans l'Artois : les Hollandois à qui les François aiderent à passer l'Escau, mirent le Siege devant la Ville de Hulst le 5. Octobre & s'en rendirent maîtres le 5. du mois suivant. Cette conquête fut la derniere que le Prince d'Orange fit sur les Espagnols qui reprirent Mardik.

LES Estats firent fraper cette Medaille en memoire de la prise de Hulst.

Le Plan du Siege de la Ville de Hulst, au dessus deux enfans qui soûtiennent en l'air les Armes des Estats avec une bande où sont ces mots.

NUNC SEPES HORRIDA RUSCO:

C'est maintenant une haye herissée de ronces.

1645.

HISTOIRE

REVERS.

DEO OPTIMO MAXIMO,

ET REIPUBLICÆ SACRUM

ANNO CHRISTI

M. DC. XLV.

FREDERICUS HENRICUS AURAICÆ PRINCEPS

POSTQUAM VICTRICES

BATAVORUM LEGIONES AUSU POST

RECUPERATAM

LIBERTATEM INAUDITO, FOSSAM UNAM FLUVIOSQUE

QUATUOR PER IPSA FLANDRIÆ

VISCERA TRAJECISSENT HULSTAM INTRA

MENSIS SPATIUM

ÆTATE JAM ADULTA CINXIT,

OPPUGNAVIT, AD DEDITIONEM

COMPULSIT.

Cecy est consacré à Dieu tres-bon, tres-grand, & à la Republique l'an de CHRIST 1645.

Aprés que les Troupes victorieuses des Hollandois par une hardiesse inoüie depuis le recouvrement de la liberté, eurent traversé un Canal & quatre Rivieres au milieu de la Flandre, Frederic Henry Prince d'Orange assiegea, attaqua, & prit Hulst dans l'espace d'un mois, quoyque la saison fût déja bien avancée.

CES mots : *Nunc sepes horrida rusco*, ont du rapport à ce vers de Columela ; *Hirsuto nunc sepes horrida rusco prodit :* pour faire connoître que Hulst est maintenant le rempart de la Hollande, & qu'elle en dé_
fend

fend l'entrée par la bonté de ses fortifications de même qu'une haye de houx , de ronces & d'autres arbustes piquans , sert de barriere aux lieux qu'elle renferme.

La victoire qui avoit accompagné les François dans les Pays-bas, les suivit cette année dans tous les autres endroits où ils porterent leurs Armes ; Nicolas de Neuville Duc de Villeroy , prit la Motte en Lorraine ; César de Choiseul Comte du Plessis Praslin , Rose en Catalogne ; & Henry de Lorraine Comte d'Harcourt , Balagvir dans la même Province : le Duc d'Anguien gagna contre les Imperiaux la Bataille de Norlingue en Allemagne , où François de Mercy General de Bavieres , fut tué ; & le Prince Thomas de Savoye qui commandoit en Italie l'Armée Françoise , défit dans le Milanois les Espagnols dont il avoit quitté le party.

L'Electeur de Treves qui étoit prisonnier depuis dix ans , fut mis en liberté sur l'instance qu'en firent les Ambassadeurs de France & de Suede qui s'étoient rendus à Munster & à Osnabruk pour la Paix generale.

1645.
UGUES Grotius qui a eu tant de part dans l'affaire des Arminiens, mourut à Roſtok en Allemagne en revenant de Suede ; il étoit natif de Delft d'une Famille qui a toûjours été feconde en hommes de lettres & d'Eſtat : il fut douze ans Ambaſſadeur de Suede en France , & le public luy eſt obligé de pluſieurs excellens Ouvrages de Politique , d'Hiſtoire & de Theologie qu'il a mis au jour.

CES deux Medailles furent faites aprés ſa mort.

La premiere.

Il eſt en buſte.

Hugo Grotius.

Hugues Grotius.

REVERS.

Un coffre fur lequel font les Couronnes de France & de Suede , à l'un
des côtez du coffre eft un Soleil levant , & à l'autre
le Château de Louveftain

Au haut de la Medaille.

Melior post aspera fata resurgo.

Je brille davantage aprés mes malheurs.

Dans l'Exergue.

Natus 1583 , obiit 1645.

Né en 1583 , mort en 1645.

Le coffre marque la maniere dont Grotius fe fauva du Château de
Louveftain que j'ay cy-devant expliquée ; les deux Couronnes montrent
fa rétraite en France & fon Ambaffade de Suede en cette Cour ; le Soleil levant fignifie , que comme cet Aftre aprés avoir été caché pendant
les tenebres de la nuit , paroît plus brillant : ainfi Grotius aprés fa condamnation & fa prifon , devient plus glorieux par la beauté de fes Ouvrages & par la dignité de fes Emplois.

La feconde.

Luy auffi en bufte.

Hugo Grotius natus M. D. LXXXIII

decimo Aprilis ,

obiit M. DG. XLV vigesimo octavo Augusti.

*Hugues Grotius né le 10. Avril 1583 , eft mort
le 28. Aouft 1645.*

R E V E R S.

DE FENIX VANHET VADERLANDT HET DELFS

ORAKEL T' GROOT VERSTANDT

HET LICHT DAT D'A ARDE ALOM BESCHEEN DE GROOT

VERTOONT ZICH HIER INT' KLEEN.

*Le Phenix de la Patrie, l'oracle de Delft, le grand esprit, la lumiere
qui éclaire la terre, Grotius se voit icy en petit.*

1646. LE Duc d'Orleans ayant pris Courtray & Bergue en Flandre & repris le Fort de Mardik, il laissa le commandement de l'Armée au Duc
d'Anguien qui prit Furnes & assiegea Dunquerque : les François attaquerent si bravement la Place, que les assiegez se rendirent à composition le 6. Septembre 1646 ; le Baron de Leide qui en étoit Gouverneur
y fit le même devoir, qu'il avoit fait autrefois dans la défense de Mastricht. Le Gouvernement de Dunquerque fut donné à Josias Comte de
Rantzau, Maréchal de France ; le Duc d'Anguien y fut blessé au visage
des os d'un de ses valets de pied qui fut tué prés de luy d'un coup de
canon. L'Admiral Tromp avec les Vaisseaux Hollandois empêcha le Secours du côté de la Mer, comme il avoit fait au Siege de Gravelines,
parce que la Republique avoit interest que les Dunquerquois ne fussent
plus en état de combattre ses Vaisseaux & de troubler son commerce : il
y eut pourtant quelques politiques Hollandois qui ne furent pas d'avis
d'aider les François à prendre Dunquerque, afin que la nouvelle Carta-
ge pût toûjours donner de l'occupation à la seconde Rome.

O N peut appeller le Blocus de Dunquerque par Mer, le dernier soûpir de la fidelité mourante de la Republique de Hollande envers la France son ancienne & officieuse Alliée ; cela parut pendant la campagne de l'année 1647, où l'Archiduc Leopold nouveau Gouverneur des Pays-bas pour l'Espagne, prit Armentieres & Landrecy sans que les Estats s'opposassent à ses progrés: la France soûtint seule tout le faix de la Guerre & fit voir qu'elle n'a pas besoin de forces étrangeres pour être invincible : car non seulement elle emporta en Flandre Diximude, la Bassée & Lens ; mais elle eut encore avantage sur l'Espagnol dans les autres frontieres du Royaume & dans la Catalogne où commandoit le Duc d'Anguien, devenu Prince de Condé par la mort de Henry de Bourbon son pere.

1647.

F R E D E R I C Henry de Nassau Prince d'Orange, mourut à la Haye le 14. Mars âgé de 63 ans ; Prince doüé de toutes les vertus qui font les Heros, civil, obligeant, populaire, desinteressé, fidele à son Pays pour lequel il s'exposa souvent, d'une probité si bien établie que sa conduite ne fût jamais soupçonnée, ami de l'union qu'il conserva dans l'Estat & parmy les particuliers, constant, moderé, sage, vaillant,

GGg

parfait Capitaine qui fçavoit ménager la vie des Soldats dont il fut nommé le pere , & enfin qui acheva l'ouvrage de la Souveraineté des Provinces Unies dont son pere avoit jetté les fondemens , & que Maurice son frere avoit heureusement continué. Guillaume second Prince d'Orange , prêta serment de fidelité aux Estats pour les Charges & les Gouvernemens du Prince Frederic son pere , dont ils luy avoient accordé la survivance dés l'année 1631.

La negociation de la Paix generale qui se faisoit depuis si long-temps à Munster , étoit sur le point d'être terminée , au moins celle des Estats avec l'Espagne alloit s'achever en particulier ; la Province de Zelande qui y étoit entierement portée fit connoître le desir qu'elle en avoit , puisqu'elle donna ordre de fraper cette Medaille.

Un Navire portant au grand Maft un Pavillon aux Armes des Estats Generaux ; au Maft de Mizaine celuy du Prince d'Orange ; à l'Artimont celuy de Zelande , & au Beaupré celuy de l'Admirauté de cette Province.

Au haut de la Medaille.

TIMIDE AC PRUDENTER.

Avec crainte & avec prudence.

REVERS.

DUM BELLUM OCTUAGENARIUM

IN BELGIO

STUDIO PACIS SUBITO DEFERVESCIT,

IPSUMQUE PACIS NECOTIUM

MONASTERII CIRCA COMMODA FOEDERATORUM ADHUC

FLUCTUAT, ORDINES ZELANDIÆ

CUM SUSPENSIS REBUS AC SOLICITIS CONSILIIS

IN PERPETUUM MONUMENTUM

HOC NUMISMA CUDI JUSSERUNT

DUODECIMO DECEMBRIS

M. DC. XLVII.

Pendant qu'une Guerre de quatre-vingts ans dans les Pays-bas s'appaise tout d'un coup par le desir de la Paix , & que la negociation qui s'en fait à Munster est douteuse par les differens interests des Confederez, les Estats de la Province de Zelande tandis que les choses sont en suspens & les resolutions incertaines , ont fait faire cette Medaille pour servir de monument perpetuel le 12. Decembre 1647.

1648.

OICY la memorable année de la Paix entre l'Espagne & la Hollande , & de celle de l'Empire avec la France & la Suede. L'Espagne accoûtumée à reparer par les Traitez de Paix les pertes qu'elle a faites par les Armes , crut que c'étoit un coup d'Estat si elle pouvoit traiter separement avec les Estats & les détacher des interests de la France ; elle réüssit dans son dessein, les Ambassadeurs des Estats persuadez ou gagnez par les Espagnols , traiterent particulierement avec eux le 30. Janvier 1648 ; il n'y eut que Godard de Reede sieur de Nederhorst Député de la Province d'Utrecht , qui fut toûjours d'avis de ne point traiter que conjointement avec la France , puisque sans elle la Hollande n'auroit jamais pû arracher de la fiere Espagne la reconnoissance solemnelle de sa Souveraineté. Les Estats qui peut-être desiroient la continuation de la Guerre entre les deux Couronnes , afin de joüir en sureté de tous les avantages de la Paix & du commerce au milieu de l'embrasement du reste de l'Europe , ratifierent le Traité le 18. Avril & le firent publier à la Haye le 5. Juin ; on remarqua qu'il fut publié le même jour & à la même heure que les Comtes d'Egmont & de Horne avoient été décapitez à Bruxelles , comme si par cette publication l'on eût voulu appaiser les manes de ces premieres victimes de la liberté. Les Ambassadeurs de Suede eurent plus de fermeté que n'avoient eu ceux de Hollande , ils traiterent avec l'Empire le 6. Aoust à Osnabruk en Westphalie ; mais ils en suspendirent l'effet jusqu'au 24. Octobre que les Articles de la Paix entre l'Empire & la France , furent signez à Munster.

La France conserva dans ce Traité l'interest de ses Alliez , & fit créer un huitiéme Electorat en faveur de Charles Loüis Comte Palatin du Rhin , fils de Frederic Roy de Boheme qui avoit perdu cette dignité ; à l'égard de la France & de l'Espagne il se fit quelques propositions inutiles de Paix , & leurs Ambassadeurs se retirerent sans avoir rien conclu.

C'est ainsi que finit une Guerre où toutes les Nations de l'Europe avoient versé du sang & pris party suivant l'interest ou la Religion de leurs Princes ; & c'est ainsi que l'independance des Provinces Unies fut confirmée aprés avoir été balancée par de merveilleux évenemens pendant quatre-vingts années. Les politiques estiment que les principales causes de cet établissement ont été la resolution que prit Philippes Second , de ne point aller aux Pays-bas au commencement des troubles ; la cruauté du Duc d'Albe & sa negligence pour l'Empire de la Mer ; la surprise de la Brille par les Gueux Marins ; l'union d'Utrecht ; les assistances d'Elizabeth Reine d'Angleterre ; les victoires Navales des Confederez ; le temps qu'ils eurent d'affermir leur Estat par la diversion des

forces

LIBERTATI
FOEDERAT·BELGAR
POST
TOT·PROPE SÆCULI
BELLUM CUM HISPANI
AETERNA PACE
AETERNAE FACTAE
ANNO
MD CXLVIII

LEONES ET IVNCTI CVRRVM DOMINÆ SVBIERE
PAX HISPANOBATAVA
PACIS FOELICITAS
ORBI CHRISTIANO QVÆ RESTITVTA
QVÆ AD INCITAMENTVM DEMONSTRATA
TOT REGNIS ET PROVINCIIS
AD VTRVMQVE SOLEM VTRVMQVE OCEANVM
TERRA MARIQVE PARTA SECVRITAS
TRANQVILLITATIS PVBLICÆ
SPE ET VOTO
MONASTERIJ WESTPH
ANNO MD CXLVIII

Pacis Felicitas
ad strumque
Solem utrumque
Occeanum, Terra
Marique Parta.
Perpetua
tranquillitatis
publicæ
spe & voto.
anno 1648.
PACIS FOELICITAS
ORBI CHRISTIANO QVÆ RESTITVTA
QVÆ AD INCITAMENTVM DEMONSTRATA
TOT REGNIS ET PROVINCIIS
AD VTRVMQVE SOLEM VTRVMQVE OCEAN
TERRA MARIQVE PARTA SECVRITAS
TRANQVILLITATIS PVBLICÆ
SPE ET VOTO
MONASTERIJ WESTPH
ANNO MD CXLVIII

forces d'Efpagne , lorfque Philippes Second s'empara du Portugal &
qu'il fecourut la Ligue en France ; la conftance , le zele , la fidelité , les
conquêtes & les victoires de Guillaume , de Maurice & de Frederic Henry de Naffau ; la valeur & les fervices des autres Princes de cette Maifon ; les richeffes que la navigation & le commerce apporterent dans les
Provinces Unies ; la Guerre que le Roy Henry IV. & Louïs XIII.
déclarerent à l'Efpagne ; & enfin le fecours continuel d'hommes & d'argent que leur donna la France.

C es trois Medailles furent frapées en memoire de la Paix entre
l'Efpagne & les Eftats.

La premiere.

Sept Dames tenant un Ecuffon des Armes de chacune des fept Provinces ; elles danfent autour d'un chapeau fur lequel
font ces mots :

PAX ET LIBERTAS FOEDERATORUM BELGARUM.

La paix &) la liberté des Provinces Unies.

R E V E R S.

Dans une couronne de Laurier cette legende.

LIBERTATI FOEDERATORUM BELGARUM

POST TOT PROPE SÆCULI BELLUM CUM HISPANIS

ÆTERNA PACE

ÆTERNÆ FACTÆ ANNO

M. DC. XLVIII.

A la liberté des Provinces Confederées laquelle du-
rera toûjours par la Paix perpetuelle faite avec
les Efpagnols en l'année 1648, aprés une Guerre
de prés d'un fiecle.

Les fept Dames reprefentent les Provinces Unies qui fe réjouïffent
de la Paix qu'elles viennent de faire avec l'Efpagne.

HISTOIRE
La seconde.

La Paix sur un char, elle tient d'une main un caducée, & de l'autre une corne d'abondance ; les deux Lions qui tirent le char portent sur leurs têtes les marques des Puissances qu'ils representent ; celuy qui a la Couronne fermée & qui tient un Sceptre est l'Espagne ; & l'autre qui porte la Couronne de Comte & qui tient les sept Fleches est la Hollande : le char passe sur des Armes brisées & renversées.

Au haut de la Medaille.

PAX HISPANO - BATAVA.

Paix entre l'Espagne & la Hollande.

Autour ce vers.

ET JUNCTI CURRUM DOMINÆ SUBIERE LEONES.

Et les Lions joints ensemble tirent le char de la Paix qui regne.

REVERS.

PACIS FOELICITAS ORBI CHRISTIANO

QUA RESTITUTA,

QUA AD INCITAMENTUM

DEMONSTRATA, TOT REGNIS ET PROVINCIIS AD

UTRUMQUE SOLEM,

UTRUMQUE OCEANUM TERRA MARIQUE

PARTA,

SECURITAS TRANQUILLITATIS

PUBLICÆ SPE ET VOTO

MONASTERII WESTPHALIÆ ANNO

M. DC. XLVIII.

Que toute la Chrétienté puiſſe jouïr du bonheur de la Paix , nous ne l'avons concluë que pour exciter par nôtre exemple tous les Souverains à la faire , afin de rendre à tant de Royaumes & à tant de Provinces d'un bout de la Terre à l'autre & par toutes les Mers , la ſureté qui fait la tranquillité publique ; c'eſt ce qu'on eſpere & ce qu'on ſouhaite à Munſter en Weſtphalie en l'année 1648.

La troiſiéme Medaille.

Le côté eſt ſemblable à celuy de la precedente.

R E V E R S.

Des Villes & des Vaiſſeaux , & au milieu cette legende.

PACIS FOELICITAS AD UTRUMQUE SOLEM

UTRUMQUE OCEANUM

TERRA MARIQUE PARTA, PERPETUÆ

TRANQUILLITATIS

PUBLICÆ SPE ET VOTO ANNO

M. DC. XLVIII.

Que le bonheur de la Paix regne d'un bout de la Terre à l'autre & par toutes les Mers , & que la tranquillité publique ſoit perpetuelle ; c'eſt ce qu'on eſpere & ce qu'on ſouhaite en l'année 1648.

A Guerre que la Paix venoit de chaſſer de l'Empire &
de la Hollande , ſembloit avoir choiſi pour ſa retraite
le Royaume de la Grand' Bretagne , que l'Hereſie , la
diſcorde & la rebellion , avoient remply de factions &
de troubles ; la Religion y étoit continuellement attaquée par de nouveaux Sectaires , & les Rebelles y
avoient renverſé l'autorité legitime du Magiſtrat & du
Prince. Olivier Cromwel & ſes complices qui avoient réſolu l'anéantiſ-
ſement de la Monarchie , s'étoient ſaiſis du Roy Charles & l'avoient
traduit devant l'injuſte & l'inſolent Tribunal de ſes Sujets : le Lecteur
peut voir ailleurs l'origine & la ſuite des mouvemens qui firent perdre la
tête à ce Monarque infortuné ſur un échafaut , dans ſa Capitale & de-
1649.   vant ſon Palais , le 30. Janvier 1649 ; jour fatal à la gloire de la Nation
Angloiſe & qui marquera éternellement dans ſes faſtes le plus execrable
des parricides ; l'Ambaſſadeur de Hollande fit ſon poſſible pour luy ſauver
la vie , mais ni le caractere de Majeſté que Dieu imprime ſur le front
des Rois , ni l'amour & la veneration que les peuples les plus barbares
                                                                    ont

ont naturellement pour leur Prince , ni l'outrage qu'on faifoit à l'augufte puiffance de tous les Souverains , ni enfin les Loix divines & humaines ne pûrent empêcher cette horrible tragedie , qui fut l'ouvrage de l'artifice & de la fecrete ambition de Cromwel. Je ne fçaurois obmettre une particularité qui témoigne la conftance heroïque de Charles & la rage de fes ennemis ; comme les Gardes le ramenoient de la Cour haute de Juftice à la prifon , un brutal ayant eu l'infolence de luy cracher au vifage , ce bon Prince s'effuyant de fon mouchoir dit fans aucune émotion , que fon Sauveur avoit fouffert pour luy plus d'ignominies que cela.

La Princeffe Doüairiere d'Orange fit fraper cette Medaille en 1649, pour honorer la memoire du Prince Frederic fon mary.

Le Prince Frederic en bufte.

FREDERICUS HENRICUS

DEI GRATIA,

PRINCEPS AURAICÆ, COMES NASSAVIÆ.

Frederic Henry par la grace de Dieu Prince d'Orange ,

Comte de Naffau.

REVERS.

La Princeffe Doüairiere à demy-corps , en habit de veuve & tenant un mouchoir.

AMELIA DEI GRATIA

PRINCEPS AURAICÆ COMES SOLMENSIS.

Amelie par la grace de Dieu Princeffe d'Orange

Comteffe de Solms.

1650. YANT été proposé dans l'Assemblée des Estats Generaux de reformer leurs Troupes dont le grand nombre étoit devenu inutile depuis la Paix de Munster, on arrêta de faire la reforme de six vingts Compagnies; cette deliberation ne plut pas au Prince d'Orange, qui vit bien que la méfiance y avoit autant de part que l'œconomie & que les Estats craignoient de laisser tant de milice sous sa puissance : il prévoyoit encore que l'on casseroit quantité d'Officiers qui s'étoient attachez à luy ; c'est pourquoy il n'épargna rien pour empêcher la reforme, mais il trouva des Republicains fiers & jaloux de leurs sentimens qu'ils ne voulurent point changer. Comme la Province de Hollande avoit paru la plus obstinée, il entreprit de se rendre maître d'Amsterdam, esperant que par ce moyen il se vangeroit des injures particulieres qu'il prétendoit avoir reçûës de ses Habitans, & qu'aprés avoir humilié une Ville si riche & si puissante, il ne trouveroit plus que de l'obéïssance & du respect dans les autres de la Republique ; on tient qu'il fut poussé à cette entreprise par la Princesse sa femme, qui étant fille de Roy ne pouvoit souffrir que son mary fût soûmis aux ordres d'un Gouvernement populaire. La nuit du 30. Juillet 1650, les Troupes du Prince se rendirent de divers endroits devant Amsterdam avec tant d'ordre & de secret, que la Ville eût été assurément surprise si le Courrier de Hambourg qui passa par l'Armée sans être apperçû, n'en eût donné avis aux Magistrats. Aussi-tôt Corneille Beker ancien Bourgmeſtre qui n'étoit pas aimé du Prince , ,ayant fait aſſembler le Conſeil des trente ſix , les Bourgeois prirent les armes , les ponts levis furent hauſſez , les portes fermées , le canon placé ſur les rempars & la Ville miſe en état de ſe défendre ; enſuite l'on envoya des Députez faire au Prince des propoſitions qui durerent le reſte du jour : cependant ceux d'Amſterdam eurent le temps de travailler à leurs Ecluſes , dont l'ouverture qui ſe fit le lendemain dernier Juillet , obligea le Prince de ſe retirer. La prudence des Eſtats étouffa ces diviſions domeſtiques en leur naiſſance , & tout fut accommodé le 3. Aouſt ; le Prince à qui l'on donna ſatisfaction revint à la Haye , & peu de temps aprés il fit mettre en liberté quelques Seigneurs des Eſtats qu'il avoit envoyez priſonniers au Château de Louveſtain.

CETTE action fut bien-tôt ſuivie de la mort du Prince d'Orange qui mourut à la Haye le 6. Novembre : Guillaume de Naſſau poſſedoit tous les avantages du corps & de l'eſprit ; ſon genie étoit ſi vif que dés ſa jeuneſſe il avoit appris l'Hiſtoire , les Mathematiques & cinq Langues differentes qu'il parloit avec facilité ; ſa valeur avoit paru en diverſes occaſions , & ſi la petite verole ne l'eût point emporté en ſa vingt-quatriéme année , il n'auroit pas moins excellé dans les Armes & dans les vertus civiles que les Heros de ſa Maiſon : huit jours aprés ſa mort la Princeſſe accoucha d'un fils qui fut nommé Guillaume Henry.

CETTE Medaille fut frapée au ſujet de l'affaire d'Amſterdam & de la mort de Guillaume ſecond Prince d'Orange.

Un Soleil ſortant de la Mer , ſur le rivage eſt un cheval qui s'élance ; la Ville d'Amſterdam paroît dans le lointain ; autour de la Medaille ſont ces paroles du ſecond de l'Eneïde.

CRIMINE AB UNO

DISCE OMNES M. DC. L. XXXI. JULII.

Apprenez d'une ſeule action dequoy il eſt capable ,
le 30. Juillet 1650.

Dans l'Exergue.

QUIA BELLA VETABAT.

Parce qu'elle empêchoit la Guerre.

REVERS.

La Ville de la Haye avec la pompe du Convoy du Prince qu'on porte en la Ville de Delft ; au haut de la Medaille le trebuchement de Phaëton , & dans le tour ce demy-vers d'Ovide.

MAGNIS EXCIDIT AUSIS

M. DC. L. VI. NOVEMBRIS.

Il s'est perdu dans ses grands desseins , le sixiéme Novembre 1650.

Ce fut le jour de la mort du Prince ; le Tombeau où son corps fut mis à Delft est un ouvrage tres-magnifique : le Prince Maurice le fit construire pour Guillaume de Nassau son pere.

ES Eſtats qui avoient ſi ſagement prévenû les dan-
gereuſes conſequences de la broüillerie d'Amſterdam,
employerent aprés la mort du Prince d'Orange les mêmes ſoins pour maintenir la tranquillité dans les Provinces Unies ; l'Aſſemblée generale ayant été convoquée
elle fut ouverte le 18. Janvier 1651 , & finit au mois
d'Aouſt ſuivant.

1651.

CETTE Aſſemblée fut ſolemnelle , & comme le ſuccés en fut
avantageux à la Republique , les Eſtats de Zelande en voulurent laiſſer
des marques à la poſterité & firent fraper cette Medaille.

Un rocher élevé au milieu de la Mer où ſont attachez les ſept
Ecuſſons des Armes des Provinces Confederées ; au haut eſt
aſſiſe une Dame repreſentant la Republique , elle tient une
lance ayant ſur la pointe un chapeau qui eſt le ſymbole de ſa
liberté , des vents ſoufflent aux quatre coins du rocher & repreſentent ſes ennemis qui tâchent de troubler ſon repos.

K K k

HISTOIRE

Autour de la Medaille ce vers.

UT RUPES IMMOTA MARI STANT FOEDERE JUNCTI.

Les Provinces Confederées font auffi fermes dans leur union que le rocher eft dans la Mer.

REVERS.

DUM TOTUS MIRATUR ORBIS ET ANCEPS

EXPECTAT QUO RES

FOEDERATI BELGII A MORTE

ARAUSIONENSIUM PRINCIPIS EVASURÆ SINT, ALIIS

ALIA AUGURANTIBUS, MAGNA

BATAVORUM

AULA AD SOLEMNE

CONCILIUM PROCERUM APERTA ; TANDEM

ANNUENTE DEO, RELIGIONE,

FOEDERE ET MILITIA

FORTITER ASSERTIS, SOCII IN ORBEM DATIS

ACCEPTISQUE

MANIBUS A SE INVICEM

DEMISSI MALORUM SPEM AC VOTA

FEFELLERUNT,

BONORUM SUPERABUNT M. DC. LI. VIGESIMO SEXTO

AUGUSTI, IN CUJUS

REI MEMORIAM ZELANDIÆ PROCERES NUMISMA

HOC CUDI JUSSERUNT.

Pendant que toute la terre est dans l'admiration &
qu'elle attend avec incertitude que deviendront
les affaires des Provinces Unies depuis la mort
du Prince d'Orange , chacun en faisant divers
jugemens , l'Aßemblée des Estats Generaux ayant
été tenuë ; enfin les Confederez aprés avoir par
la volonté de Dieu assuré la Religion , l'Union
& la Milice , & aprés s'étre donnez les mains
en rond & pris congé l'un de l'autre avec amitié,
ont trompé l'esperance & les desirs des méchans
& surpasseront les vœux des gens de bien , le
26. Aoust 1651 ; en memoire dequoy les Estats de
Zelande ont fait fraper cette Medaille.

A nouvelle Republique d'Angleterre que la rebellion
& le parricide avoient élevé sur les ruines de la Monar-
chie, voyoit toute la Grand' Bretagne soûmise à son
autorité ; Charles Second successeur de Charles son
pere, avoit été entierement défait à Vorchester par le
General Cromwel homme de main & de cabinet, & ce
n'avoit été que par un miracle qu'il s'étoit sauvé en
France. Une prosperité si continuelle étonna toute l'Europe, l'Espagne
envoya son Ambassadeur à Londres, & les Estats reçûrent celuy du Parlement d'Angleterre ; ces apparences d'amitié ne durerent pas longtemps
entre les deux Republiques, l'Angloise témoigna bien-tôt sa haine contre la Hollandoise par la prise de plusieurs de ses Vaisseaux, soit qu'elle
fût poussée par l'Espagne, ou qu'enflée du bonheur de ses Armes elle
voulût abaisser une Puissance qui pouvoit luy contester l'empire de la
Mer : il arriva encore que Tromp ayant paru aux côtes d'Angleterre &
Blak Admiral du Parlement ayant le 29. May 1652, fait tirer trois
coups de canon pour faire baisser le Pavillon aux Hollandois, ceux-cy
répondirent si vertement & les deux Flottes se mêlerent & combattirent
avec tant de chaleur, qu'elles ne pûrent être séparées que par la nuit ;
les Estats qui ne vouloient point rompre avec l'Angleterre dont les Ports
leur sont commodes, n'oublierent rien pour maintenir la Paix entre les
deux Nations qui étoient alliées depuis si longtemps ; ils envoyerent même des Ambassadeurs à Londres pour appaiser cette division naissante,
mais toutes leurs démarches n'eurent point d'effet, & l'on en vint à une
Guerre ouverte. Ces nouveaux Ennemis se donnerent un autre Combat

Naval

Naval le 8. Decembre , il commença vers Douvres sur les dix heures du matin & finit à dix heures du soir , que Blak pressé par Tromp fut contraint de se retirer & de se mettre à couvert sous la Forteresse de Douvres avec une perte considerable.

Les Estats Generaux qui s'étoient assemblez au sujet de cette Guerre , firent fraper cette Medaille pour montrer qu'ils demeuroient étroitement unis contre l'Angleterre & qu'ils ne craignoient point ses Armes.

Une Guerriere en pied representant la Republique de Hollande par le chapeau étant sur la pointe de la picque qu'elle tient , elle est entourée des Ecussons des Armes des sept Provinces Unies , 1652.

REVERS.

Un rocher au milieu de la Mer & des vents qui soufflent aux quatre coins , autour ce vers qui vient d'être expliqué.

UT RUPES IMMOTA MARI STANT FOEDERE JUNCTI.

1653.

A Hollande qui avoit acquis tant de puissance sur Mer par ses découvertes & par ses Armes, ne put souffrir que l'Angleterre voulût luy donner la loy sur cet élement ; elle assembla ses Vaisseaux & donna ordre à son Admiral de combattre par tout la Flotte des Parlementaires : Tromp alla chercher Blak qui la commandoit & l'attaqua le 28. Fevrier 1653 ; le Combat continua les deux jours suivans & ces obstinez ne le quittèrent que par leur lassitude, les Anglois s'étant retirez du côté des Dunes & les Hollandois vers Calais ; la perte fut égale & chaque party s'attribua le gain de la Bataille. La victoire ne fut pas si incertaine dans les autres Combats qui se livrerent au mois de May ; les Hollandois furent battus par la lâcheté de quelques-uns de leurs Capitaines & perdirent beaucoup de monde & de Vaisseaux: Tromp peu étonné de cette disgrace ayant remis sa Flotte en état de combattre, partit du port de Flessingue & attaqua les Anglois proche le Texel le 8. Aoust ; le Combat dura encore trois jours. Tromp qui avoit plusieurs fois percé la Flotte Angloise, alloit obtenir la victoire quand il fut tué d'un coup de mousquet qui termina une vie des plus glorieuses du siecle ; il étoit natif de la Brille, & ne devoit sa gloire & son élevation qu'à sa seule vertu ; sa mort fit reprendre courage aux Anglois, le Combat s'échauffa & Wittewitzen Vice-Admiral de Hollande, soûtint l'effort des Ennemis jufqu'au foir que la Flotte Hollandoife entra au Texel. Tous ces Combats furent rudes , & l'Hiftoire n'apprend point que dans l'efpace de fix mois il y en ait eu de fi furieux & de fi opiniâtrez entre les mêmes Nations ; mais elles étoient rivales & jaloufes l'une de l'autre & combattoient pour l'empire & pour l'honneur qui font les deux plus puiffans motifs de l'emportement & de l'obftination des hommes.

L e s Eftats non concens d'avoir fait enterrer folemnellement Tromp au Temple de Delft avec les Heros de la Republique , firent encore fraper cette Medaille pour honorer fa memoire.

Il eft de front en bufte.

MARTEN HARPERTZEN TROMP RIDDER.

REVERS.

Un Combat Naval.

LIEUTÉNANT ADMIRAL VAN HOLLAND

VOOR HET VAADERLAND

GESNEVVELT DEN X. AUGUSTI ANNO M. DC. LIII.

*Martin Harpertz Tromp Chevalier , Lieutenant Admiral de Hollande ,
mort pour la Patrie le 1 0. Aouft. 16 5 3.*

C e peu de mots font mieux l'éloge de Tromp que ne pouvoit faire le plus ample panegyrique , ni tout ce qu'on peut dire de fes belles qualitez qui l'ont rendu un des plus Illuftres Admiraux que jamais la Mer ait porté ; car c'eft le comble de la veritable gloire de mourir en combattant pour fon Pays. Jacques de Waffenaer Seigneur d'Opdam de la premiere Nobleffe de Hollande , fut nommé par les Eftats à fa Charge.

ROMWEL qui avoit ſi bien fait le tribun du peuple & le deſintereſſé, parut tout d'un coup le plus diſſimu-lé & le plus ambitieux de tous les politiques ; aprés n'a-voir laiſſé au Parlement qu'une ombre impuiſſante d'au-torité, il ſe fit proclamer Protecteur d'Angleterre, d'E-coſſe & d'Irlande, avec une indépendance que les Rois n'avoient jamais euë.

CEPENDANT il y avoit de grandes diſpoſitions à la Paix entre l'Angleterre & la Hollande, que la ſituation de leurs Eſtats & la confor-mité de Religion obligerent d'être unies : le Protecteur qui avoit recon-nu dans les derniers Combats la valeur des Hollandois, ne vouloit point commettre ſa nouvelle dignité avec des Ennemis ſi redoutables ; d'un autre côté les Hollandois étoient bien aiſes de joüir de la commodité des Ports d'Angleterre & de la liberté du commerce qui eſt l'ame de leurs Provinces ; ils craignoient encore que cette cruelle Guerre ayant épuiſé leurs forces, les Eſpagnols leurs anciens & ſecrets Ennemis, ne tiraſſent avantage de leur affoibliſſement. Ainſi les deux Republiques ſouhaitant également la Paix, elle fut concluë à Londres le 15. Avril 1654 : l'Am-baſſadeur d'Eſpagne tâcha en vain de l'empêcher ; Cromwel étoit trop éclairé pour ne pas penetrer dans les artifices ordinaires d'Eſpagne, qui fait ſon repos & ſa grandeur de la diviſion & du malheur de ſes voiſins.

1654.

CES trois Medailles furent frapées à Amſterdam au ſujet & aprés la publication de la Paix entre l'Angleterre & la Hollande.

La premiere.

Neptune ſur un char tiré par deux chevaux marins ; les Ecuſſons aux Armes d'Angleterre & des Eſtats Generaux ſont attachez à ſes bras ; à côté du char ſont deux Tritons & au haut eſt un caducée qui ſoûtient le chapeau aîlé de Mercure au milieu de deux palmes.

Ce vers de Terence eſt autour de la Medaille.

AMANTIUM IRA AMICITIÆ REDINTEGRATIO EST.

La colere des amis fait le retour de l'amitié

REVERS.

REVERS.

TER MEMORIE
DER VREDE, UNIE, EN CONFOEDERATIE
DEN XV APRIL SOLEMNELICK
GESLOTEN TOT WESTMUNSTER TUSSCHEN
ZYN HOOGHEYT DEN HEER
PROTECTEUR VANDE REPUBLIQUE VAN
ENGELANT SCHOTLANT EN
IRLANT TER EENER EN DE HOOGHMOGENDE
HEEREN STATEN
GENERAAL TER ANDRESYDE, DAER OP WEDERSYTS
RATIFICATIE IN BEHOORLYKE
FORME DEN II DER MAENT MAY
IS VERWISSELT EN
GEPUBLICEERT DEN XXVII DER SELVER
MAENT. ANNO M. DC. LIV.

*En memoire de la Paix, Union & Confederation
solemnellement concluë à Westmunster le 15. Avril,
entre son Altesse le Protecteur de la Republique
d'Angleterre, d'Ecosse & d'Irlande, & les
Hauts & Puissans Seigneurs les Estats Generaux
des Provinces Unies, dont les ratifications ont
été échangées en bonne forme de part & d'autre
le 2. May, & publiées le 27. du même mois en
l'année 1654.*

Le caducée étant au haut du char de Neptune est le symbole de la
Paix, à cause que selon la fable Mercure appaisa deux serpens combat-
tans en jettant sa verge entre-eux ; & le chapeau aîlé represente le même Mercure qui passoit chez les Anciens pour le Dieu du Commerce.

MMm

HISTOIRE

La feconde.

Deux Dames affifes , elles tiennent enfemble un chapeau élevé pour marquer la liberté des deux Republiques ; l'Angloife a fur fes genoux une Harpe , & un Lion eft couché aux pieds de la Hollandoife.

MENTIBUS UNITIS PRISCUS

PROCUL ABSIT AMATOR PILEA NE SUBITO PARTA

CRUORE TUAM.

A préfent que l'union regne dans les efprits , que l'ancienne aigreur en foit bannie , de peur que les libertez acquifes par le fang ne periffent bien-tôt.

Dans l'Exergue.

CONCLUSA DECIMO QUINTO APRILIS

ANNO M. DC. LIV.

Concluë le 15. Avril 1654.

REVERS.

Deux Vaiffeaux , l'un portant le Pavillon de Hollande & l'autre celuy des Eftats.

LUXURIAT GEMINO NEXU

TRANQUILLA SALORES , EXCIPIT UNANIMES TOTIUS ORBIS AMOR.

La Paix des deux Nations rend la navigation & le commerce libres, & toute la terre eft dans la joye de leur union.

La troifiéme Medaille.

La Paix & la Juftice en pied.

HÆ MIHI ERUNT ARTES.

Ce feront mes emplois.

REVERS.

QUOD FOELIX FAUSTUMQUE SIT

POST ATROX

BELLUM QUOD INTER

ANGLICÆ BELGICÆQUE REIPUBLICÆ RECTORES

BIS FRUSTRA TENTATIO PACIS

CONDITIONIBUS ANNO CIↃ IↃC LII EXARSIT,

IN QUO MAXIMIS

UTRINQUE CLASSIBUS SEX SEPTENTRIONALI,

DUO MEDITERANEO MARI

PUGNATA

SUNT CRUENTA PRÆLIA, DEI OPTIMI MAXIMI

BENEFACIO, AUSPICIIS

OLIVARII MAGNÆ BRITANNIÆ PROTECTORIS,

FOEDERATI BELGII ORDINUM,

PAX CUM ANTIQUO FOEDERE RESTITUTA,

CUJUS OPTIMÆ

RERUM IN MEMORIAM

SEMPITERNAM SENATUS POPULUSQUE

AMSTELODAMENSIS

HOC MONUMENTUM FIERI CURARUNT.

Dieu veüille que cecy foit heureux & favorable.

Aprés qu'une cruelle guerre s'eſt allumée entre les Re-
publiques d'Angleterre & de Hollande en l'année
1652, que les conditions de la Paix ont été
deux fois propoſées en vain, & qu'il y a eu ſix

Combats ſanglans ſur la Mer du Nord &) deux ſur la Mediterranée avec de puiſſantes Flottes de part &) d'autre , la Paix & l'ancienne alliance ont été rétablies par la grace de Dieu tres-bon , tres-grand , ſous les auſpices d'Olivier Protecteur de la Grand' Bretagne , & des Eſtats des Pro-vinces Unies ; en memoire dequoy le Senat & le Peuple d'Amſterdam ont eu ſoin de faire fraper cette Medaille pour ſervir de monument éternel de la Paix qui eſt le plus precieux de tous les biens.

C E fut en cette année que Chriſtine Reine de Suede fit l'abdication volontaire de ſa Couronne en faveur de ſon Couſin Germain Charles Guſtave de Baviere fils de Caſimir Duc des deux Ponts & de Catherine Sœur du grand Guſtave ; cet exemple de moderation qui a été rare dans les ſiecles paſſez , doit être appellé un miracle en celuy-cy où l'intereſt & l'ambition ſont les paſſions dominantes de l'un & l'autre ſexe.

ES deux Medailles furent frapées en 1655, lorsque les Magiſtrats d'Amſterdam prirent poſſeſſion de l'Hôtel de Ville qu'ils avoient fait rebatir.

1655.

La premiere.

Une Dame aſſiſe ayant ſur la tête une Couronne Imperialle, elle tient de la main droite un rameau d'olivier, & de la gauche un bouclier, ſur lequel ſont ces quatre lettres.

S. P. Q. A.

N N n

Senatus Populusque Amstelodamensis.

Le Senat &) le Peuple à Amsterdam.

A côté d'elle deux Lions dans un parc tenans chacun trois Ecussons ;
sur le devant un écriteau où sont ces mots.

Salutem et Cives servare potens.

Capable de conserver les Citoyens.

A un des côtez de l'écriteau les Armes d'Amsterdam ; & à l'autre celles de l'Admirauté ; autour de la Medaille sont les Armes de ceux du Conseil des trente six , & dans le lointain
la Ville d'Amsterdam.

R E V E R S.

L'Hôtel de Ville d'Amsterdam , au dessus Mercure en l'air tenant son
caducée de la main droite , & de la gauche un chapeau
sur lequel sont ces mots.

Omnibus idem.

Il est le même pour tous.

Sur le devant Apollon joüant de la Lire.

Autour.

Fuit hæc sapientia quondam.

Ce demy vers est d'Horace , & pour en achever le sens il y
faut ajoûter le vers suivant du même Poëte.

Publica privatis secernere , sacra

prophanis.

La sagesse du temps passé étoit de separer les choses publiques
d'avec les particulieres , & les sacrées d'avec
les prophanes.

La Dame couronnée represente la Ville d'Amsterdam. Guillaume

IV. Com⸗e de Hollande luy donna en 1342 , les Armes qu'elle porte , & Maximilien d'Auſtriche luy accorda en 1448 le privilege d'y
mettre la Couronne Imperialle. Apollon & Mercure avec leurs attributs,
marquent les Arts & le Commerce qui fleuriſſent dans la Ville.

La ſeconde Medaille.

L'Hôtel de Ville d'Amſterdam , comme à la precedente.

REVERS.

Une Flotte ; autour ces mots du Poëme des Argonautes
de Valerius Flaccus.

PELAGUS QUANTOS APERIMUS IN USUS.

Combien la découverte des Mers nous apporte-t-elle de biens.

L'Hostel de Ville d'Amſterdam eſt un des plus ſomptueux &
des plus ſuperbes Edifices du monde ; tout ce que les Arts ont de plus
grand & de plus achevé s'y trouve : les appartemens en ſont magnifiques,
& la richeſſe de l'Ouvrage fait bien voir qu'Amſterdam joüit de tous le
Commerce dont les plus fameux Ports de l'Europe ont été privez.

La Compagnie des Indes Orientales qui tient ſon principal Siege à
Amſterdam , a fait l'opulence de ſes Habitans ; cette Compagnie dont
je n'ai point parlé depuis quelques années , a toûjours été floriſſante :
elle poſſede quantité de bonnes Places dans les côtes de Malabar & autres endroits des Indes. La priſe de Malaca ſur les Portugais luy a ſoûmis
le Détroit le plus important de l'Aſie , & les Fortereſſes qu'elle tient
dans les Iſles de Java , de Sumatra , de Banda , d'Amboina , des Moluques & de Ceylan , l'ont renduë maîtreſſe du trafic des Epiceries ; elle
a des Comptoirs & des Magaſins dans la Perſe , dans l'Arabie , dans les
Eſtats du Mogol , dans le Royaume de Siam , dans celuy du Pegu &
dans l'Empire du Japon : enfin elle eſt devenuë ſi puiſſante que depuis le
Cap de bonne Eſperance juſqu'à la Chine , il n'y a point de Peuples à qui
ſes forces ne ſoient redoutables & qui n'ayent reſſenty les effets ou de ſa
haine ou de ſon amitié. On peut dire que cette Compagnie eſt un Eſtat
particulier & ſéparé dans l'Eſtat même , & que malgré la dépendance naturelle de ceux qui la compoſent , elle eſt dans la Republique une autre Republique indépendante qui nomme ſes Magiſtrats , ſes Admiraux,
ſes Generaux , ſes Capitaines & ſes Officiers ; qui envoye & reçoit des
Ambaſſadeurs , fait la Guerre , fait la Paix , punit , récompenſe , plante
des Colonies , bâtit des Fortereſſes , leve des Troupes , équipe des Flottes & entretient des Armées.

A l'égard de la Compagnie des Indes Occidentales , ses commencemens qui avoient été si heureux n'ont pas été suivis de la même fortune;
elle a été presque ruinée par la Guerre du Bresil contre les Portugais ,
laquelle a été assez considerable pour en dire icy quelque chose. La
Compagnie avoit continué ses conquêtes dans le Bresil avec tant de bonheur , que les Portugais n'y possedoient plus que la Baye de tous les
Saints où reside leur Vice-Roy , & qui n'auroit pas échapé aux Hollandois sans la revolte du Portugal contre l'Espagne : cette revolte n'eut pas
moins de succés au Bresil qu'elle avoit eu à Lisbonne , & la domination
Espagnole y fut éteinte avec autant de facilité qu'elle l'avoit été dans
l'Europe. La Paix ayant été faite entre le nouveau Roy de Portugal &
les Estats en 1641 , elle fut publiée au Bresil & chacun suivant le Traité
demeura en possession des Places qu'il tenoit ; le Pays étoit paisible &
les deux Nations y paroissoient dans une parfaite intelligence : les Portugais qui demeuroient dans les lieux de l'obéïssance des Hollandois , leur
faisoient mille soûmissions & mille caresses , ce n'étoit que protestations
de fidelité, & que loüange de la douceur du Gouvernement de la Compagnie ; d'un autre côté les Hollandois ne songeoient qu'à s'enrichir &
vivoient dans une telle assurance & si persuadez de la sincerité des Portugais , qu'ils laissoient tomber en ruine leurs Forteresses , congedioient
leurs Gens de Guerre , admettoient les Portugais aux Charges de Judi-
cature & leur vendoient des armes & de la poudre à cause du prix excef-
sif qu'ils en donnoient. Cette confiance des Hollandois leur fut extremement funeste ; le Comte Maurice de Nassau General de la Compagnie,
étant party du Bresil pour la Hollande avec deux mille Soldats , les Portugais ne manquerent pas une conjoncture si favorable pour le dessein
qu'ils avoient formé de s'emparer des conquêtes Hollandoises : le Vice-
Roy qui avoit eu ordre de son Prince de favoriser l'entreprise , nomma
pour Chef Jean Fernandez Diera , Antonio Calvacante , & Amador
d'Aragouse Habitans de la Capitanie de Fernambourg dépendant de la
Compagnie , & leur envoya secrettement des Soldats : le jour de S. Jean
Baptiste 1645 , destiné pour les Nôces de la fille de Calvacante , fut
pris pour l'execution & pour égorger les Seigneurs de la Compagnie
qu'on y devoit inviter ; mais la conjuration ayant été découverte , les
conjurez qui en avoient été avertis eurent le temps de se retirer dans les
bois avec leurs armes. Cette disgrace ne leur ôta point le courage , au
contraire après avoir assemblé leurs Troupes & reçû du Secours du Vice-Roy , ils commencerent une Guerre ouverte qui a duré dix ans ; la
fin en a été malheureuse aux Hollandois qui ont perdu le Fort du Recif
la meilleure Place qu'ils eussent dans les deux Indes , & qui ont été entierement chassez du Bresil en cette année 1655.

JEAN

EAN IV. Roy de Portugal ne joüit pas long-temps des conquêtes qu'il avoit faites sur les Hollandois dans le Bresil ; il mourut en 1656 laissant pour successeur Alfonse Henry son fils avec une fâcheuse querelle contre les Estats pour la restitution de la plus grande partie de cette belle Province de l'Amerique.

IL y eut une autre querelle entre la France & la Hollande à cause de deux Vaisseaux François que le Vice-Admiral Michel de Rinter avoit pris sur la Mediterranée ; l'on arrêta les Vaisseaux Hollandois dans les Ports de France, & le commerce fut interdit de part & d'autre. Dom Jean d'Austriche fils naturel de Philippes IV. Roy d'Espagne, avoit succedé au Gouvernement des Pays-bas à l'Archiduc Leopold ; il offrit à la Republique les forces de son Maître, & apparemment les choses en fussent venuës à une rupture, si les Estats n'eussent donné satisfaction à Sa Majesté tres-Chrétienne ; ainsi le commerce fut rétably entre les deux anciens Alliez, & les offres des Espagnols demeurerent inutiles.

IL arriva une rencontre à la Haye qui pensa causer du desordre ; Jacques Auguste de Thou Ambassadeur de France, & Dom Estevan de

Gamarre Ambaſſadeur d'Eſpagne , s'étans trouvez en carroſſe au cours , ils s'arrêterent en preſence l'un de l'autre ſans vouloir ceder le pas ; quelques Seigneurs des Eſtats y accoururent : on propoſa divers expediens que l'Ambaſſadeur d'Eſpagne accepta , parce qu'ils conſervoient quelques ſorte d'égalité , & qui furent rejetez par celuy de France qui ne voulut point ſouffrir d'atteinte à la preſéance qu'on n'a jamais conteſtée aux Ambaſſadeurs de ſa Nation ; enfin les Seigneurs ayant propoſé de faire ouverture aux barrieres pour la ſortie de l'Eſpagnol , & le François ayant répondu qu'il luy étoit indifferent par où l'autre ſortit pourvû qu'il luy cedât le chemin qui faiſoit la conteſtation ; l'honneur & le chemin conteſté demeurerent à l'Ambaſſadeur de France.

La Ville de Munſter ayant été aſſiegée par Chriſtofle Bernard de Galen ſon Evêque , les Eſtats à la priere des aſſiegez offrirent leur mediation pour l'accommodement ; mais l'Evêque l'ayant refuſée , ils firent avancer des Troupes aux frontieres de Weſtphalie ſous le commandement du Rhingrave Gouverneur de Maſtricht : ce qui obligea l'Evêque de s'accommoder avec la Ville , laquelle envoya des Députez remercier les Eſtats de leur protection.

L'affaire du Breſil entre le Portugal & la Hollande , n'eut pas une fin ſi pacifique ; la Flotte Hollandoiſe commandée par l'Admiral Opdam , alla moüiller l'ancre devant Liſbonne au mois de Septembre : les Députez des Eſtats décendirent à terre & firent pluſieurs inſtances pour la reſtitution de ce que les Portugais avoient pris dans le Breſil ſur la Compagnie des Indes Occidentales ; ne l'ayant pû obtenir , ils leur déclarerent la Guerre le 22. Octobre : car l'invaſion du Breſil n'en avoit point encore cauſé dans l'Europe entre le Roy de Portugal & les Provinces Unies ; leurs Députez s'étans retirez à la Flotte elle partit du Port de Liſbonne & arriva en Hollande avec quinze ou ſeize Vaiſſeaux qu'elle avoit enlevé aux Portugais

Cependant Guillaume III. Prince d'Orange avoit attaint ſa ſixiéme année & donnoit déja des eſperances qui répondoient à ſa naiſ-ſance & à ſon éducation ; la Princeſſe Doüairiere d'Orange ſa mere qui le faiſoit élever avec de grands ſoins , fit fraper cette Medaille

La Princeſſe en buſte.

M a r i a D e i g r a t i a

P r i n c e p s M a g n æ B r i t a n n i æ ,

A u r a i c æ D o t a r i a.

Marie par la grace de Dieu Princeſſe d'Angleterre ,
Doüairiere d'Orange.

REVERS.

Le jeune Prince d'Orange ayant une toque ſur la tête.

Dans l'Exergue.

WILHELMUS TERTIUS DEI GRATIA
PRINCEPS AURAICÆ , COMES NASSAVIÆ.

Guillaume III. par la grace de Dieu Prince d'Orange ,
Comte de Naſſau.

ES deux Medailles furent encore frapées à l'honneur du Prince d'Orange en l'année 1657.

1657.

La premiere.

Le jeune Prince d'Orange.

WILHELMUS TERTIUS DEI GRATIA PRINCEPS

AURAICÆ.

Guillaume I I I. par la grace de Dieu Prince d'Orange.

REVERS.

REVERS.

AL LAG D'ORANIE BOOM GEKNOT

DIT EEDEL SPRUITIE WIERD VAN GODT

GEKOESTERT IN MARIAAS SCHOOT.

DUS LEEFT DE VADER, NA ZYN DOODT, GELYCK

EEN FENIX, IN ZYN ZOON.

HY GROEY EN BLOEY EN SPAN DE KROON

IN DEUGD EN PRINCELIK VERSTAND,

TOT HEUL EN HAIL VANT' VADERLAND.

Quoyque l'oranger fût abbatu, ce noble rejetton a été conservé par les soins de Dieu dans le sein de Marie : ainsi le pere naît aprés sa mort comme un phenix dans son fils. Qu'il croisse, qu'il fleurisse, & qu'il surpasse en vertu les plus grands Princes, à la gloire & pour le salut de la Patriè.

La seconde Medaille.

Le Prince comme à la precedente.

REVERS.

Un phenix sur son bucher au milieu d'une couronne de deux branches d'oranger.

EMORITUR ET REQUIESCIT.

Il meurt & il repose.

LA Hollande a pris trop de part dans la Guerre entre le Danne-mark & la Suede pour n'en pas faire mention dans cette Histoire. Frede-ric III. Roy de Dannemark, alarmé des progrés que Charles X. Roy de Suede faisoit dans la Pologne, craignit qu'il ne tournât ses armes vi-ctorieuses contre ses Estats, il crut que l'absence de Charles étoit une

conjonéture favorable pour le prevenir & luy déclara la Guerre au mois
de Juin 1657 : de deux Armées que Frederic avoit mifes fur pied, il en
fit entrer une dans le Duché de Bremen où les Danois prirent la Fortereffe de Bremerfude, & ils auroient pouffé leurs conquêtes plus loin fi
Charles Guftave Wrangel Admiral de Suede, ne les eût arrêtées & ne
leur eût fait lever le Siege de Stetin. L'autre Armée marcha du côté
de Lubek, mais ayant eu avis que Charles avoit quitté la Pologne &
qu'il s'avançoit en diligence au fecours de fes Sujets, elle abandonna fon
pofte ; une partie fe retira dans la Ville de Frederixode en Jutland, &
le refte paffa en l'Ifle de Funen. La retraite des Danois ayant favorifé le
paffage du Roy de Suede, il vint camper proche de Hambourg & fit
voir ce que peuvent la préfence & la reputation d'un Conquerant : aprés
avoir par quelque féjour, refait fon Armée que la fatigue d'une marche
continuelle & la neceffité des vivres avoient réduite en mauvais état, il
entra dans le Jutland, y joignit Wrangel & luy donna ordre d'attaquer
Frederixode que les Suedois emporterent de force le 4. Octobre ; le Roy
de Suede établit & affura par cette prife fes quartiers d'Hiver dans le
Pays ennemy.

AU commencement de l'année 1658, le Roy de Suede executa heureusement & avec l'admiration de toute la terre, le paffage qu'il fit faire sur la glace à son Armée & à son Artillerie dans les Isles de Funen & de Zeland, il défit les Troupes Danoises qui s'y rencontrerent, s'empara des Places qui pouvoient l'arrêter & alla infulter la Ville de Coppenhague : une entreprise si hardie & si bien executée, surprit tellement Frederic qu'il luy fit parler de Paix, laquelle fut concluë à Rofchild en l'Isle de Zeland le 20. Mars, par le Ministere des Ambaffadeurs de France & d'Angleterre. Cette Paix ne dura pas long-temps, & quoyque le Traité de Rofchild fût tres-avantageux à la Suede, Charles aima mieux continuer la Guerre que de joüir du repos & des avantages qu'il luy apportoit ; soit qu'ayant reconnu la facilité de conquerir le Dannemark, il se fût laiffé entraîner à ces mouvemens imperieux que l'ambition & la victoire infpirent, ou qu'il n'eût accordé la Paix à Frederic qu'afin de prendre de plus juftes mefures pour ſes deſſeins. S'étant embarqué à Kiel avec ſes Troupes , il décendit en Zeland au mois d'Aouſt , marcha droit à Coppenhague qu'il aſſiegea & envoya l'Admiral Wrangel devant le Château de Kronenbourg , ſitué au Détroit du Sond qu'il prit en trois ſemaines ; Frederic en cette extremité montra un courage digne de ſon rang , il donna les Ordres pour la défenſe de la Ville , fit planter ſon pavillon ſur le rempart & réſolut de s'enſevelir plûtôt avec toute ſa Famille ſous les ruines & les cendres de Coppenhague , que de tomber entre les mains d'un Ennemy irreconciliable : les Habitans animez par ſa préſence & par ſon exemple , prirent la même réſolution , & comme ſi toute la valeur & toute la fidelité des Danois euſſent été renfermées dans la Capitalle , les aſſiegez firent une telle reſiſtance & féconderent leur Roy avec tant d'ardeur & de generoſité, qu'ils donnerent le temps aux Hollandois de venir briſer les fers qui l'avoient déja preſque enchaîné.

COMME les Eſtats ont intereſt que la balance des Couronnes du Nord ſoit égale, & de ne pas dépendre d'un fier & puiſſant vainqueur pour le commerce & la navigation de la Mer Baltique, ils réſolurent de ſecourir Frederic contre le Roy de Suede qui s'étoit rendu maître du paſſage du Sond par la priſe de Kronenbourg : la Flotte qu'ils envoyerent en Dannemark étoit commandée par l'Admiral Opdam qui gagna en Novembre la memorable Bataille du Sond contre les Suedois , jetta du ſecours dans Coppenhague & fit changer le Siege en une eſpece de Blocus. Les Provinces Unies étoient alliées des Danois & tous les differens qu'elles avoient euës avec eux pour le paſſage du Sond , avoient été accommodez.

LE Roy de Dannemark fit faire cette Medaille dans Coppenhague pendant qu'il y étoit aſſiegé par les Suedois.

Le Roy Frederic en buſte.

DOMINUS PROVIDEBIT.

Le Seigneur y pourvoira.

REVERS.

La Reine de Dannemark.

SPES MEA IN DEO.

Mon eſperance eſt en Dieu.

CETTE Medaille fait connoître l'extremité où la Ville étoit reduite,
&

& que Frederic n'avoit plus d'esperance qu'en la protection Divine ; Sophie Amelie de Lunebourg , étoit Reine de Dannemark.

Les Hollandois firent fraper cette Medaille en memoire du Secours qu'ils envoyerent à leur Allié , & à l'honeur de l'Admiral Opdam qui commandoit leur Flotte.

Un Combat Naval devant un Château.

REVERS.

ZOO ORLOGHT DE BARON ,

DIE D'ZWEDEN OVERWON ,

EN OFENDE DEN MONT

DER TOEGESLOTE SONT ,

NIET SONDER LIIFGEVAER ;

EEN EER VOOR WASSENAER ,

EN T'VRYE NEDERLANT

ZOOHOUDT DE VRIHEYT STANT.

M. DC. LVIII.

Voila comme le Baron de Wassenaer fit la Guerre lorsqu'il gagna la Bataille contre les Suedois, & qu'il se fit passage par le Sond fermé ; ce ne fut pas sans peril , mais ce fut avec beaucoup de gloire pour luy & pour les Provinces Unies : ainsi la liberté s'est affermie.

Pendant le Siege de Coppenhague Olivier Cromwel amy du Roy de Suede , étoit mort de maladie à Londres le 13. Septembre : les jugemens qu'on a faits de la conduite de ce fameux usurpateur , ont été partagez selon le genie & les maximes de ceux qui en ont jugé. Ceux qui se moquent de tous les devoirs de la societé civile , qui n'estiment les actions politiques bonnes ou mauvaises que par l'évenement, qui croyent que le Trône appartient au plus fort ; ceux-la , dis-je , ont fait passer le Protecteur pour un illustre conquerant & pour un sage homme d'Estat. En effet si la fortune peut consacrer les crimes de cette nature & s'ils deviennent des vertus quand ils sont couronnez par le succés, Cromwel doit être mis dans l'Histoire Angloise au rang des Edoüards & des Henris qui en font les Heros ; il a par fa valeur remporté des victoires contre fes deux Rois , renverfé la Monarchie & maîtrifé toute la Grand' Bretagne; il a eu l'adreffe d'abattre dans les trois Royaumes toutes les Puiffances qui pouvoient nuire à la fienne , & de ces Puiffances abbatuës en former une qui a été l'étonnement du fiecle : quoyque tout le monde l'eût en horreur à caufe de la mort de fon Prince , il a triomphé de la haine publique , & quelques Souverains ont recherché fon amitié qu'il leur a refufée ; tant qu'il a vécu il a été la terreur de fes Ennemis & l'appuy de fes Alliez ; fes Flottes ont fait trembler l'Efpagne , l'Italie , l'Afrique & les Indes , & elles ont fait voir aux Hollandois qu'ils n'étoient pas invincibles fur Mer : pour comble de félicité cet heureux coupable eft mort dans fon lit & dans le Palais des Rois , craint & refpecté de toute la terre ; fon pouvoir a même fubfifté aprés fa mort , & la Grand' Bretagne accoûtumée à luy obéïr , n'ofa refufer pour Maître Richard fon fils aîné qu'il avoit déclaré Protecteur par fon teftament : & afin qu'il ne manquât rien à fa gloire , il fut enterré avec une pompe plus fuperbe que n'avoient été les plus grands Rois d'Angleterre. Ceux au contraire qui éclairez des lumieres de la Morale Chrétienne n'eftiment la force, l'adreffe & l'efprit , que des liberalitez pernicieufes fi ces talens ne font accompagnez de juftice & de pieté ; ont appellé Cromwel un Impie , un Parricide & un Tiran. On a vû cet hipocrite expliquer l'Ecriture fainte au peuple dans le Temple & abufer de la parole de Dieu pour l'obftiner dans la rebellion contre fon Roy ; la vie de ce bon Prince & la Royauté étans des obftacles invincibles à fes deffeins , il a employé toute fortes d'artifices & de perfidies pour détruire l'une & l'autre , jufque-là qu'il a trompé les plus fideles complices de fa rebellion , qui ont depuis avoüé qu'il les avoit furpris , & que malgré eux il avoit achevé ce parricide ; fon Gouvernement n'a été qu'une pure tirannie , car outre qu'une Armée de feditieux & de rebelles , & un Parlement corrompu n'avoient ni l'au_ torité ni le caractere de le faire Protecteur d'un Royaume hereditaire dont le Monarque legitime étoit vivant , il les a fait repentir du pouvoir qu'ils luy avoient donné , ayant augmenté les fubfides , détruit la No_ bleffe , immolé des innocens à fes craintes , à fes foupçons & à fa vengeance , & foûmis à fes interefts & à fes paffions les Loix de l'Eftat , les Privileges de tous les Ordres du Royaume & les fuffrages des Tribu_ naux ; de forte que l'Angleterre n'a jamais fenty de chaînes plus pefantes que celles qu'il luy a fait porter.

L E Roy de Suede poſſedoit cette fermeté d'ame qui mé-
priſe le peril & qui ſe met au deſſus des plus rudes coups
de la fortune ; le Secours des Hollandois & leur victoire du Sond ne luy firent point quitter le deſſein d'emporter Coppenhague, en ayant fait raprocher ſes Troupes avec l'activité qui luy étoit naturelle il hazarda un
aſſaut general au mois de Fevrier 1659 ; les attaques   1659.
qu'il fit faire en trois differens endroits furent ſanglantes & furieuſes,
mais le genie de Dannemark l'emporta ſur celuy de Suede ; les aſſaillans
furent repouſſez avec perte de Soldats & d'Officiers, & Charles perdant
l'eſperance de prendre la Ville ſe retira ſans néanmoins abandonner le
Zeland. La Guerre continua ſans qu'il y eût d'actions remarquables de
part ni d'autre, juſques en Novembre que les Danois & les Hollandois
leurs alliez, décendirent en l'Iſle de Funen à la faveur du canon de la
Flotte des Eſtats que commandoit le Vice-Admiral de Ruiter aprés le
départ de l'Admiral Opdam ; les Suedois furent battus & la Ville de Nieu-
bourg contrainte de ſe rendre à diſcretion : l'Infanterie Hollandoiſe fut
cauſe de la victoire, ayant ſoûtenu le choc des Ennemis & donné le
temps à la Cavalerie Danoiſe qui avoit été rompuë, de ſe rallier & de
retourner au Combat. Henry Fleury de Culan Seigneur de Buat, Gentilhomme François, & le Lieutenant Colonel Wen, ſe ſignalerent à la décente, s'étans jettez les premiers en l'eau l'épée à la main.

CETTE Piece fut faite à Coppenhague au sujet de l'heureux changement de la fortune du Royaume de Dannemark , par le secours des
Provinces Unies.

Une Couronne en l'air qu'une main est prête de prendre ,
lorsqu'une autre tenant un sabre luy coupe
le bras.

SOLI DEO GLORIA.

A Dieu seul soit gloire.

REVERS.

Une F. entrelassée d'un 3. faisans Frederic III. au dessus
une Couronne avec ces mots :

EBEN EZER.

Jusque là.

Autour.

MARCK DANSKE M. DC. LIX.

Piece de Dannemark.

LA Couronne est le Dannemark , la main qui s'avance pour la sai-
sir le Roy de Suede , & celle qui tient un sabre , la Hollande dont le
secours délivra Coppenhague

CETTE Medaille fut auſſi frapée en 1659 dans la Ville de Harlem par ordre des Magiſtrats, en memoire du Canal qu'on avoit fait faire pour porter les Bateaux juſqu'à Leyde.

1659.

Un Bateau ſur le Canal tiré par un cheval, dans l'éloignement Harlem, ſur le devant les Armes de la Ville, au haut ſur un écritean voltigeant ſa deviſe ordinaire.

VICIT VIM VIRTUS.

La vertu a triomphé de la force.

Deux ſonnettes ſont attachées à l'écriteau pour montrer que ces ſortes de commoditez ne manquent point de partir à la même heure ; dans le tour ces mots :

ANNO M. DC. LVI XXVI. SEPTEMBRIS,

IS DE TRECKVAART VAN

HARLEM OP LEYDEN BEGONNEN

M. DC. LVII

IS DE FERSTE SCHUIT GEVAREN.

Le chemin par eau de Harlem à Leyde a été commencé le 26. Septembre 1656 ; & le premier Bateau qu'on a mis deſſus a navigé en 1657.

RR2

REVERS.

Cette inscription dans une couronne de chêne sur laquelle sont des noms & des Armes.

IN MEMORIAM

VIÆ MUNITÆ AC FOSSÆ ACTÆ

AD LINTRES

EQUO TRAHENDOS IN USUM PUBLICUM

ET COMMODUM VIANTIUM,

OPUS DUCENTIBUS HUGONE ET JOANNE STEINIIS’

EXIGENTIBUS PUBLICE

QUATUOR VIRIS CORNELIO GULDEWAGIO,

G. FABRITIO , M. STEINIO,

F. VOUTERIO.

HUNC NUMMUM PERCUSSERE CONSULES ANNI

M. DC. LIX.

Les Bourgmeſtres de l'année 1659 , ont fait fraper cette Medaille en memoire du chemin reparé & du Canal fait pour tirer les Bateaux avec un cheval pour l'uſage public & la commodité des voyageurs, Hugues & Jean Stein conduiſans l'ouvrage. Corneille Guldewagen , G. Fabrice , M. Stein & F. Vouter étans Receveurs public.

TANDIS que la Guerre déſoloit le Septentrion , la Paix ſe diſpoſoit entre la France & l'Eſpagne , le Cardinal Mazarin & Dom Loüis Mendez de Haro-Guſman , en ſignerent le Traité le 9. Novembre 1659, dans l'Iſle des Faiſans , ſur la Riviere de Bidaſſoa , aux confins des Pirennées. C'eſt ainſi que par le zele & par la prudence de ces premiers Miniſtres des deux Couronnes , finit une Guerre qui avoit commencé en 1635 par l'intereſt & par l'ambition , à ce qu'on diſoit , du Cardinal de Richelieu & de Gaſpard de Guſman Comte Duc d'Olivarez , qui avoient le même Miniſtere ; & que 24 Conferences acheverent en trois mois le Traité d'une Paix que la plus ſage Aſſemblée de l'Europe n'avoit pû faire à Munſter en quatre années.

LES Zelandois firent fraper cette Medaille en 1660 au
sujet de la Machine qu'ils avoient inventée pour retirer
les Vaisseaux submergez, & dont l'experience se fit sur
un richement chargé qui s'étoit perdu proche de l'Isle
de Walacrie ou Walkeren, la principale des Isles de
Zelande.

1660.

Des Vaisseaux dont deux semblent être à l'ancre pour retirer un qui est
submergé ; sur le devant l'Ecusson aux Armes de Zelande ayant
pour supports un Triton & une Sirenne.

SOLI DEO HONOR ET GLORIA.

A Dieu seul honneur & gloire.

REVERS.

Cette legende dans une couronne de laurier entrelassée
de Noms & d'Armes.

IN MEMORIAM

REI QUA ARTE ADMIRANDA,

PRIORUMQUE

SÆCULORUM COGITATA SUPERANTE, PROPE

VALACROS IN PLENO AC

ÆSTUANTI MARI, SUB AUSPICIIS SENATUS ZELANDICI,

AC PROCURANTE MARCELLO GOESIO,

E NAVI SUBMERSA

AC DISRUPTA, PROFUNDUMQUE SUB ARENIS

LATITANTE, IMMENSA ARGENTI

TUM RUDIS

TUM SIGNATI VIS,

GEMMÆ PLURES AC TORMENTA BELLICA SEDUCTA,

SERVATA AC VETERIBUS

DOMINIS EX JURE RESTITUTA SUNT.

M. DC. LX.

En memoire de ce que par une invention admirable
& qui surpassé celles des siecles passez, proche
les Valacres en pleine Mer & agitée, sous les
auspices des Estats de Zelande & par les soins
de Marcel Goez ; une grande quantité d'argent
tant brute que marqué, plusieurs pierreries & des
canons ont été tirez d'un Navire submergé & bri-
sé étant au fond caché sous le sable, conservez
& restituez de droit à leurs anciens maîtres. 1660.

CHARLES Roy de Suede aprés avoir laissé dans le Dannemark le
Prince Palatin Sultsbak & le Maréchal Banniere Generaux de son Armée, & donné ses ordres pour la negociation qui se faisoit de la Paix,
partit du Zeland & alla tenir les Estats de son Royaume à Gottembourg,
où il mourut le 12. Fevrier 1660 âgé de 37 ans trois mois ; Charles XI.
son

son fils unique luy succeda. Le Roy de Suede fut digne neveu du grand Gustave , & obtint de la nature toutes les qualitez necessaires aux Conquerans ; il étoit brave , actif, intrepide , liberal , affable aux gens de guerre , civil à la Noblesse , dangereux voisin, avide de gloire & qui s'abandonnoit facilement à tout ce qui pouvoit luy en faire acquerir, spirituel & ne manquant jamais de pretexte pour justifier ses conquêtes : la Pologne & le Dannemark ont fait une funeste experience de la hardiesse & de la celerité de ses entreprises ; il fut ferme en ses resolutions , & la mauvaise fortune n'étoit pas capable de luy faire abandonner ce qu'il avoit entrepris ; sa fermeté parut au Siege de Coppenhague qu'il attaqua tant de fois & à la réponse qu'il fit aux Ambassadeurs des Republiques de Hollande & d'Angleterre , lorsqu'ils luy presenterent un projet de Paix qui avoit été dressé à la Haye & dont les conditions ne luy étoient pas agreables : *Vous faites* , leur dit-il , *des projets avec vos Flottes ,* (a) *moy je les decide avec mon épée.* Ce Prince fier & courageux ne pouvant souffrir que ces Republicains voulussent le contraindre à faire la Paix jusque dans son Camp & prescrire des loix aux Têtes couronnées ; après sa mort la Paix se fit par la mediation de la France, de l'Angleterre & de la Hollande , dont les Ambassadeurs s'appliquerent avec les Commissaires des deux Couronnes à l'achevement du Traité qui fut conclu au mois de Juin : le Château de Kronembourg & le passage du Sond demeurerent aux Danois. Le Chevalier de Terlon Ambassadeur de France en Suede eut beaucoup de part au succés du Traité ; il y fit paroître son experience dans les affaires d'Estat & le credit qu'il avoit parmy les peuples du Nort.

Ce fut en ce mois de Juin que cessa l'éclipse de la Monarchie qui avoit si longtemps affligé l'Angleterre , & que Charles Second fut entierement rétably. Richard n'ayant pas assez de genie pour se maintenir , ou peut-être preferant une vie douce & tranquille à l'éclat & à l'embaras de la dignité Protectorale & aux perils continuels dont l'usurpation est menacée , ne resista point à sa depossession & consentit que la Republique reprit le timon de l'Estat. Le nouveau Gouvernement fut bien tôt divisé par les differens interests & par les ambitieux desseins de ceux qui s'y étoient introduits ; le General Georges Monk & les autres Serviteurs du Roy , prirent tant d'avantage de cette division pour son rétablissement que le Parlement le reconnut pour Roy d'Angleterre d'Ecosse & d'Irlande , & luy envoya une deputation solemnelle à Breda. Le Roy ayant passé à la Haye où les Estats luy firent une pompeuse reception , & s'étant ensuite embarqué à Schevelin sur les Vaisseaux commandez par l'Admiral Guillaume Montaign , il descendit à Douvres & y fut salué par Monk que le Roy appella son pere ; le 29. May jour de sa naissance , il fit son entrée à Londres au milieu des acclamations du peuple & de l'Armée.

La mort du Cardinal Mazarin & la Paix entre le Portugal & la Hol-   1661.

lande , font icy toute la matiere de l'année 1661. Jules Mazarin mourut le 9. Mars âgé de 58 ans ; il étoit né à Piſcina dans l'Abruzze au Royaume de Naples : la premiere fois qu'il ſignala les talens ſinguliers qu'il avoit pour la negociation : ce fut lorſque devant Cazal il arrêta d'un coup de chapeau les Armées de France & d'Eſpagne prêtes à combattre & qu'il leur fit accepter la Paix dans le champ de bataille , ayant été depuis appellé en France par le Cardinal de Richelieu qui avoit le diſcernement excellent pour le choix des perſonnes de merite ; il y fit connoître le ſien & fut le premier Miniſtre pendant la minorité de L o u i s L e G r a n d ; quoyqu'il ſoûtint cette minorité par des victoires ſur les Ennemis & par une vigoureuſe protection des Alliez , l'envie ne put ſouffrir que le dépoſt de la fortune publique fut dans les mains d'un étranger: des Villes capitales & des Provinces entieres , ſe déclarerent contre luy ; ſes meubles furent vendus , ſes biens confiſquez & ſa tête proſcrite ; il ſortit même du Royaume & imita le ſage Pilote qui cede quelquefois à la violence de la tempête pour ſauver le Navire qu'on luy a confié : ſon éloignement ne diminua rien de ſon autorité ; on peut dire qu'il fut toûjours préſent au timon des affaires , & que malgré ſon abſence ſon genie fut toûjours le ſeul agiſſant dans les Conſeils. Eſtant retourné en France & devenu plus puiſſant que jamais par l'impuiſſance ou par la ſoûmiſſion de ſes Ennemis , il ſacrifia ſes injures particulieres au repos de l'Eſtat , & ſa politique ne fut ni vindicative ni ſanglante ; aprés avoir calmé les troubles domeſtiques avec autant de courage que de moderation , il continûa la Guerre avec ſuccés contre l'Eſpagne & la finit par la Paix des Pirennées dont la negociation fut la plus belle & preſque la derniere action remarquable de ſa vie.

L e Traité de Paix entre le Portugal & les Eſtats , fut ſigné à la Haye le 6. Aouſt par la mediation du Roy d'Angleterre ; les Places du Breſil demeurerent aux Portugais & le commerce fut rétably entre eux dans l'un & l'autre monde : cette Guerre avoit coûté peu de ſang aux deux partis , & les Flottes que Ruiter conduiſit deux foix aux côtes de Portugal , avoient ſeulement pris quelques Vaiſſeaux ſur les Portugais.

ETTE Medaille fut frapée pour le renouvellement d'alliance que les Estats firent avec la France & l'Angleterre en 1662.

La Paix élevée sur un trophée d'Armes, au devant duquel sont les trois Ecussons de France, d'Angleterre & de Hollande ; autour de la Medaille ce demy-vers de Virgile.

DEUS NOBIS HÆC OTIA FECIT.

Dieu nous a procuré ce repos.

REVERS.

DE VREE' MET EEN OLYVENBANT

VERBINT HET VRYE NEDERLANT

AEN GROOT BRITANIE ENT FRANSCHERYCK

ZOO BLOEYT DE START DER VROMENWYCK

M. DC. LXII.

La Paix avec sa couronne d'olivier unit les Pays-bas libres avec la France et la Grand' Bretagne, et par ce moyen l'Estat qui est l'azile des gens de bien sera toûjours florissant 1662.

JAMAIS la Republique de Hollande n'avoit paru plus majeftueufe, plus tranquille & plus puiffante qu'en l'année 1663 ; l'union regnoit dans les Provinces , elle n'avoit plus de Guerre ; la plûpart des Cours avoient leurs Ambaffadeurs à la Haye , & ceux de Mofcovie y firent leur entrée le 9. May : fon commerce s'étendoit par toutes les parties du monde ; la Paix du Nort l'avoit affuré fur la Mer Baltique ; les Traitez que Ruiter venoit de faire avec les Corfaires de Barbarie l'avoient rendu libre fur la Mediterranée ; la Compagnie de l'Amerique fe remettoit de fes pertes , & tous les ans il arrivoit au Texel plufieurs Vaiffeaux de la Compagnie des Indes Orientales chargez des plus riches marchandifes de l'Afie.

CETTE Compagnie des Indes Orientales avoit envoyé une Ambaffade au grand Cham des Tartares Empereur de la Chine ; les Ambaffadeurs s'embarquerent à Batavia & furent reçûs à Pekin en 1656 : l'Empereur les admit à fon Audiance & leur fit des préfens , mais ils partirent de la Chine avec peu d'efperance d'y établir la liberté du commerce , à caufe de la fevere police des Chinois qui ne fouffrent point chez eux l'établiffement des Etrangers.

EN 1659 la Compagnie avoit fait lever le Siege que le Roy de Bantam avoit mis devant Batavia.

EN 1660 elle avoit emporté la Ville de Macaffar capitale de l'Ifle du même nom , fituée dans la Mer des Indes , & le Roy avoit été obligé de s'accommoder avec les Hollandois & de racheter fa Ville.

MAIS en 1661 elle avoit été chaffée de Formofa Ifle de la Chine , & Coxinga avoit pris tous les Forts qu'elle y avoit ; ce Coxinga étoit un fameux Pirate Chinois , qui avoit fauvé dans les Ifles de la Chine le débris de ce vafte Empire conquis par les Tartares.

EN cette année 1662 un des Vaiffeaux de cette Compagnie eut une malheureufe avanture ; il y avoit prés de deux mois qu'il étoit party de Batavia pour la Hollande , lorfqu'un furieux orage le coucha fur le côté, brifa le gouvernail & rendit toute l'experience du Pilote & toute l'adreffe des Matelots inutiles : les plus forts fe faifirent de la Chaloupe & de la Barque , & à peine furent-ils fortis du Vaiffeau qu'ils le virent couler à fond ; la Chaloupe apparemment n'eut pas un meilleur fort que le Navire , car depuis on n'en a point eu de nouvelle ; ceux de la Barque tâcherent de gagner la terre , mais pendant huit jours qu'ils furent fur Mer la faim & la foif en tuerent quelques-uns ; cette mifere mit les autres dans une telle rage qu'ils jetterent en Mer quatre de leurs compagnons, & leur fureur eût continué s'ils n'euffent découvert la terre & abordé dans une Ifle où heureufement la chaffe & la pêche étoient abondantes: peu de temps aprés ils en fortirent & furent reçûs dans un Vaiffeau Hollandois

landois ; ils meritoient d'avoir le même tombeau que ceux qu'ils avoient traitez avec tant de barbarie.

L'Evesque de Munster fut le premier qui troubla la Paix que les Estats avoient avec tous leurs voisins : il luy étoit dû par le Comte d'Embdem une somme de deux cens mille écus adjugée par la Chambre Imperiale de Spire ; le Comte pressé du payement voulut l'emprunter des Estats & pour sureté leur livrer le Fort d'Eydeler autrement appellé Jeminguen sur la Riviere d'Ems ; l'Evêque Prince entreprenant & qui avoit en 1661 soûmis la Ville de Munster par un Siege, prevint le Comte & les Estats & s'empara de la Place où il mit Garnison : les Estats sur le refus de recevoir les deux cens mille écus qu'on luy offrit, & de restituer le Fort, y envoyerent des Troupes sous le commandement de Guillaume Frederic de Nassau, qui l'assiegea le 20. May 1664 & le prit à composition le 4. Juin.

1664.

TTt

L'ARMEMENT Naval qu'on préparoit en Angleterre & en Hollande, les plaintes des deux Nations l'une
contre l'autre, & leurs hostilitez sur les Mers éloignées,
faisoient juger que leur alliance seroit bien-tôt rompuë;
les Anglois se plaignoient de l'inexecution des Traitez
& de la prise de leurs Vaisseaux; & les Hollandois leur
demandoient la restitution du *Cap* verd dans la Guinée
& de la nouvelle Hollande dans l'Amerique : les choses étant ainsi dispo-
sées à la Guerre, le Vice-Admiral de Ruiter fit un voyage en Guinée,
reprit le Fort de Cap verd & enleva plusieurs Navires aux Anglois ; ce
qui acheva la rupture & porta le Roy de la Grand' Bretagne à déclarer
1665. la Guerre aux Estats au mois de Mars **1665.**

LES Ambassadeurs de France n'ayant pû faire l'accommodement
entre l'Angleterre & les Provinces Unies, il y eut vers Harwik Bataille
entre leurs Flottes le 13. Juin ; la Hollandoise étoit commandée par l'Admiral Opdam, & l'Angloise par Jacques Stuart Duc d'York frere du Roy,
& par Robert de Baviere Prince de la Maison Palatine du Rhin. Il semble que la fortune prît plaisir à favoriser les Anglois dans le Combat, &
à faire naître deux accidens qui leur en donnerent l'avantage ; le premier
fut la mort de l'Admiral Opdam & la perte de son Vaisseau que le feu
fit sauter avec quatre cens hommes ; & le second, que trois Vaisseaux

Hollandois s'étans embaraſſez, un Brulot Anglois favoriſé du vent qui fut toûjours contraire aux Hollandois, y mit le feu & les brûla entierement : ces malheurs joints à la mort d'Egbert Cortenaer Vice-Admiral de la Meuſe, & à la lâcheté de quelques Capitaines & Pilotes qui oublierent leur devoir, mirent de la confuſion dans l'Armée Hollandoiſe; néanmoins le Vice-Admiral Corneille Tromp fils de l'illuſtre Martin Tromp, par une valeur ſinguliere la fit retirer en bon ordre au Texel: les Hollandois perdirent dix-ſept Vaiſſeaux & les Anglois deux ſeulement. La mort de l'Admiral Opdam en combattant pour ſon Pays, couronna tous les ſervices qu'il luy avoit rendus ; elle fut d'autant plus ſenſible aux Eſtats que pluſieurs Volontaires des meilleures Familles des Provinces perirent avec luy; ces jeunes Gentilshommes avoient voulu accompagner Opdam qui étoit de la premiere Nobleſſe & que les Eſtats avoient fait Lieutenant Admiral pour ſon merite, & parce qu'on leur reprochoit qu'ils ne rempliſſoient cette Charge que de gens de fortune.

L e Vice-Admiral de Ruiter à ſon retour de Guinée fut mis à la place d'Opdam, & aprés en avoir prêté le ſerment il monta ſur la Flotte, que les Eſtats envoyerent au devant des Vaiſſeaux des Indes Orientales; la Flotte étant arrivée à quelques lieuës de Bergue en Norvegue, on apprit que dix Vaiſſeaux partis de Batavia s'étans retirez dans le Port de Bergue, y avoient été attaquez par quatorze Navires Anglois le 10. Aouſt, que les Hollandois s'étoient ſi bravement défendus, & que le Gouverneur de Bergue pour le Roy de Dannemark avoit fait faire ſi grand feu du canon du Château ſur les Anglois, qu'ils avoient été contraints de ſe retirer en deſordre avec perte de ſix cens hommes & de deux Navires : Jean de Wit, Roger Hugens & Jean Boreel Députez des Eſtats Generaux, qui étoient ſur la Flotte, envoyerent Guillaume Joſeph de Gent Vice-Admiral, au Gouverneur de Bergue le remercier de ſa protection, & donnerent leurs ordres pour l'eſcorte des Vaiſſeaux de la Compagnie dont quelques-uns diſperſez par la tempête furent pris par les Anglois.

L a Compagnie des Indes Orientales fut tellement ſatisfaite de l'action qui ſe fit devant Bergue, qu'elle fit fraper cette Medaille pour en conſerver la memoire.

Le Combat Naval entre les Vaiſſeaux des Anglois & des
Hollandois devant Bergue.

R E V E R S.

OP DE ROOF-ZUGT VAN CAREL DE TWEEDE

VOORGEVALLEN DEN X. AUGUSTI M. DC. LXV

VOOR BERGEN IN NOORWEGEN

DUS WORT BRITANNIES TROTZ GESTUYT,

DIE ZELFS BY VRIENDT VAERT OP VRYBUYT

EN TERGT DE NOORTSCHE WALLEN

HY SCHAEKT VORST FREDERIKS HAVEN RECHT

DOG KRYGT SYN LOON DOOR BOEG EN PLECHT

VAN NEERLANDTS DONDERBALLEN.

Au sujet de l'entreprise de Charles Second le 10. Aouſt
1665 devant Bergue en Norvegue, où fut détruite
la fierté Britannique qui alloit pour butiner chez
ses amis, les attaquant jusques dans leurs remparts
& violans le droit de Frederic dans ses Ports,
dont elle fut punie par le grand feu de l'Artille-
rie Hollandoise.

L'Evesque de Munſter prenant avantage de la Guerre des Eſtats contre l'Angleterre, fit irruption ſur leurs frontieres au mois de Septembre, & prit Borkelo, Keppel, Lochen & quelques autres petites Places dans la Friſe ; le Roy de France qui n'abandonne jamais ſes Alliez leur envoya du ſecours ſous la conduite de François de Pradelle Lieutenant General : ces Troupes Auxiliaires ayant joint les Hollandoiſes commandées par Jean Maurice de Naſſau, la Ville de Lochen fut repriſe en quatre jours.

Le Roy pour montrer auſſi ſa bonne volonté envers le Prince d'O-range, luy rendit cette année la Ville & le Château d'Orange dont il s'étoit ſaiſi en 1660.

A Guerre & la Paix partagerent les évenemens de l'année 1666; la France & le Dannemark se déclarerent
pour la Hollande contre l'Angleterre : les Estats &
Frederic Guillaume Electeur de Brandebourg firent un
Traité d'alliance au mois de Fevrier, & la Paix fut
concluë à Cleves le 19. Avril avec l'Evêque de Munster
qui restitua les Places qu'il avoit prises aux Hollandois;
de sorte que les Estats n'ayant plus d'ennemis que les Anglois, ils se
mirent en état de continuer la Guerre contre-eux. Il y eut Combat entre les deux Flottes l'onziéme Juin; l'Angloise commandée par le General Monk étant arrivée sur la Hollandoise qui étoit à l'ancre entre Nieuport & la pointe du Nort d'Angleterre ; & celle-cy ayant coupé ses ca-

bles , elles combattirent furieufement jufqu'au foir que les Anglois fe re
tirerent du côté du Nort avec perte : le Combat recommença le lendemain avec autant d'opiniâtreté que le jour precedent , & les Anglois furent encore contraints de faire retraite : l'Admiral de Ruiter les pourfui-
vit jufqu'au treize , prit dans la pourfuite le Chevalier Georges Aifcuë
Admiral de l'Efcadre du Pavillon blanc & fit brûler fon Vaiffeau qui
étoit demeuré fur un banc de fable ; le quatorziéme les Anglois renfor-
cez de 22 Navires qui étoient venus les joindre avec le Prince Robert
qui n'étoit point aux premiers Combats , revinrent à la charge avec
beaucoup de réfolution ; Ruiter les foûtint avec tant de fermeté & les
pouffa fi rudement qu'il les mit en fuite. Corneille Everfen Admiral de
Zelande & Abraham Vander Hulft Vice-Admiral d'Amfterdam , furent
tuez ; Loüis Grimaldi Prince de Monaco & Armand de Gramont Comte
de Guiche , fe fignalerent fur la Flotte Hollandoife

Le 4. Aouft il fe donna un autre Combat dont chacune des deux
Nations prétendit avoir obtenu la victoire ; Ruiter y fit tout ce qu'on
pouvoit attendre d'un brave & experimenté Admiral ; le Chevalier Philippe de Lorraine , le Chevalier de Coiflin , Bufca , Cavois & Dampier-
re Volontaires François qui étoient fur fon bord , y donnerent des preuves de leur courage.

Les Eftats en memoire de leur victoire firent fraper ces deux Medailles.

La premiere.

Un Combat Naval.

REVERS.

MNEMOSYNON

SPECTANDÆ VICTORIÆ ET VIRTUTIS

BATAVÆ, CLASSE BRITANNICA

QUATRIDUUM XI. XII. XIII. XIV. JUNII CIƆICCLXVI

ENIXIM REPUGNANTE FORTITER PROFLIGATA,

CAPTO ARCHITALASSO,

NAVIBUS XXIII. QUA MERSIS,

EXUSTIS, EREPTIS, POSTERITATI INTIMANDUM

ORDINES FOEDERATI BELGII FIERI FECERUNT.

EN MEMOIRE

*De l'illustre victoire & de la valeur des Hollandois,
lesquels aprés avoir combattu la Flotte Angloise
les onze, douze, treize & quatorze Juin 1666,
& aprés une forte resistance la défirent vaillamment, prirent l'Admiral prisonnier, coulerent
à fond, brûlerent & enleverent vingt-trois Navires; les Estats des Provinces Unies pour l'apprendre à la posterité ont fait fraper cette Medaille.*

La seconde.

Un Combat Naval.

REVERS.

Les Armes des sept Provinces attachées & suspenduës en l'air,
au dessous cette inscription:

DE GODT DER GODEN ZET

DEN OCEAEN DE WET

ALS HOOFT DER AMIRAELEN

HY STERKT DER STAETEN HELT

DIE BOEIT HET BRITSCH GEWELT

WIE KAN GODTS MAGT BEPAELEN.

*Dieu donne des loix à l'Ocean comme étant le maî-
tre des Admiraux, il fortifie les Guerriers des
Estats & arrête les forces Britanniques : Qui est-
ce qui peut borner la puissance de Dieu?*

Dans le tour.

VICTORIA ORDINUM CONFOEDERATI BELGII
SUB AUSPICIO ARCHITALASSI MICHAELIS RUITER
M. DC. LXVI.

Victoire des Eſtats des Provinces Unies ſous la conduite de

l'Admiral Michel de Ruiter

1666.

CE fut en cette année que l'Electeur de Brandebourg & le Duc de Neubourg terminerent par un Traité tous les anciens differens qui étoient entre leurs Maïſons à cauſe de la ſucceſſion de Cleves & de Juliers ; l'Electeur eut le Pays de Cleves avec les Comtez de la Mark & de Ravenſberg , & le Duc les Duchez de Juliers & de Bergue.

LE ſieur de Buat Gentil-homme François dont on à cy-devant remarqué la belle action à la décente des Hollandois en l'Iſle de Funen dans le Dannemark , fut décapité à la Haye au mois d'Octobre, accuſé d'intelligence avec l'Angleterre.

TOUS

OUS ces cruels Combats tant de fois repris ne servoient qu'à détruire deux voisins obstinez à leur ruine, & ne decidoient rien ni pour les vainqueurs ni contre les vaincus ; ces considerations firent accepter aux parties interessées la mediation de la Suede pour la Paix & convenir de la Ville de Breda pour l'Assemblée des Plenipotentiaires : l'ouverture s'en fit par l'Ambassadeur de Suede, comme Mediateur, le 14. May 1667. Tandis qu'on travailloit à l'avancement d'une œuvre si salutaire, les Hollandois ne laisserent pas de mettre leur Flotte en Mer ; Ruiter détacha dix-sept Vaisseaux de Guerre des plus legers, avec quatre Barques & autant de Brulots pour entrer dans la Tamise : le Lieutenant Admiral de Gent qui en avoit la conduite & qui étoit accompagné de Corneille de Wit Député des Estats sur la Flotte, entra dans la Tamise & emporta le 20. Juin le Fort de Chernesse situé à l'embouchure de la Riviere de Chatan; il y demeura jusqu'au vingt-uniéme qu'il en fit sauter les fortifications, aprés avoir enlevé ou brûlé tout ce qui servoit à l'équipage des Vaisseaux dont les Anglois avoient en ce lieu un Magasin de plus de quatre cens mille livres ; le 22. il remonta la Riviere, força les chaînes qui étoient au dessous du Château d'Uptom, mit le feu à trois grands Navires & prit le Vaisseau appellé le Royal-Charles, avec une Fregatte montée de 44. pieces de canon ; le lendemain quelques Fregattes legeres & des Brulots allerent mettre le feu à trois autres Navires malgré les coups continuels du canon des Anglois & de leur mousqueterie : cette hardie & heureuse entreprise qui ne coûta pas aux Hollandois plus de cinquante hommes, remplit d'effroy la Ville de Londres & fit avancer la conclusion de la Paix, dont le Traité fut signé à Breda le dernier Juillet.

1667.

Les Estats pour reconnoître les services que Ruiter Wit & Gent leur avoient rendus en cette occasion, ordonnerent qu'on leur feroit à chacun présent d'une couppe d'or sur laquelle l'action de Chatan seroit gravée ; ils firent aussi fraper ces quatre Medailles pour la Paix de Breda.

La premiere.

La Paix tenant d'une main un rameau d'olivier avec une corne d'abondance, & de l'autre un flambeau dont elle brûle des Armes ; à son côté est un amour qui tient une flêche la pointe en haut.

Autour de la Medaille ces mots :

XXx

HISTOIRE

BELLO AB ANGLIS ILLATO,

A BELGIS FORTITER GESTO, VINDICATA

MARIUM LIBERTATE

ET QUÆSITA ARMIS PACE XXXI. JULII

M. DC. LXVII.

La Guerre commencée par les Anglois a été courageu-
sement soûtenuë par les Hollandois , la liberté
des Mers conservée & la Paix faite par les ar-
mes le 31. Juillet 1667.

REVERS.

Le Plan de la Ville de Breda.

Autour.

BREDA BELLONÆ SEDES CLANDESTINO

ET APERTO MARTE CELEBERRIMA,

CONCILIANTIBUS

SUECIS DAT PACEM GALLIS , ANGLIS , DANIS,

BELGIS ET ORBI QUIETEM.

La Ville de Breda siege de Bellonne tres-celebre par
la Guerre cachée & par la Guerre ouverte , don-
ne la Paix aux François , aux Anglois , au Da-
nois , aux Hollandois & le repos au monde par
la mediation des Suedois.

CES mots de Guerre cachée & ouverte , marquent la surprise de
Breda par le moyen d'un Bateau de tourbes , & sa prise par Frederic
Prince d'Orange.

La seconde.

Pallas foulant aux pieds la discorde , elle tient du côté droit un Sceptre
ayant un œil sur la pointe , un mouton est couché à ses pieds;

dans l'éloignement on voit des Vaisseaux en feu ; elle tient du côté gauche une lance où sont attachées les sept fleches, un Lion repose à ses pieds , & dans le loingtain des Navires paroissent sur une Mer tranquille.

Au haut de la Medaille ces mots :

MITIS ET FORTIS.

Doux & fort.

Dans l'Exergue.

PROCUL HINC MALA BESTIA REGNIS. M. DC. LXVII.

Eloigne-toy de ces Royaumes , méchante bête.

REVERS.

La concorde tenant de la main droite une épée dont la pointe est surmontée d'une couronne , & de la gauche un caducée avec une corne d'abondance , elle marche sur des Armes ; au haut une main sortant du Ciel & tenant les Ecussons d'Angleterre & de Hollande : derriere la Déesse un écriteau voltigeant sur lequel est ce vers.

IRATO BELLUM , PLACATO NUMINE PAX EST.

La Divinité étant en colere c'est la Guerre , étant appaisée

c'est la Paix.

Dans l'Exergue.

REDIIT CONCORDIA MATER. BREDÆ JULII XXXI

M. DC. LXVII.

La Mer concorde est revenuë. A Breda le 31. Juillet 1667.

Autour du revers.

NUMISMA POSTERITATI SACRUM BELGA

BRITANNOQUE CONCILIATIS.

Medaille confacrée à la pofterité aprés la Paix faite entre la Hollande & l'Angleterre.

La troifiéme Medaille.

Un Lion tenant entre fes pattes un canon & ayant fous luy des Armes.

LEO BATAVUS.

Le Lion Belgique.

Dans le loingtain plufieurs Vaiffeaux. Autour ce vers.

SIC FINES NOSTROS LEGES TUTAMUR ET UNDAS.

C'eft ainfi que nous défendons nos frontieres , nos loix & nos Mers.

REVERS.

Les Armes d'Amfterdam.

DEO AUSPICE

ASSERTIS NON MINORE ANIMÓ

QUAM SUCCESSU

AVITIS PATRIÆ LEGIBUS ADVERSUS TRES

POTENTISSIMOS HISPANIARUM REGES,

COACTIS DEINDE SEMEL

ITERUMQUE CONTRA VICINOS BRITANNOS ARMA

SUMERE BATAVIS,

POST PACEM EGREGIA VIRTUTE BELLO PARTAM,

ATQUE REDUCTA GENERIS

HUMANI COMMERCIA , CONSULES

SENATUSQUE AMSTELODAMENSIS MONUMENTUM HOC

CIƆIƆCLXVII. FIERI CURARUNT.

Aprés

Aprés que les Hollandois sous les auspices du Seigneur ont assuré avec autant de courage que de succés les anciennes Loix de leur Patrie contre trois Rois d'Espagne tres-puissans, qu'ils ont été ensuite forcez de prendre deux fois les armes contre les Anglois leurs voisins, qu'ils ont acquis la Paix par leur valeur dans la Guerre, & qu'ils ont rétably le Commerce de toutes les Nations ; les Magistrats d'Amsterdam ont pris soin de faire fraper cette Medaille en l'année 1667.

La quatriéme.

Neptune sur son char qui appaise de son trident les flots irritez de la Mer où sont plusieurs Vaisseaux.

Autour ces mots du sixiéme de l'Eneïde.

SIC CUNCTUS PELAGI CECIDIT FRAGOR.

Ainsi la Mer est devenuë calme.

REVERS.

La Ville de Breda.

Au dessus deux Amours qui soûtiennent les Ecussons des Armes de France, d'Angleterre, de Suede, de Dannemark & de Hollande.

Autour ce vers du onziéme de l'Eneïde.

NULLA SALUS BELLO, PACEM TE POSCIMUS OMNES.

Il n'y a point de seureté dans la Guerre, nous demandons tous la Paix.

PHILIPPES IV. Roy d'Espagne étoit mort dés l'année 1665, & Charles Second son fils luy avoit succedé;
le Roy de France ayant demandé raison des droits de
la Reine Marie Terese d'Austriche son épouse, fille de
Philippes, sur le Duché de Brabant, & n'ayant point
eu de satisfaction, il entra dans la Flandre en l'année
1667 : Emanuël de Moura Cortereal Marquis de Castel
Rodrigo qui en étoit Gouverneur, n'opposa aux Armes Françoises qu'une
resistance inutile ; les Espagnols furent battus en diverses rencontres &
perdirent plusieurs Places. Ils ne furent pas plus heureux en 1668 ; le
Roy prit dans le mois de Fevrier toute la Franche-Comté, & la continuation de ses conquêtes paroissoit infaillible : mais il voulut bien accorder la Paix à l'Espagne, & le Traité en fut conclu à Aix la Chapelle le
2. May par la mediation des Estats ; l'Isle, Doüay, Tournay, Courtray,
Oudenarde, Ath, Bergue, Armantieres & Charleroy, demeurerent
aux François, qui rendirent aux Espagnols la Franche-Comté : ainsi ce
Prince magnanime arrêta luy-même la rapidité de ses conquêtes, & ne
voulut point se prévaloir ni de la puissance du Conquerant ni de la foiblesse de l'Ennemy.

ALPHONSE Roy de Portugal ayant été arrêté par ses propres Sujets en 1667., Dom Pedro son frere eut la Regence du Royaume & épousa en cette année 1668 , Louïse Marie de Savoye , qui avoit épousé Alphonse dont le Mariage fut déclaré nul ; évenement qui a peu d'exemples.

LE Prince d'Orange qui par une heureuse prévention de la nature & par une belle éducation faisoit paroître une vertu robuste à l'âge de dix-huit ans , fut en Septembre déclaré à Middelbourg premier Noble de Zelande & Président des Estats de cette Province.

LES Estats Generaux glorieux de la prosperité de leur Republique & d'avoir été les Mediateurs de la Paix entre deux Couronnes qui donnent le mouvement à tant d'autres , firent fraper cette Medaille.

Une Dame representant la Hollande , elle est appuyée contre un trophée , & tient d'une main une picque ayant un chapeau sur la pointe & de l'autre les Armes des Estats Generaux ; dans le lointain des Vaisseaux.

REVERS.

Cette inscription dans une ceinture des Armes des Provinces Unies.

ASSERTIS LEGIBUS, EMENDATIS SACRIS;

ADJUTIS, DEFFENSIS,

CONCILIATIS REGIBUS, VINDICATA MARIUM LIBERTATE,

PACE EGREGIA VIRTUTE ARMORUM

PARTA,

STABILITA ORBIS EUROPÆI QUIETE,

NUMISMA HOC STATUS

FOEDERATI BELGII CUDI FECERUNT

CIƆIƆCLXVIII.

Aprés avoir assuré les Loix , reformé les abus de la Religion , assisté, défendu & reconcilié les Rois , rendu la liberté aux Mers , fait faire par la for-

ce des armes une Paix glorieufe & rétably le re-

pos dans l'Europe, les Eftats des Provinces Unies

ont fait fraper cette Medaille en 1668.

CETTE Medaille & celles de *Mitis & fortis* & de *Leo Batavus*, ont paffé pour fuperbes & pour injurieufes aux Têtes Couronnées; l'on a même cru qu'elles ont été caufe en partie de la Guerre qui embrafera la Hollande dans peu d'années.

QUOYQUE les Eftats fuffent par tout en paix, ils ne laiffoient pas, fuivant la politique ordinaire des Republiques, de prendre ombrage des moindres démarches de leurs voifins; les divers avis qu'ils reçûrent qu'on avoit deffein fur les Pays-bas, furent caufe du projet de la triple alliance: il y eut en 1669 plufieurs Conferences à la Haye pour en former le Traité. L'armement que faifoit l'Evêque de Munfter augmenta le foupçon des Eftats; ils firent marcher des Troupes aux frontieres de Weft-phalie, & envoyerent le fieur de Mortagne à ce Prelat qui promit d'ob-ferver le dernier Traité qu'il avoit fait avec eux.

1669.

LE voyage que le Roy de France fit en Flandre avec la Reine & le Dauphin en 1670, alarma les Hollandois lefquels envoyerent le Baron d'Opdam complimenter Sa Majefté.

1670.

L E bon accuëil que le Roy fit au Baron d'Opdam & fon retour en France , fufpendirent la crainte des Eftats pour peu de temps , car elle recommença en l'année 1671 fur la continuation de l'armement de l'Evêque de Munfter ; comme la Garnifon que Rodolphe Augufte Duc de Volfembutel avoit mife à Hoxtel & que l'Evêque vouloit faire fortir , en paroiffoit le feul motif, les **1671.**

Eftats ne cefferent point que l'affaire ne fût accommodée par leur mediation ; mais les Vaiffeaux qu'on équipoit en Angleterre & le Traité que le Milord Montaigu negotioit à Paris , firent juger aux Eftats que la France & l'Angleterre fe difpofoient à leur faire la Guerre par Terre & par Mer ; ils étoient trop bien inftruits de la puiffance de ces Couronnes pour negliger les moyens de leur refifter ; le peril dont ils fe voyoient menaffez par les armes & par l'union de deux voifins fi redoutables , leur firent employer tous leurs foins & toute leur politique pour maintenir contre-eux leur gloire & leur liberté : ils envoyerent des lettres circulaires à chaque Province ; donnerent leurs ordres dans les Admirautez ; confererent avec les Miniftres de l'Empire & d'Efpagne qui étoient à la Haye , afin d'obtenir de leurs Maîtres des Troupes Auxiliaires , & convoquerent l'Affemblée des Eftats. Le Prince d'Orange qui avoit déja fait paroître dans le Confeil d'Eftat une capacité confommée , fut deftiné pour être General ; qualité qui fut le premier degré de l'élevation du Prince aux Charges que fes Ancêtres avoient poffedées dans la Republique , & où

nous le verrons bien-tôt monter par les vœux & les suffrages des peuples:
le Prince s'étant ensuite transporté sur les frontieres , les Estats sur son
rapport ordonnerent que les Villes de Wezel , d'Orsoy & de Rhinberg ,
seroient fortifiées ; & tous les Seigneurs se promirent d'être unis plus étroitement que jamais pour la défense de la Patrie.

CETTE Medaille fut frapée en cette année , pour donner des marques publiques de la bonne intelligence qui étoit entre toutes les Provinces.

Les Armes des sept Provinces Unies.

CONCORDIA RES PARVÆ CRESCUNT.

REVERS.

Les Armes des Estats Generaux.

DISCORDIA MAXIMÆ DILABUNTUR.

CETTE sentence de Salluste est la devise ordinaire des Estats , qui
a été cy-devant expliquée.

L'ETRANGE revolution qui va éclater dans la Re-
publique de Hollande, témoigne bien la foibleſſe des
grandeurs humaines, & que dans le temps qu'on les
croit au plus haut point de leur élevation, c'eſt lors
aſſez ſouvent qu'elles ſont à la veille de leur chute ;
cette Republique ſi ſage, ſi floriſſante, ſi guerriere
& ſi bien unie, va paroître ſans Conſeil, ſans force,
ſans diſcipline & ſans union : ſes meilleures Places ne reſiſteront point,
on-paſſera ſes Rivieres à la nage, on mettra en fuite les Troupes qui en
garderont les bords, ſon Armée abandonnera ſes poſtes & n'attendra
point l'Ennemy ; une de ſes Provinces ſe rendra ſans combattre & les autres ſeront diviſées par des factions ; enfin cette Republique qui croyoit
ſes Places, ſes Rivieres & ſes Troupes des obſtacles invincibles aux François, ſera reduite à rompre elle-même les digues qui défendent ſe plaines
contre la Mer, & n'oppoſera point d'autres barrieres à la valeur des
Conquerans que l'inondation de ſes plus fertiles campagnes. Je laiſſe aux
Politiques la recherche des cauſes d'un revers ſi ſurprenant, & je paſſe
au recit de ce qui eſt arrivé de plus memorable dans une Guerre où la
plûpart des Princes de l'Europe ſe ſont interreſſez ; je ne mettray que
les Medailles qui en ont été frapées dans les Provinces Unies, afin que
celles faites en France au ſujet de ſes conquêtes, puiſſent ſervir à l'Hiſtoire Metallique de ce Royaume.

1672.

L E S Hollandois bien informez que l'armement de France & d'Angleterre étoit deftiné contre-eux , continuerent à fe mettre en état de fe défendre ; ils munirent leurs Places , équiperent leurs Vaiffeaux , garni‧ rent de Soldats les bords de l'Iffel & du Rhin , leverent de nouvelles Troupes , formerent un Corps d'Armée , & n'oublierent rien pour refi‧ fter à l'orage qu'ils s'étoient eux-mêmes attiré. En effet depuis quelques années les Eftats n'avoient pû diffimuler le chagrin que la profperité continuelle de la France leur donnoit : la reputation de fes forces , l'éta‧ bliffement de fes Compagnies des Indes & l'éclat de fes dernieres conquê‧ tes , leur avoient caufé de l'inquietude ; ils ne fe fouvenoient plus de fon alliance , de fa protection & de fes bienfaits ; au contraire , ils avoient fait des Traitez avec fes Ennemis , & ceux qui leur avoient fait une cruelle guerre pendant quatre-vingts années , étoient devenus leurs plus chers Alliez. Le Roy de France ne pouvant fouffrir cette nouvelle politique & tant d'ingratitude leur déclara la Guerre le 6. Avril 1672 , après avoir fait affurer l'Empereur Leopold fils de Ferdinand III. & le Roy d'Efpa‧ gne , que fes Armes qu'il alloit porter dans la Hollande ne troubleroient point leurs Eftats , & qu'il entendoit entretenir les Traitez de Paix qu'il avoit fait avec eux. Le Roy de la Grand' Bretagne qui fe plaignoit de la conduite des Eftats , leur déclara auffi la Guerre.

L O U I S L E G R A N D apprit bien-tôt aux Hollandois ce que peut une Armée aguerrie qui agit fous les Ordres d'un Souverain grand Capi‧ taine , & dont l'autorité n'eft point divifée , contre une Republique dont le Gouvernement eft partagé & l'ancienne vigueur affoiblie par les deli‧ ces de la Paix , par le luxe & par les richeffes ; étant arrivé à Charleroy où étoit le rendez-vous de fes Troupes , il marcha contre les Hollandois à la tête de cinquante mille hommes , dans fa marche il divifa fon Ar‧ mée en quatre Corps pour faire quatre Sieges en même temps ; il affie‧ gea Rhinberg avec un de ces quatre Corps ; en donna un autre à Philip‧ pes Duc d'Orleans fon frere , qui attaqua Orfoy ; envoya le Prince de Condé avec le troifiéme devant Wezel , & le Vicomte de Turenne qui commandoit le dernier , eut ordre de s'attacher à Burick : ces quatre Villes furent prifes dans les cinq premiers jours du mois de Juin , ce qui jetta une telle épouvante dans les Places voifines que Reez & Emmerik ouvrirent leurs portes fans avoir fait aucune refiftance.

L E S Hollandois fe défendirent mieux fur la Mer qu'ils ne firent fur la Terre ; leur Flotte où Corneille de Wit reprefentoit la fouvraineté des Eftats Generaux , partit du Texel fous le commandement de l'Admiral de Ruiter , & prit fa route vers les côtes d'Angleterre : elle n'y fut pas long-temps fans rencontrer la Flotte Angloife dont le Duc d'York étoit Admiral , & que Jean Comte d'Eftrée Vice-Admiral de France avoit joint avec trente Vaiffeaux ; le Combat fe donna le 7. Juin , il fut rude & fanglant & dura depuis cinq heures du matin jufqu'à la nuit qui fépara

les

les deux Armées : les François y montrerent qu'ils étoient également invincibles sur l'un & sur l'autre Element , ils perdirent le sieur de Kabe-
nie Chef d'Escadre ; les Anglois l'Admiral Guillaume Montaigu Chef
de l'Escadre du Pavillon blanc ; & les Hollandois le Vice-Admiral de
Gent : pour la victoire elle demeura incertaine , & chaque Party se l'attribua.

A P R E's la prise des six Places du Duché de Cleves , le Roy rassem-
bla son Armée & s'avança vers l'Isle de Betau ; comme il se preparoit à
passer le Rhin , il eut avis qu'il y avoit un gué au Fort de Tolhvis ,
s'y étant rendu avec des Troupes , il détacha des Cavaliers pour tenter
le passage quoyque le Rhin fût tres-large en cet endroit & que de
l'autre côté il parût des Ennemis : ces Cavaliers détachez , à la tête
desquels se mit le Comte de Guiche , s'etant jettez dans le Fleuve , furent
suivis de plusieurs personnes de qualité , & tous ensemble animez par la
présence de leur Prince , passerent le Rhin à la nage , gagnerent l'autre
bord malgré les Soldats qui le gardoient & les mirent en fuite à coups
d'épée ; le Roy plain d'esperance par ce premier succés commanda aux
Compagnies de sa Maison de passer par le même chemin , ce qu'elles
executerent avec un ordre & une intrepidité admirable. Les François qui
étoient entrez dans l'Isle défirent & renverserent tout ce qui se trouva
devant eux , sous la conduite du Prince de Condé qui avoit passé dans
un Bateau. Cette action ne cede point au passage du Granique par Alexandre & surpasse celuy du Rhin par César dont l'antiquité a fait tant de
bruit ; elle auroit été aussi heureuse qu'elle étoit hardie , si Charles Paris d'Orleans Duc de Longueville , Armand de Botru Comte de Nogent
& Guy de Chaumont Marquis de Guitry , n'y eussent point été tuez ,
& si elle n'eût point coûté de sang au Prince de Condé qui fut blessé
d'un coup de pistolet au bras , ce qui l'empêcha d'agir le reste de la
campagne : Armand de Cambout Duc de Cojslin , François de Bonne
Comte de Sault , Louïs Victor de Rochechouart Comte de Vivonne ,
Henry Marquis de Beringhen & quelques autres Seigneurs furent aussi
blessez. La mort du Duc de Longueville fut une perte d'autant plus sensi-
ble qu'une grandeur digne de sa naissance & de ses belles qualitez , sembloit
luy être destinée & qu'il étoit l'unique esperance de sa Maison , laquelle
doit son origine au fameux Jean d'Orleans Comte de Dunois & de Longueville , qui rendit de si grands services à la France sous le Regne de
Charles V I I.

L E passage du Rhin porta la terreur par toute la Hollande ; le Prince d'Orange quitta les bords de l'Issel & se retira plus avant dans le Pays
avec l'Armée des Estats qu'il commandoit , & la Ville d'Amsterdam fit
couper les arbres , ruiner les jardins & abatre les maisons qui pouvoient
nuire à sa défense.

CETTE Ville fit fraper cette Medaille pour marquer la vigilance
& la refolution de fes Bourgeois qui étoient continuellement fous les armes.

Une guerriere reprefentant Amfterdam, elle eft dans un parq avec
un Lion , & tient de la main droite une picque & de la gauche
un bouclier fur lequel font les Armes de la Ville ; dans le lointain des combats par Terre & par Mer.

VIGILANDO.

En veillant.

REVERS.

DAMSTERDAMSCHE BURGERY

TART DES VIIANDIS RAZERNY

EN STAET MOEDIG DAG EN NACHT

VOOR DE VRIHEYT OP DE WACHT

DIES WORT AEN HAER TROU MET RECHT

DEEZE PENNING TOEGELEGT.

Les Bourgeois d'Amfterdam défient la fureur de leurs
Ennemis ; ils font garde jour & nuit avec fier-
té & courage : ainfi cette Medaille eft accordée
avec juftice à leur fidelité.

E gros de l'Armée Françoise étant paſſé dans le Betau, le Roy continua ſes conquêtes avec la même rapidité qu'il les avoit commancées ; Arnhem , Doeſbourg , le Fort de Skin , Zutphen , le Fort & la Ville de Nimegue , les Forts de ſaint André & de Crevecœur & la Ville de Bommel , toutes Places ſituées dans le Duché de Gueldre , ſe ſoûmirent à ſes armes victorieuſes : Narden, Woërden , Oudewater en Hollande & Grave , ne ſe défendirent point; Utrecht envoya ſes Députez au Roy luy porter ſes clefs avec l'obéiſſance de ſa Province , & Amſterdam ſe mit au milieu des eaux par l'ouverture des écluſes. La poſterité ne croira pas facilement que des Fortereſſes eſtimées imprenables ſe ſoient ſi mal défenduës , que pas une Place, excepté Nimegue , ait tenu plus de vingt-quatre heures de tranchées ouvertes , que preſque toutes leurs Garniſóns ſe ſoient renduës à diſcretion , & que dans un Pays qui a été l'école de l'Europe pour les Sieges, le Roy ait fait tant de conquêtes en moins de deux mois. Une campagne ſi glorieuſe fait voir que ſouvent nous doutons à tort de la verité des actions prodigieuſes que nous liſons dans l'Hiſtoire, & que rien n'eſt impoſſible à un Monarque puiſſant , ſage , brave , infatigable , adoré de ſes Sujets , & bien ſervy par des Miniſtres zelez , intelligens & fideles.

D'un autre côté Maximilien Henry de Baviere Electeur de Cologne & l'Evêque de Munſter qui s'étoient déclarez contre les Eſtats , joigni-

1672.

rent leurs Troupes enfemble pour les attaquer ; l'Evêque qui les commandoit en perfonne entra dans la Province d'Overiffel & prit Oldenzeel, Otmarfen, Grol, Deventer, Zwol, Campen, Steenwick & Coëvorden : les Troupes Auxiliaires de France qui avoient joint l'Armée des deux Prelats, contribuërent beaucoup à la facilité de leurs conquêtes.

LA perte d'une Province & de la plus grand' partie des deux autres mit les Hollandois dans la derniere confternation ; ils crurent que pour maintenir la Republique, il faloit confier fa défenfe au Prince d'Orange & luy donner la Charge de fes Ancêtres : les Habitans de Dordrecht Capitale de la Hollande, furent les premiers qui le nommerent Stathouder, c'eft à dire Gouverneur & l'appuy de l'Eftat ; cette nomination ayant été fuivie de celle de toutes les Provinces, il en prêta le ferment à l'Affemblée generale des Eftats qui fe tenoit à la Haye.

CETTE Medaille fut frapée pour la nomination du Prince d'Orange à la Charge de Stathouder.

Il eft en bufte, armé.

GUILLELMUS TERTIUS DEI GRATIA,

PRINCEPS AURAICÆ, COMES NASSAVIÆ.

Guillaume III. par la grace de Dieu Prince d'Orange,
Comte de Naffau.

REVERS.

La Déeffe Pallas tenant d'une main une demie picque & de l'autre un bouclier chargé d'un peuplier, à fa droite un oranger & à fa gauche un bucher fur lequel un phenix vient d'être confommé.

NEC SORTE, NEC FATO.

Ni par le hazard, ni par le deftin.

CES mots font connoître que l'élection du Prince n'eft point l'ouvrage de la fortune & que c'eft une juftice que les Eftats luy rendent ; l'oranger verdoyant reprefente ce Prince qui renaît des cendres de fon pere comme un jeune phenix : j'ay déja expliqué le peuplier dans la Medaille de Guillaume de Naffau en 1572.

JAMAIS

Twee Witten eens gezint
Gevloeckt ge haet gemint
Ten spiegel van de Grooten
Verheven en verstooten

In alles Lotgemeen
Stam naer hun doot bijeer
Gelijck zij huernaetleven
Zoo konstig zijn gedreven

NUNC REDEUNT ANIMIS INGENTIA CONSULIS ACTA ET FORMIDATI SEPTIRIS ORACULA MINISTRI

Wie op't Gheluck teveele staunt
Heeft op t kranckenriet geleimt
t is wanckel rondt en slibbor gladt
Het dracyt en keert gelyk een radt
Dus nemant stel syn hoopte seer
Op's weerelts slaet op mach Eer.
JVR

AMAIS l'union ne fut plus neceſſaire aux Hollandois, & jamais les ſept Provinces ne furent plus diviſées ; Jean de Wit Penſionnaire de Hollande & Corneille de Wit ſon frere grand Bailly de Putten, étoient depuis long-temps les principaux Miniſtres de la Republique ; ils s'étoient toûjours oppoſez à l'avancement du Prince d'Orange & ſa derniere élevation avoit été faite malgré eux : ils ne manquoient pas d'amis & de creatures, & les Eſtats étoient remplis de leurs Partiſans. Le peuple qui aimoit le Prince ne put ſouffrir que ſes ennemis euſſent part davantage au Gouvernement, & les accuſoit des calamitez publiques ; ces partialitez furent cauſe de la mort violente des deux freres : le grand Bailly ayant été arrêté à Dordrecht & conduit à la Haye, la Cour de Hollande luy fit ſon procés & le bannit de la Province ; le Penſionnaire étant venu à la priſon pour le retirer, la populace qui s'étoit amaſſée devant la porte voyant ſortir les deux freres, ſe jetta ſur eux avec fureur, les maſſacra & exerça ſur leurs corps tout ce que luy inſpira l'emportement : ces victimes du malheur de l'Eſtat étoient dignes d'une plus heureuſe deſtinée.

Leurs amis firent fraper ces quatre Medailles pour conſerver l'honneur de leur memoire.

La premiere.

Les deux freres de Wit en buſte.

ILLUSTRISSIMI FRATRES

JOHANNES ET CORNELIUS DE WIT,

VIOLENTA MORTE

DELETI HAGÆ COMITIS XX. AUGUSTI

M. DC. LXXII.

Les tres-illuſtres freres Jean & Corneille de Wit, maſſacrez à la Haye le 20. Aouſt 1672.

REVERS.

Deux Vaiſſeaux qui periſſent en même temps & d'un même coup de Mer.

BBbb

Una mente , una sorte.

Ils ont été d'un même esprit , ils meurent aussi de la même maniere.

La seconde.

Les deux freres comme à la premiere.

REVERS.

Twee Witten eens gezint

gevloeckt gehaet gemint.

ten spiegel vande grooten

verheven en verstooten

in alles lotgemeen

staen naer hun doot by een

gelyck zy hier naet leven

zoo konstig zyn gedreven.

Les deux de Wit également bien intentionnez , maudits , hays , aimez , élevez & abbaissez , sont icy unis ensemble & representez au naturel ; ils ont fini d'un même genre de mort pour servir d'exemple aux Grands.

La troisiéme.

Ils sont en buste & se regardent l'un l'autre ; Corneille de Wit est en Guerrier & son frere en Magistrat.

Cornelius de Wit natus anno M. DC. XXIII.

Corneille de Wit né en l'année 1623.

Johannes de Wit natus anno M. DC. xxv.

Jean de Wit né en 1625.

Derriere le buſte de Corneille, ces mots d'Horace :

INTEGER VITÆ.

Il étoit d'une vie pleine d'integrité.

Derriere celuy de Jean, ces autres mots du même Poëte :

SCELERISQUE PURUS.

Il étoit exempt de tout crime.

Au deſſous des deux buſtes.

HIC ARMIS, MAXIMUS ILLE TOGA.

Celuy-là fut tres-grand dans les Armes, & celuy-cy dans la Robe.

REVERS.

Les corps des deux freres que pluſieurs animaux déchirent.

Autour.

NUNC REDEUNT ANIMIS INGENTIA
CONSULIS ACTA,
ET FORMIDATI SCEPTRIS ORACLA MINISTRI.

On ſe ſouvient à preſent des grandes actions de ce Magiſtrat
& des oracles de ce Miniſtre qui étoit redoutable
aux Sceptres.

Deux rameaux de branches ſeches & dépoüillées de feüilles, forment
autour des animaux une ceinture entrelaſſée d'un cordon ſur
lequel eſt ce vers du ſixiéme de l'Eneïde.

MENS AGITAT MOLEM ET MAGNO
SE CORPORE MISCET.

Une intelligence ſecrete fait agir toute la maſſe & ſe mêle
parmy ce grand corps.

HISTOIRE

Dans l'Exergue.

NOBILE PAR FRATRUM SÆVO FUROR ORE

TRUCIDAT XX. AUGUSTI.

Les deux Nobles freres font tuez par une cruelle
fureur le 20. Aouft.

La quatriéme Medaille.

Un char fur lequel font deux hommes ; celuy qui eft affis fur le derriere a une Couronne fur la tête & tient un Bâton de Commandant ; l'autre fur le devant à la place du Cocher tient les rênes dont il conduit quatre hommes qui tirent le char & qui ont les têtes couronnées ; au deffus eft un tableau où l'on voit les corps des deux freres pendus & qu'on déchire : cette infcription dans le tableau.

JAN EN CORNELIS DE WIT

INDEN HAEGH GEDOOT

EN MISHANDELT.

Jean & Corneille de Wit maffacrez & maltraitez
à la Haye.

Au deffous du char.

IN WEELDEN SIET TOE

ALLES MET BEDACHT.

Méfiez-vous de la profperité & faites tout
avec prudence.

REVERS.

WIE OPT GHELUCK TEVEELE STEUNT

HEEFT OPT KRANCKENRIET GELEUNT

TIS WANCKEL RONDT EN SLIBBER GLADT

HET DRAEYT EN KEERT GELYK EEN RADT

DUS

DUS NIEMANT STEL SYN HOOP TE SEER

OP SWEERELTS STAET OP MACHT OP EER.

Qui se fie trop en son bonheur s'appuye sur un ro-
seau fragile, c'est un pas fâcheux & glissant
qui change & tourne; ainsi que personne ne com-
pte ni sur son credit ni sur sa puissance.

E retour du Roy en France à la fin de Juillet, la ligue que les Estats venoient de faire avec Frederic Guillaume Electeur de Brandebourg & l'union qui se rétablissoit dans les Provinces, faisoient esperer aux Hollandois du changement dans leur fortune ; leur esperance augmenta par la levée du Siege de Groningue : l'Evêque de Munster ayant assiegé cette Ville, il n'y trouva pas la facilité qu'il avoit euë dans ses premieres conquêtes ; Charles Rabenhaupt qui en avoit le Gouvernement la défendit si bien pendant six semaines, que l'Evêque leva le Siege le 27. Aoust : la resolution des Habitans fut remarquable, quoyque la plûpart de leurs maisons fussent abbatuës ou brûlées par les bombes & par les grenades, ils ne perdirent point courage & demeurerent constans dans la fidelité qu'ils devoient à la Republique.

La levée du Siege de Groningue & la marche du Vicomte de Turenne pour s'opposer aux Troupes qui venoient d'Allemagne au secours des Estats, firent resoudre les Hollandois d'attaquer les François à leur tour ; le Prince d'Orange s'étant mis en campagne assiegea le dixiéme Octobre Woërden où commandoit Henry Robert Eschallard la Boulaye Comte de la Mark, Colonel du Regiment de Picardie : le Comte aprés avoir averty du Siege François Henry de Montmorency Duc de Luxembourg, Gouverneur d'Utrecht, soûtint bravement les attaques des assiegeans ; ceux-cy étoient couverts de forts & de retranchemens, les chemins pour aller à eux étoient inacceſſibles , il faloit paſſer des canaux & des marais ; le Duc ne s'étonna point de ces difficultez, & ſuivi de peu de Troupes , il ſe jetta dans l'eau juſqu'à la ceinture , força les Hollandois dans leurs forts & dans leurs retranchemens & délivra Woërden.

L e Prince ne laiſſa pas de former une autre entrepriſe ſur Charleroy qui eſt une Fortereſſe dans la Comté de Namur , commencée par les Eſpagnols qui luy ont donné le nom de leur Roy , & achevée par les François qui la poſſedent ; le Prince renforcé de l'Armée Eſpagnole commandée par Jean Ferdinand de Marſin , ayant eu avis que Charles de Monſaulin Comte de Montal en étoit ſorty avec des Troupes , vint l'aſſieger le 17. Decembre : il y avoit apparence qu'il emporteroit la Place en peu de temps à cauſe de l'abſence du Gouverneur & de la foibleſſe de la Garniſon ; mais le Comte de Montal y étant rentré avec autant d'adreſſe que de valeur , le Prince leva le Siege , & les Eſpagnols eurent le chagrin d'avoir , ſans aucune utilité pour eux , violé la Paix qui étoit entre les deux Couronnes.

L a fortune qui avoit commencé à ſe déclarer pour les Eſtats dans la Province de Groningue par la conſervation de ſa Capitale , leur continua ſes faveurs dans la même Province par la repriſe de Coëvorden ſur l'Evêque de Munſter ; cette Place eſt la clef des Provinces de Groningue & de Friſe & l'une des plus fortes des Pays-bas , elle eſt entourée de marais & fortifiée de doubles foſſez , de bons rempars , & de ſept baſtions qui portent le nom des ſept Provinces Unies : Rabenhaupt ayant été averty par Meyndert Van Tynen habile Ingenieur de l'Eſtat de Coëvorden , & que la Garniſon s'aſſurant ſur la bonté de la Place faiſoit aſſez mauvaiſe garde , reſolut d'entreprendre ſur cette Ville & de profiter de la rigueur de la ſaiſon qui avoit glacé les marais ; il confia au Colonel Eybergen le commandement general de cette expedition ; le Colonel Jean Sikinga eut la conduite de la Cavalerie , & le Sergent Major Wylers celle de l'Infanterie : les Troupes que Rabenhaupt avoit choiſies pour l'execution étant arrivées aux dehors de Coëvorden le 23. Decembre à trois heures du matin , elles attaquerent la Ville avec tant de vigueur & de hardieſſe qu'elles l'emporterent de force le même jour, & qu'il ne reſta de la Garniſon de l'Evêque de Munſter , que quatre cens hommes qui furent menez priſonniers à Groningue. Cette belle action acheva la memorable année 1672 plus heureuſement pour les Hollandois qu'elle n'avoit commencé.

L e s Eſtats furent ſi ſatisfaits du ſervice de Rabenhaupt qu'ils le firent grand Bailly du Pays de Drente & Gouverneur de Coëvorden , & que cette Medaille fut frapée à ſon honneur.

Il eſt en buſte , armé.

CAROLUS RABENHAUPT GUBERNATOR
GRONINGÆ ET OMELANDIÆ.

Charles Rabenhaupt Gouverneur de Groningue &
des Omelandes.

REVERS.

DE KRIIGSDEUGT EER DIT BEELT

VAN MOET EN TROUW GETEELT

DE SCHRIK DER OORLOGSKNEGTEN

DIE STAD EN LAND BEVEGTEN

NU DRYFT DE KUNST SYN LOF

EN BEELD IN STEMPEL STOF

OM SONDER MOND VEEL EEUWEN

SYN DEUGDEN VYT TE SCHREUWEN.

La ſcience militaire releve ce portrait , celuy qu'il
repreſente eſt courageux , fidele & la terreur des
Ennemis qui attaquent la Patrie ; ce qui luy fait
meriter une loüange publique & graver ce coin
pour publier ſes exploits éternellement.

U O Y Q U E l'Electeur de Brandebourg eût été joint
par quelques Troupes de l'Empire, son armement en
faveur de la Hollande eut peu de succés ; le Vicomte
de Turenne l'arrêta dans la Westphalie & s'opposa si
à propos à tous ses desseins que l'Electeur fit en particulier son Traité avec la France au mois de May 1673.
Pendant que cet accommodement se negotioit, l'An-
gleterre & la Hollande se préparoient à une cruelle Guerre sur l'Ocean,
il y eut entre leurs Flottes deux Combats en Juin & un troisiéme en Aoust;
le Prince Robert étoit Admiral de l'Angloise qui avoit été jointe par
le Comte d'Estrée ; la Hollandoise obéïssoit à Ruiter, & Tromp y commandoit une Escadre : les trois Combats se donnerent aux mêmes Côtes
d'Angleterre avec la même opiniâtreté & la même incertitude de victoire
que le Combat de l'année précedente entre les mêmes Ennemis ; ils n'eurent pas aussi plus de suite & ne deciderent pas davantage pour l'un &
pour l'autre party.

LE ROY s'étant mis en campagne assiegea en personne la Ville de
Mastricht ; elle ne manquoit point ni de vivres ni de munitions, ses for-

1673.

tifications étoient regulieres & sa Garnison de six à sept mille hommes. Dom Jean de Zuniga & Fonceca Comte de Monterey Gouverneur des Pays bas, avoit donné aux Estats le Colonel Farjaux pour y commander; il étoit renommé pour avoir autrefois défendu Valanciennes contre les François , & on l'avoit choisi parmy les Officiers Espagnols comme le plus capable de soûtenir un Siege : cependant la Place ne tint que 13 jours de tranchées ouvertes , & se rendit à composition le 30. Juin. Le Roy fit paroître son experience dans la conduite du Siege , son jugement dans les attaques , sa vigilance & sa vigueur dans ses veilles & dans ses fatigues , & sa fermeté dans le peril ; il ordonna tout , il fut présent à tout , & toute la gloire de cette conquête luy est dûë : aprés la prise de Maftricht qui fut suivie de celle de Treves par Henry Louïs d'Alogny Marquis de Rochefort , le Roy alla en Lorraine & en Alsace d'où il retourna en France.

Le Prince d'Orange de son côté assiegea en Septembre la Ville de Narden qu'il prit aprés six jours de tranchées ouvertes , s'étant ensuite acheminé en Allemagne avec les Troupes Espagnolles ,il y joignit le Comte Raymond de Montecuculi General des Imperiaux ; car l'Empereur avoit pris le party des Estats & la Guerre étoit déclarée entre la France & l'Espagne : le Prince & le Comte assiegerent ensemble la Ville de Bonne, dépendante de l'Archevêque de Cologne ; elle resista huit jours à leur nombreuse Armée & capitula en Novembre.

Au milieu de la Guerre les soins de la Paix n'étoient pas négligez ; le Roy de Suede s'en étant entremis , sa mediation fut acceptée & la Ville de Cologne sur le Rhin choisie pour l'Assemblée des Plenipotentiaires.

Les Estats estimerent la prise de Narden si importante & si favorable pour le rétablissement de leurs affaires , qu'ils firent fraper ces deux Medailles à l'honneur du Prince d'Orange qui en avoit fait la conquête.

La premiere.

Le Prince d'Orange en buste.

GUILHELMUS TERTIUS DEI GRATIA

PRINCEPS AURAICÆ, HOLLANDIÆ ET WESTFRISIÆ

GUBERNATOR.

Guillaume III. par la grace de Dieu Prince d'Orange , Gouverneur de Hollande & de Westfrise.

R E V E R S.

Le même Prince à cheval tenant le Bâton de Commandant.

R E G I T   E T   T E G I T.

Il gouverne & il défend.

Ces mots montrent l'esperance qu'avoient les Hollandois d'être à couvert des armes de leurs Ennemis sous le Gouvernement du Prince & par ses conquêtes.

La seconde.

Le Prince à cheval comme au revers de la Medaille precedente.

Wilhelmus tertius Dei gratia

Princeps Auraicæ, Comes Nassaviæ.

Guillaume III. Prince d'Orange , Comte de Nassau.

R E V E R S.

Les Armes du Prince.

Autour.

La devise ordinaire de l'Ordre de la Jartiere.

Honny soit qui mal y pense.

1674.

OUS allons voir la France refifter avec fes feules for-
ces , à trois des premieres Puiffances de l'Europe ; nous
l'allons voir triompher de l'artifice de fes Ennemis ,
porter la Guerre chez eux , enlever une Province &
gagner des Batailles : enfin nous l'allons voir toûjours
redoutable, toûjours conquerante & toûjours victorieufe. On ne fongeoit qu'à fufciter de nouveaux Ennemis
à la France & à la priver de fes Alliez ; les Miniftres de l'Empereur foli-
citoient l'Electeur de Cologne & l'Evêque de Munfter de fe détacher de
fes interefts , & l'Ambaffadeur d'Efpagne à la Cour d'Angleterre negotioit un Traité particulier de Paix entre cette Couronne & la Hollande.

TOUTES ces intrigues n'empêcherent pas le Roy de France de
donner fes Ordres pour l'execution du deffein qu'il avoit formé fur la
Franche-Comté ; Philippes de Montault de Benac Duc de Navailles , y
entra le 12. Fevrier 1674 , & prit dans le refte du mois la Ville de Gray
& quelques autres Places. Cette Province eft fituée proche la fource de
la Riviere de Saone entre le Duché de Bourgogne , la Suiffe & l'Allemagne , & a paffé à la Couronne d'Efpagne avec les autres Eftats de la
Maifon de Bourgogne ; le Roy l'avoit conquife en Fevrier 1668 , & l'a-
voit renduë par le Traité d'Aix la Chapelle.

TANDIS que le Duc de Navailles faifoit la conquête d'une partie
de la Franche-Comté , le Traité de Paix entre la Grand' Bretagne & la
Hollande avoit été figné à Londres le 19. Fevrier ; les Eftats en ordonnerent

rent des actions de graces dans toutes les Provinces Unies : on fit à la Haye une fête magnifique ; les fontaines de vin coulerent par les ruës ; il y eut des feux de joye , & l'on n'épargna rien , ni les devises , ni les inscriptions à l'honneur de la Nation Angloise & du Prince d'Orange.

CETTE Medaille fut frapée à Amsterdam en memoire de la Paix avec l'Angleterre.

Le Prince d'Orange à cheval en action d'aller à quelque expedition , & tenant en main le Bâton de General ; au dessus de sa tête une branche d'oranger soûtenuë d'un cordon sur lequel sont ces mots :

VIRES ULTRA SORTEMQUE JUVENTÆ.

Au dessus de ses forces & de son âge.

REVERS.

Une colombe qui passe la Mer & qui porte en son bec une palme & un rameau d'olivier.

A DOMINO VENIT PAX ET VICTORIA LÆTA.

La Paix vient du Seigneur & la victoire agreable.

1674.

E Prince Guillaume de Furſtemberg ayant été enlevé à
Cologne par l'ordre de l'Empereur, le Roy ferme dans
la protection de ſes Alliez, demanda la liberté du Prince qui étoit Plenipotentiaire de l'Electeur de Cologne ;
cette juſtice luy ayant été déniée, il retira ſes Ambaſſadeurs & ne voulut plus de conferences dans une Ville
où l'on violoit ſi hardiment le droit de gens & la foy
publique : l'Electeur qui étoit le plus intereſſé dans cet attentat, & l'E-
vêque de Munſter qui avoit parú le plus animé contre les Hollandois,
ne témoignerent pas la même reſolution ; ils s'accorderent avec l'Empire
& la Hollande ſans la participation de la France ; le Traité de l'Evêque
fut ſigné le 22. Avril, & celuy de l'Electeur le 11. May : les Places qui
avoient été priſes furent renduës, & les Eſtats reſtituerent à l'Electeur
Rhinberg dépendant de ſon Archevêché. Cette Ville que le Roy avoit
volontairement abandonnée avec Nimegue, Utrecht & quelques autres
de ſes conquêtes, avoit été livrée aux Eſtats dans le dernier ſiecle par
Gebhard Truckles Archevêque de Cologne, qui s'étoit refugié en Hollande ; ce Prince devenu amoureux d'Agnés de Mansfeld Chanoineſſe de
Gurishim, l'épouſa & prefera ſa Maîtreſſe à ſon Electorat. L'amour l'em-
porte quelquefois ſur l'ambition.

LE ROY malgré l'abandonnement de ſes Alliez qui avoient commencé la Guerre avec luy contre la Hollande, ne changea point l'ordre
de ſes deſſeins & ne diminua rien de la grandeur des entrepriſes qu'il

avoit formées ; étant entré dans la Franche-Comté au mois de May, il
se rendit maître en peu de temps de Besançon, de Dole, de Salins, &
acheva pour la seconde fois l'entiere conquête de cette Province. Il y
reçût la nouvelle que le Vicomte de Turenne aprés avoir emporté en
deux heures Sintzheim dans le bas Palatinat, avoit été attaquer les Imperiaux qui étoient postez avantageusement derriere cette Ville, sous le
commandement du Duc de Lorraine & du Comte de Caprara, & qu'il
les avoit battus & chassez de leurs postes.

Les armes de France ne furent pas moins heureuses aux Pays-bas
qu'elles avoient été ailleurs ; les Imperiaux commandez par Louïs Comte de Souches, les Espagnols par le Comte de Monterey, & les Hollandois par le Prince d'Orange, ayant joint leurs Troupes vinrent camper
le 9. Aoust au Village de Senef en Brabant avec un Corps de soixante
mille hommes : le Prince de Condé General de l'Armée de France n'en
étoit éloigné que d'une lieuë & demie. L'onziéme Aoust les Confederez
quitterent Senef & se mirent en marche ; le Prince de Condé averty de
ce mouvement qui est toûjours dangereux devant une Armée ennemie,
& sur tout quand elle est commandée par un Chef d'experience & de
valeur, resolut de ne pas manquer l'occasion & de les combattre : ayant
laissé passer leur Avantgarde & une partie du Corps de Bataille, il attaqua l'Arrieregarde qu'il tailla en pieces, & sans le Comte de Souches qui
fit mettre de l'Infanterie & du canon à une raveline où le Combat dura
jusqu'à la nuit, les Confederez eussent été entierement défaits : le Prince de Condé fit quantité de prisonniers & prit un grand nombre de dra-
peaux & d'étendars avec tout le bagage de l'Arrieregarde ; Henry Jules
de Bourbon Duc d'Anguien, accompagna par tout son illustre pere &
marcha glorieusement sur ses pas.

Les Confederez qui prétendoient avoir remporté la victoire, allerent ensuitte assieger Oudenarde ; ils presserent la Place dans l'esperance
de l'emporter avant que les François pussent la secourir ; mais le Prince
de Condé s'en étant approché en diligence, ils leverent le Siege à la faveur d'un épais broüillard, contre le sentiment du Prince d'Orange qui
demandoit le Combat & qui se retira le dernier. Les Confederez confir-
merent eux-mêmes par leur retraite que le vainqueur de Rocroy, de
Fribourg, de Norlingue & de Lens, avoit encore été le vainqueur de
Sene.

Cependant les Estats avoient mis leur Flotte en Mer, une partie sous l'Admiral de Ruiter étoit allée aux Indes Occidentales, & l'autre sous Tromp vers les côtes de Bretagne ; celle-cy moüilla l'ancre à la
Rade de Bellisle & Tromp y fit décendre des Troupes sous le Comte de
Horn, elles firent les approches du Château ; mais la prise leur en pa-
roissant difficile, elles se rembarquerent, & Tromp alla faire une autre

décente en l'Isle de Noirmontier où il tira quelque argent des Habitans, ce fut tout ce que la Flotte Hollandoise fit contre la France : car Tromp s'étant remis à la voile cingla vers l'Espagne , & Ruiter attaqua en vain l'Isle de la Martinique possedée par les François, & l'une des Antilles de l'Amerique.

Les Estats avoient aussi fait assieger Grave par le General Rabenhaupt , le Siege tiroit en longueur à cause de l'extraordinaire resistance des assiegez qui faisoient de continuelles sorties & ruinoient tous les travaux des assiegeans ; cela fut cause que le Prince d'Orange aprés la retraite d'Oudenarde , se rendit au Camp des Hollandois devant Grave avec de nouvelles forces , & prit luy-même la conduite du Siege : Errad Bouton Marquis de Chamilly qui en étoit Gouverneur & qui s'étoit défendu avec toute la valeur possible , continua la même défense ; mais ayant reçû ordre du Roy de rendre la Place , il en sortit le 28. Octobre aprés trois mois de Siege ; la composition fut honorable & digne de si braves gens.

On frappa cette Medaille à Amsterdam pour la prise de Grave.

Le Prince d'Orange en buste.

Wilhelmus tertius Dei gratia

Princeps Auraicæ , Comes Nassaviæ.

Guillaume III. par la grace de Dieu Prince d'Orange ,

Comte de Nassau.

REVERS.

Le Plan du Siege de Grave où les quartiers du Camp sont marquez ; sur le devant de la Medaille le Prince d'Orange en pied armé & appuyé sur le Bâton de Commandant , au haut ce mot : GRAEF. *Grave.*

Dans l'Exergue.

1674.

TOUS

T OUS les Princes d'Allemagne s'étoient liguez contre la France à l'exception des Ducs de Bavieres & de Hannover qui étoient demeurez neutres ; l'Electeur de Brandebourg avoit même oublié le Traité qu'il avoit fait avec elle & s'étoit mis au nombre des Confederez : tant de forces unies devoient être invincibles, & il n'y avoit pas d'apparence que la France pût les empêcher de faire du progrés dans ses Provinces : néanmoins le Vicomte de Turenne leur fit tête par tout & les battit trois fois dans l'Alsace ; l'une à Ensheim, l'autre à Mulhausen, & la derniere à Turkin : de sorte que les Confederez repasserent le Rhin sur la fin de Janvier 1675, & furent contraints de prendre leurs quartiers d'hiver en leur propre Pays.

1675.

LE Roy n'apprehendant rien pour ses frontieres du côté d'Allemagne où ses Armes étoient victorieuses, alla en Flandre commander son Armée; il campa proche de Charleroy afin d'observer les Ennemis & pour faciliter à ses Generaux les conquêtes qu'il leur avoit ordonnées : François de Crequy Maréchal de France prit Dinan au Liege ; le Marquis de Rochefort Huy, & le Duc d'Anguien Limbourg, que Jean François de Nassau, qui commandoit dans la Place, rendit aprés avoir soûtenu un assaut.

LE Prince d'Orange & Charles de Guevare d'Aragon Borgia Duc de Villahermosa, Gouverneur des Pays-bas, passerent la Meuse pour secourir Limbourg , mais le Roy étant allé au devant d'eux , ils se reti-rerent. Le Prince d'Orange s'empara au mois de Septembre de Bins dont il fit sauter les fortifications. C'est ce qui se passa cette année de plus memorable dans la Flandre.

Les Estats firent fraper à l'honneur du Prince d'Orange cette Me-daille qui ne marque aucune action particuliere.

Il est en buste, armé.

WILHELMUS A WILHELMO,

Guillaume fils de Guillaume.

Autour de la Medaille.

GODT BEWAERT SYN

KONYNCKLYCKE HOOGHEYT DEN HEERE

PRINS VAN ORANIE.

Dieu conserve son Altesse Royale le Seigneur

Prince d'Orange.

REVERS.

HONOR ET DECUS PATRIÆ.

Il est l'honneur & l'ornement de la Patrie.

Dans l'Exergue.

1675.

 L arriva dans l'Allemagne un malheur qui fut fenfible à toute la France ; le Vicomte de Turenne étant preft de donner bataille aux Imperiaux & étant monté fur une hauteur pour les reconnoître, y fut tué d'un coup de canon le 27. Juillet 1675. Henry de la Tour d'Auvergne Vicomte de Turenne, a été un parfait Capitaine, prudent & retenu quand il faloit temporifer, brave & actif quand il faloit combattre, & ne manquant jamais de refource lors que fa prudence & fa valeur avoient été malheureufes : il a joint aux qualitez de ces differens caracteres toutes les vertus qui font un homme de bien, le fafte, l'ambition, l'amour propre & l'intereft n'ont point eu d'empire fur fon cœur, la modeftie, la moderation, la bonté & la veritable gloire en ont toûjours été les maitreffes ; & l'on peut dire que l'abjuration qu'il fit de l'Herefie en 1668, a été la récompenfe de la pureté de fa vie.

1675.

Le Comte de Montecuculi General des Imperiaux, croyant que la mort du Vicomte de Turenne avoit apporté de la crainte & de la confufion dans l'Armée Françoife, l'attaqua le premier Aouft comme elle faifoit un mouvement pour repaffer le Rhin ; Guy Durasfort Comte de Lorge & le Marquis de Vaubrun qui en avoient la conduite, agirent avec tant d'ordre & de refolution qu'ils repoufferent les Imperiaux, leur tuerent beaucoup de monde & prirent plufieurs étendars : le Combat dura depuis dix heures du matin jufqu'à fept heures du foir ; le Marquis de Vaubrun y fut tué, & Louïs Jofeph Duc de Vendôme bleffé à la cuiffe. Quelque temps aprés cette action Montecuculi paffa le Rhin fur le pont

de Strasbourg & alla mettre le Siege devant Hagueneau Capitale de la
basse Alsace ; le Prince de Condé que le Roy avoit envoyé commander
l'Armée d'Allemagne à la Place du Vicomte de Turenne , s'étant mis en
marche pour secourir les assiegez , Montecuculi leva le Siege ; & aprés
avoir fait une autre entreprise inutile sur Saverne ; il mit ses Troupes en
quartier d'Hiver chez les Alliez de l'Empire.

LE s Chefs des Troupes de Lorraine & de Lunebourg qui étoient
dans l'Archevêché de Treves, eurent plus de bonheur que Montecuculi;
ils défirent le Maréchal de Crequy l'onziéme Aoust & l'obligerent de se
jetter dans Treves où il fut assiegé : quoyque ce Maréchal fit une resistance singuliere , il ne put empêcher que la Garnison ne rendît la Place
malgré luy & qu'il ne demeura prisonnier de Guerre. Le Duc de Lorraine qui avoit été au Siege de Treves , mourut de maladie au mois de
Septembre : Charles de Lorraine étoit né pour la Guerre & s'étoit trouvé en autant de Sieges , de Combats & de Batailles que Capitaine de
son temps ; mais il apprit par sa prison & par la perte de ses Estats ,
qu'un Prince inconstant & de peu de foy éprouve ordinairement l'inconstance & l'infidelité de la fortune.

CETTE Guerre ne fit pas seulement prendre les armes à la plûpart
des Princes d'Allemagne , elle fit encore armer deux Couronnes du Nort
l'une contre l'autre ; Christian V. Roy de Dannemark fils de Frederic III.
prit le party des Confederez & déclara la Guerre à la Suede qui demeura
fidele à la France son ancienne Alliée ; il prit sur elle la Ville de Wismar
dans la basse Saxe que le Baron Wrangel qui en étoit Gouverneur , fut
contraint de rendre à composition aprés s'être vaillamment défendu pendant trois mois. Les Suedois de leur côté s'emparerent de plusieurs Places
sur l'Electeur de Brandebourg ; ce qui l'ayant obligé de quitter le Rhin,
il défit les Suedois , reprit en peu de jours ce qu'ils luy avoient pris , &
les chassa entierement de ses Estats.

COMME Charles XI. Roy de Suede ne pouvoit plus être Média-
teur à cause qu'il s'étoit déclaré contre les Confederez , le Roy d'Angleterre offrit sa médiation qui fut acceptée , & l'on convint de la Ville de
Nimegue pour les Conferences de la Paix.

LE Sr de Pertuis qui avoit été Capitaine des Gardes du Vicomte
de Turenne , fit fraper cette Medaille au sujet de sa mort ; je l'ay mise
icy & j'ay cru que le merite extraordinaire de ce Heros me dispensoit de
l'ordre que j'ay observé de ne point rapporter dans l'Histoire de cette
Guerre que les Medailles faites en Hollande.

Le Comte de Turenne en buste.

HENRICUS DE LA TOUR D'AUVERGNE
PRINCEPS VICECOMES DE TURENNE.

Henry de la Tour d'Auvergne Prince Vicomte de Turenne.

REVERS.

Le Tonnere qui foudroye un chêne dont les branches sont chargées
de diverses sortes de couronnes.

NON LAURI MILLE TUENTUR.

Mille lauriers ne le garantissent point.

1676.

'ESPAGNE qui a perdu des Provinces & des Royaumes par la severité de son Gouvernement, n'avoit pas
oublié dans la Sicile la rigueur ordinaire de sa politique;
les Messinois s'étoient en 1674 revoltez contre-elle,
avoient brisé ses Armes, & mis en leur place celles de
France dont ils avoient imploré l'assistance & la protection qui leur furent accordées. Le Commandeur Jean
Baptiste de Valbelle leur amena de Provence le premier secours ; & le
second y fut envoyé sous la conduite de François Auguste Marquis de
Valavoir, accompagné du Commandeur : étans arrivez à Messine, les
François prirent sur les Espagnols le Château de San Salvador qui commande à l'entrée du Port, & les chasserent des autres postes qu'ils tenoient dans la Ville.

LE Duc de Vivonne en 1675 y étoit arrivé avec un troisiéme secours malgré la Flotte Espagnole qui luy disputoit le passage & que le
Duc avoit contraint de se retirer à Naples ; il avoit délivré Messine du
blocus par Mer & par Terre & emporté la Ville d'Agousta entre Catane
& Siracuse ; les Espagnols qui craignoient de perdre le reste de la Sicile
s'étoient adressez aux Hollandois & leur avoient demandé des Vaisseaux :
Ruiter par l'ordre des Estats avoit fait voile vers la Mediterranée & étoit
arrivé au Port de Melazzo.

L E S mouvemens de Meſſine étoient en cet état au commencement de cette année 1676, en laquelle il y eut ſur la Mer de Sicile trois Combats qui furent tous avantageux aux François : je les mettray icy de ſuite.

R U I T E R étant allé au devant d'une Eſcadre de France commandée par Abraham Duquêne Lieutenant General, il la rencontra proche de Stromboli le 8. Janvier ; ce Combat fut opiniâtre, & les deux Generaux y déployerent toute l'experience qu'ils avoient acquiſe dans la Marine par l'exercice de plus de cinquante années : mais les Vaiſſeaux François paſſerent & arriverent à Meſſine avec les munitions de guerre & de bouche qu'ils avoient apportées de France.

D U Q U E S N E partit de Meſſine pour aller combattre les Troupes d'Eſpagne & de Hollande qui étoient enſemble vers Agouſta ; on combattit prés de cette Place, ce fut entre d'Almeras auſſi Lieutenant General & Ruiter qui étoient à l'Avantgarde des deux Armées que le Combat fut le plus échauffé : d'Almeras y fut tué d'un coup de canon aprés avoir fait des actions qui devoient éterniſer ſa memoire, & Ruiter fut bleſſé à mort en donnant les marques ordinaires de ſa capacité & de ſa valeur. Les François firent quitter aux Eſpagnols le deſſein qu'ils avoient ſur Agouſta & retournerent à Meſſine ; les autres ſe retirerent à Siracuſe où Ruiter mourut de ſes bleſſures le 29. Avril.

L E Duc de Vivonne ayant eu avis que les Flottes Ennemies étoient allées de Siracuſe au Port de Palerme, vint les attaquer dans ce Port, leur brûla ou coula à fond ſix Galeres & douze Vaiſſeaux, jetta l'épouvante dans la Ville de Palerme, y ruina pluſieurs édifices & remporta une certaine & entiere victoire le 3. Juin.

L E corps de Ruiter qui durant ſa vie avoit été à tant de Combats, fut encore à celuy-cy ; le Vaiſſeau qui le portoit ne reçût point de dommage, la guerre reſpecta le tombeau flottant de ce brave Admiral qui l'avoit toûjours aimée & qui avoit fait reconnoître ſon empire ſur toutes les Mers du monde. Quelque temps aprés le Combat de Palerme les Vaiſſeaux Hollandois repaſſerent le détroit & apporterent en Hollande le corps de Ruiter qui fut enterré à Amſterdam avec toute la pompe que meritoit ſes ſervices : en effet, Michel Adrien de Ruiter Lieutenant Admiral General des Provinces Unies, en a rendu d'importans à ſa Patrie ; il étoit fils d'un Bourgeois de Fleſſingue, & s'étoit élevé du plus bas ordre de la Marine à la plus haute dignité où il pouvoit parvenir (car la Charge d'Admiral General demeure toûjours vers les Eſtats ou vers le Prince d'Orange) auſſi avoit-il toutes les qualitez qui rendent l'homme capable d'être luy-même l'ouvrier de ſa fortune ſans le ſecours d'autruy ; jamais perſonne n'a mieux entendu que Ruiter à maintenir la diſcipline dans une Armée Navale , à bien ranger une Flotte & à se préparer au Combat ; il étoit hardy dans l'execution , donnant ses ordres d'un jugement tranquille au plus fort de la mêlée , prevoyant à tout , & prompt à remedier aux accidens imprevûs ; pour ses mœurs , il étoit ennemy de la débauche , sans emportement , sans ambition , zelé pour l'interest & pour la gloire de son Pays , civil , affable , familier , mais qui sçavoit garder son rang & se faire rendre le respect & l'obéïssance qui luy étoient dûs.

CETTE Medaille fut faite à Amsterdam à la memoire de Ruiter.

Il est de front en buste , armé.

MICHAEL DE RUITER

PROVINCIARUM CONFOEDERATARUM BELGICARUM

ARCHITALASSUS,

DUX ET EQUES.

Michel de Ruiter Admiral des Provinces Unies , Duc & Chevalier.

REVERS.

Uu Combat Naval.

PUGNANDO.

En combattant.

C'EST la même pensée du revers de la Medaille de l'Admiral Tromp qui mourut aussi en combattant pour la Republique ; le Roy de France avoit fait Ruiter Chevalier de l'Ordre de saint Michel , & le Roy d'Espagne luy avoit donné le titre de Duc.

A l'égard de la Guerre qui se faisoit aux Pays-bas en cette année 1676 , le Roy de France ouvrit la campagne par la prise de deux Places en Hainaut , Condé qu'on emporta de force & Bouchain que le Duc d'Orleans prit à composition, tandis que le Roy faisoit tête aux Espagnols & aux Hollandois qui étoient joints ensemble sous Valenciennes. Les Armées furent dix jours en présence l'une de l'autre ; le Roy voyant que les Ennemis ne quittoient point leur poste & qu'il avoit executé ses desseins, décampa en plain jour devant cinquante mille hommes & alla camper

proche

proche Bouchain : la marche de fon Armée fut fi bien entenduë & fes mouvemens fi juftes , que les Ennemis fe contenterent d'envoyer quelques détachemens qui furent repouffez.

Apre's le retour du Roy en France , les Troupes d'Efpagne, de Hollande & d'Ofnabruk , affiegerent fous le Prince d'Orange la Ville de Maftricht ; François Calvo y commandoit en l'abfence de Godefroy d'Eftrade Maréchal de France qui en étoit Gouverneur , & qui étoit lors à Nimegue aux Conferences de la Paix : l'attaque & la défenfe de Maftricht furent également vigoureufes ; les Hollandois y firent paroître qu'ils s'étoient aguerris ; le Prince d'Orange y fut bleffé , & rien n'échappa ni à fes foins ni à fon courage ; la refiftance de Calvo fut admirable , il fatigua tellement les affiegeans par de continuelles forties & foûtint leurs affauts avec tant de prévoyance & de refolution , qu'ils leverent le Siege à l'approche de Frederic de Schomberg Maréchal de France , qui venoit au fecours des affiegez.

Pendant ce Siege qui dura prés de deux mois , Louïs de Crevan d'Humieres Maréchal de France , prit Aire en cinq jours de tranchées ouvertes : cette Ville eft une des plus fortes de l'Artois & affure les Frontieres de Picardie.

En Allemagne les Imperiaux prirent Philifbourg fur les François aprés fix mois de Siege ; Charles de Fay qui en étoit Gouverneur , y fit fon devoir , & comme la vertu trouve par tout de l'eftime & de la reconnoiffance & même chez les Ennemis , le Prince Herman de Bade luy fit prefent à la fortie d'un fabre couvert de diamans.

La Guerre de Dannemark & des Alliez contre la Suede , fut balancée par differens fuccés ; la Flotte Danoife où Tromp étoit avec quelques Vaiffeaux Hollandois, eut de l'avantage fur la Suedoife, & les Alliez s'emparerent de Staden dans la baffe Saxe aprés un long Siege : mais le Roy de Suede eut fujet de fe confoler de ces difgraces par la victoire qu'il remporta. Le Roy de Dannemark avoit affiegé Malmoe en Schonen ; le Roy de Suede étant venu au fecours, il y eut Bataille en Decembre : les deux Rois y combattirent avec cette valeur heroïque qui femble être née avec les Souverains , & les deux Nations animées par la prefence & par l'exemple de leurs Monarques fe chargerent furieufement : le Roy de Suede gagna la Bataille , délivra Malmoe & demeura maître de la campagne en Schonen.

HHhh

ET ordre de viciſſitude qui regne dans toutes les choſes du monde & qui fait ſucceder la défaite à la victoire, ſe changea dans cette guerre en faveur de la France & n'arrêta point le cours de ſes conquêtes, elles furent continuelles ; le Roy vint à bout de tout ce qu'il
entreprit & ſoûmit à ſes Armes tout ce qu'il aſſiegea :
il arriva au mois de Mars devant Valenciennes que le
Duc de Luxembourg avoit inveſti, fit ouvrir la tranchée la nuit du 9. ou
10. & commanda le 17. l'attaque des dehors ; l'execution fut ſi prompte
& ſi heureuſe que les François emporterent la contreſcarpe, l'ouvrage
couronné, la demy-lune & le ravelin, pouſſerent les aſſiegez de poſte en
poſte, entrerent dans la Ville & s'en rendirent les maîtres. Ce ſuccés
ineſperé ayant fait avancer le Roy, il arrêta la fureur du Soldat, ſauva
la Ville du pillage, & traita les Habitans avec une bonté ſans exemple ;
dés que le Roy eut donné ſes Ordres pour la ſureté de Valenciennes, il
en ſortit pour marcher à d'autres conquêtes & aſſiegea en perſonne Cambray : la Ville capitula le 5. Avril, & la Citadelle où Dom Pedro de Za-
vala Gouverneur, s'étoit retiré avec la Garniſon, fut reduite le 17. Cependant le Duc d'Orleans qui aſſiegeoit ſaint Omer en Artois, gagna le
11. du même mois la Bataille de Caſſel contre le Prince d'Orange qui
vouloit ſecourir la Place ; la mêlée fut cruelle & furieuſe : le Duc s'expoſa au feu & aux plus violens efforts des Ennemis, il reçût deux coups de
mouſquet dans ſa cuiraſſe, & obtint la victoire par ſa conduite & par ſa
valeur ; ce n'eſt pas que le Prince d'Orange ne fît le General & le Soldat, qu'il ne ralliât ſes Troupes, qu'il n'allât pluſieurs fois à la charge &
qu'il n'eût auſſi des coups dans ſes Armes : mais il avoit à combattre le

Frere de Louis le Grand, & la fortune n'étoit pas toûjours d'intelligence avec son courage. La redition de saint Omer le 20. Avril, fut le fruit de la victoire du Duc d'Orleans : ainsi trois Places des meilleures du Pays-bas Espagnol, furent reduites en peu de semaines, & la France humilia ces Forteresses orgueilleuses qui se vantoient d'avoir fait autrefois échoüer ses Armes. Charleroy assiegé en vain une seconde fois par les Confederez & saint Guillin en Hainaut pris par le Maréchal d'Humieres, finirent glorieusement la campagne de Flandre.

Celle d'Allemagne sous le Maréchal de Crequy, fut encore glorieuse ; le Prince Charles de Lorraine qui commandoit les Imperiaux s'étant approché de Metz, le Maréchal luy coupa les vivres, enleva ses fourageurs & ses convois, battit ses partis, le fatigua par ses differentes marches & rompit toutes ses mesures : de sorte que le Prince repassa le Rhin sans avoir fait aucun progrés, il ne put même empêcher la conquête que le Maréchal fit en cinq jours de la Ville de Fribourg appartenant à l'Empereur & Capitale du Brisgau.

A l'égard de la Suede & du Dannemark, il sembloit que la fortune prît plaisir à partager les avantages des deux Couronnes : les Danois assistez des Hollandois sous le commandement de Tromp, défirent encore sur Mer les Suedois, & ceux-cy remporterent sur les Danois une seconde victoire en Schonen. L'Electeur de Brandebourg enleva aux Suedois la Ville de Stetin Capitale de Pomeranie, après un Siege de cinq mois où les assiegez signalerent leur courage & leur fidelité ; les Estats donnerent à Tromp qui avoit si bien servy en Dannemark, la Charge de Lieutenant Admiral que Ruiter avoit euë.

Cette année le Prince d'Orange épousa la Princesse Marie fille aînée du Duc d'York, le Mariage fut celebré à Londres le 14. Novembre qui étoit le jour de la naissance du Prince ; l'Evêque de Londres en fit la Ceremonie, & lors que, suivant la Coûtume de l'Eglise d'Angleterre, il demanda qui presentoit la Fiancée, le Roy de la Grand' Bretange répondit que c'étoit luy : il y eut pour ce Mariage des réjoüissances publiques dans les Provinces Unies qui en avoient conçû de grandes esperances.

Le Prince & la Princesse firent le 14. Decembre une pompeuse entrée à la Haye, où ils reçûrent les Complimens des Estats & des Ministres Etrangers. Ce fut pour leur Mariage que cette Medaille fut frapée.

Le Prince d'Orange en buste.

GUILLELMUS TERTIUS DEI GRATIÀ

PRINCEPS AURAICÆ, HOLLANDIÆ ET WESTFRISIÆ

GUBERNATOR.

Guillaume III. par la grace de Dieu Prince d'Orange, Gouverneur de Hollande & de Westfrise.

REVERS.

La Princesse d'Orange aussi en buste.

MARIA DEI GRATIA

AURAICÆ PRINCEPS NATA YORK.

Marie par la grace de Dieu Princesse d'Orange fille du Duc d'York

IL

 L eſt impoſſible que les entrepriſes concertées avec pru-
dence , conduites avec ſecret , & executées avec vi-
gueur , n'ayent un ſuccés favorable : toutes celles que
le Roy a formées dans cette Guerre ont réüſſi , parce
qu'elles avoient ces qualitez , ſur tout le ſecret en a été
impenetrable , & les François avoient pris des Villes
que les Eſpagnols doutoient encore qu'elles fuſſent aſ-
ſiegées : le même ſecret accompagna les deſſeins du Roy durant la campagne de l'année 1678 ; le voyage qu'il fit en Lorraine , les divers mouvemens de ſes Tróupes & les differentes Places qu'elles inveſtirent donnerent bien de l'inquietude aux Alliez , les Frontieres d'Allemagne étoient
alarmées ; le Duc de Villahermoſa craignoit tantôt pour Luxembourg ,
tantôt pour Namur & tantôt pour Mons ; & le Prince d'Orange étoit
incertain où il feroit marcher ſes forces lors que le Roy aſſiegea Gand ,
à quoy ils ne s'attendoient pas : cette grande Ville ſe défendit foible-
ment , elle ne tint que trois jours de tranchées ouvertes , & deux jours
aprés la Citadelle capitula. Les Eſpagnols ne furent pas moins ſurpris du
Siege de la Ville & de la Citadelle d'Ypres , que le Roy emporta en
huit jours.

Il ſembloit que ces conquêtes devoient faire ſouhaiter la Paix aux
Alliez , & au contraire la faire refuſer au Roy afin de ne point interrompre
le cours aſſuré de ſes victoires ; cependant les vaincus & les malheureux
parurent obſtinez à continuer la Guerre , & le Vainqueur témoigna ſin-
cerement le deſir qu'il avoit de donner la Paix à l'Europe : ſa bonté alla
plus loin , il envoya un projet de Paix à ſes Ambaſſadeurs à Nimegue &
voulut bien écrire aux Hollandois ſon intention ſur la Paix ; les Eſtats
admirant un procedé ſi franc & ſi genereux firent au Roy une réponſe
tres-reſpectueuſe , & trouverent ſes propoſitions ſi juſtes & ſi moderées
qu'ils les accepterent avec joye : enfin pour ne point entrer à mon ordinaire dans le détail de la Négotiation ni des Articles , le Traité de
Paix entre la France & les Provinces Unies fut ſigné à Nimegue le 10.
Aouſt.

Tandis qu'on achevoit la Négotiation , le Prince d'Orange s'étoit
avancé pour délivrer la Ville de Mons bloquée par le Duc de Luxembourg ; le Prince , ſoit qu'il n'eût pas avis de la concluſion de la Paix ,
ou qu'il eſperât de faire changer l'état des choſes en ſa faveur par quelque exploit ſignalé , attaqua le Duc de Luxembourg proche l'Abbaye de
ſaint Denis le 14. Aouſt : l'attaque du Prince fut vigoureuſe , mais les
François ſoûtinrent ſes efforts , & aprés un long & rude Combat ils con-
ſerverent leurs poſtes ; le lendemain les hoſtilitez ceſſerent de part &
d'autre.

Les Espagnols ne furent pas long-temps sans suivre l'exemple des Hollandois, ils consideroient que leurs meilleures Places avoient été emportées, que la perte des autres étoit inévitable, que sans la moderation du Roy ils auroient perdu la Sicile, que les Hollandois n'étant plus armez pour eux, les autres Alliez n'étoient pas en état de les secourir, que le Maréchal de Crequy avoit défait les Imperiaux devant Rhinberg & brûlé le Pont de Strasbourg, que le Duc de Navailles avoit pris Puycerda dans la Catalogne & qu'ils étoient épuisez d'hommes & d'argent. Ces puissantes considerations obligerent les Espagnols de quitter une fierté qu'ils ne pouvoient plus soûtenir & de recevoir les conditions que le Roy leur voulut prescrire ; le Traité de Paix entre la France & l'Espagne, fut donc signé à Nimegue le 17. Septembre.

Le temps n'étoit pas encore venu pour la Paix du Dannemark & de la Suede ; les Suedois avoient repris l'Isle de Rugen sur les Danois ; l'Electeur de Brandebourg l'avoit reprise sur les Suedois avec la Ville de Stralsont en Pomeranie, qui fut embrasée par les bombes & les boulets ardants de l'Electeur ; les Suedois avoient emporté sur les Danois la Ville de Christienstad : de sorte que la fortune continuoit toûjours à partager ses faveurs entre les deux Couronnes.

Les Estats ravis d'être rentrez dans leur ancienne alliance, firent faire de grandes réjouïssances à Amsterdam, où ces trois Medailles furent frapées en memoire de la Paix.

La premiere.

Les sept Fleches des Provinces Unies entrelassées d'une
tige de Lis.

QUIS SEPARABIT?

Qui les separera.

Autour.

CONJUNCUNT SUA TELA LEO;

SUA LILIA GALLUS.

Les François & les Hollandois joignent leurs Lis &
leurs Fleches ensemble.

REVERS.

GEDAGHTENIS VANT VREEBESLUIT

SOO LANG GESOCHT TE LANG GESTUIT

INT EINDE NOCH RUSTIG DOORGEDREVEN

GODT LAET DE VREDEMAEKERS LEVEN.

M. DC. LXXVIII.

En memoire de la Paix si long-temps souhaitée, trop long-temps empêchée & enfin heureusement achevée ; Dieu conserve ceux qui nous ont donné cette Paix faite en 1678.

La seconde.

La liberté tenant une lance où les sept. Fleches sont attachées & sur la pointe un chapeau , un Lion est couché à ses pieds , elle s'appuye sur la prudence qui est à sa droite , la paix est à sa gauche qui d'une main luy soûtient le bras & de l'autre porte une branche d'olivier , ayant à son côté une corne d'abondance.

L I B E R T A S P A C I S S O B O L E S

PRUDENTIÆ ALUMNA.

La liberté fille de la paix & nourrie par la prudence.

REVERS.

Les deux Ecussons des Armes de France & de Hollande attachez ensemble & suspendus au dessus de la Ville de Nimegue.

OCCIDIT AD RHENUM, NASCITUR

AD VAHALIM.

Elle finit au Rhin , elle renaît au Vaal.

C EST à dire que la Paix rompuë au Rhin où le Roy commença la Guerre , a été faite à Nimegue où passe le Vaal.

HISTOIRE

Dans l'Exergue.

1 6 7 8.

La troisiéme Medaille.

La Paix debout sur le Globe du monde , elle tient d'une main une palme avec une corne d'abondance , un amour est à son côté droit qui s'appuye sur les Ecussons de France , d'Espagne & de Hollande qu'un autre amour supporte , & Mercure est à gau- che ; Mars est enchaîné & l'envie terrassée sous le Globe qui porte la Paix , & deux rameaux d'olivier font le tour de la Medaille.

R E V E R S.

Un Guerrier donne la main à la Hollande au dessus d'un autel sur lequel est un serpent en rond.

Neomagi Gallia cum Belgio

Pacata per Angliam.

La Paix faite à Nimegue entre la France & la Hollande par la médiation d'Angleterre.

OMME la Guerre entre la France & la Hollande avoit caufé celles de l'Europe, il étoit facile de juger que la caufe étant ceffée, les autres qui n'en étoient que les effets, ne dureroient pas long-temps ; auffi fi-nirent-elles en l'année 1679, qu'on doit appeller l'an-née de la Paix Generale : voicy tous les Traitez qui y furent conclus.

1679.

TRAITE' de Paix entre l'Empire & la France figné à Nimegue le 5. Fevrier, où furent compris l'Electeur de Cologne, le Palatin & autres Alliez de l'Empereur : cette Paix rendit la liberté au Prince Guillaume de Furftemberg qui en eut touté l'obligation au Roy. Il eft de l'intereft & de la gloire des Souverains de ne pas abandonner les perfonnes qu'ils ont une fois protegées.

TRAITE' de Paix entre l'Empereur & le Roy de Suede, figné à Nimegue le même jour.

TRAITE' de Paix de la France & de la Suede avec la Maifon de Brunfvik Lunebourg, fait le même jour en la Ville de Zell.

TRAITE' de Paix figné à Nimégue le 29. Mars, entre le Roy de France & Ferdinand de Furftemberg Evêque de Munfter, qui avoit fuc-cedé à Chriftofle Bernard de Galen.

KKkk

TRAITE' de Paix de la France & de la Suede avec l'Electeur de Brandebourg , conclu à saint Germain en Laye le 9. Juin ; le Roy par l'autorité de sa protection fit restituer Stetin , Stralsont & tout ce que l'Electeur avoit pris à la Suede. On ne succombe jamais quelque malheur qu'on ait eu dans la Guerre , quand on a pour appuy des Alliez puissans & genereux.

TRAITE' de Paix de la France & de la Suede avec le Dannemark, signé à Fontaine-bleau le 2. Septembre.

AUTRE entre la Suede & le Dannemark , fait à Luden dans la Scanie le 29. du même mois de Septembre ; & deux Traitez signez à Nimegue le 12. Octobre entre la Suede & les Provinces Unies , l'un de Paix & l'autre de Commerce & de Marine : tellement que les Negotiations qui restoient à faire , furent entierement achevées , & que l'Europe ne fut plus le théatre sanglant de la division des Princes Chrétiens.

CETTE Medaille fut frapée pour la Paix Generale.

La prudence tenant de la main droite un mords de cheval dont la bride attache la nature , & de l'autre un miroir où elle se regarde ; au dessus sur un écriteau voltigeant :

PROSPICE DUM PROSPERA.

Prens garde pendant que tu es dans la prosperité.

R E V E R S.

La Ville de Nimegue se voit dans le lointain ; au devant un amas d'Armes entre deux palmiers qui se joignent par leurs branches , les Armes de France & de Suede sont attachées à celuy qui est à droit ; l'autre qui est à gauche porte les Armes de l'Empereur , d'Espagne , de Hollande , de Brandebourg , de Brunsvik de Lunebourg & de Saxe ; une bande est attachée aux deux palmiers sur laquelle sont ces mots :

NEOMAGI PAX FACTA.

Paix faite à Nimegue.

E S ratifications de la Paix avoient été échangées ; on
avoit évacué les Places qui devoient être renduës ; les
Ambassadeurs avoient été envoyez de part & d'autre,
& rien ne restoit à executer des conditions des Traitez.
Cette Paix Generale ne fournit pas moins de matiere
aux reflexions politiques que les merveilleux évenemens
de cette Guerre en avoient donné : ils estimoient un
prodige que le Roy de France eût emporté en peu de jours des Places
qui avoient arrêté pendant des campagnes entieres les Nassau , les Far-
neses & les Spinola : que seul & sans secours il eût resisté par Terre &
par Mer à tant de Puissances unies contre sa Couronne : qu'il eût été
également victorieux en Hollande , en Flandre, en Allemagne, en Franche-Comté , en Catalogne & en Sicile, & que par une moderation sans
exemple , il eût luy-même éteint dans son cœur le beau feu qui anime les
Conquerans. Ils s'étonnoient que François Michel le Tellier Marquis de
Louvois, eût si heureusement joint ensemble ses conseils & ses soins, qu'il
eût fait suivre l'abondance dans tous les lieux où le Roy avoit porté ses
Armes , & qu'il eût , pour ainsi dire , contraint la nature & les saisons
à ne point faire d'obstacle aux entreprises heroïques de son Maître. Ces
politiques admiroient aussi la sagesse des Hollandois en leur adversité,
& leur adresse à faire déclarer pour eux la plûpart des Princes de l'Europe , à faire valoir la jalousie d'Estat contre les conquêtes de la France,

1680.

à la priver de ſes Alliez , & à détourner ailleurs l'orage qui avoit commencé d'éclater ſur leurs Provinces ; & tous s'étonnoient qu'ils euſſent pû
ſe maintenir aprés leurs diſgraces de la fatale année 1672 , & que
même leurs Troupes fuſſent devenuës les auxiliaires de leurs Confederez.
Les plus ſpeculatifs portoient leurs conſiderations juſques à la naiſſance
de cette Republique & en remarquoient les differens états : ils la voyoient
preſque accablée ſous les victoires & les cruautez du Duc d'Albe , s'emparer malgré cet accablement du Port de la Brille , attacher à ſon party les premieres Villes des dix-ſept Provinces , former une union que
toute la puiſſance de la Maiſon d'Auſtriche n'a pû détruire , conſerver
ſa liberté par la force des Armes & l'établir par des Traitez ſolemnels
de Trêve & de Paix ; ils la voyoient enſuite monter au plus haut point
d'élevation où la grandeur humaine puiſſe arriver , en tomber par un
revers ſurprenant , ſe relever de ſa chute par ſa prudence & par des
reſources admirables , & enfin tirer ſon vaiſſeau du peril où il étoit
parmy les écuëils & le conduire dans un port aſſuré : en effet la Republique de Hollande joüit en cette année 1680 de tous les avantages
de la Paix , ſes digues ne ſont plus ouvertes ni ſes campagnes inondées ,
elle poſſede les Places qu'elle avoit perduës , les factions ne la troublent
plus , ſon commerce ſe rétablit , ſes Compagnies des Indes équipent leurs
Flottes , l'Occidentale redevient floriſſante & tous les jours il leur arrive de toutes les parties du monde des Navires richement chargez.

Laissons la Republique dans cet état heureux & tranquille , &
finiſſons ſon Hiſtoire Metallique par cette Medaille qui a été frapée en
Hollande cette année au ſujet de la Paix.

Le Roy en buſte , le caſque en tête couronné de laurier.

LUDOVICUS MAGNUS

ORBIS PACIFICATOR.

Louis le Grand , *Pacificateur du monde.*

REVERS.

La Paix ſur le globe de la terre tenant d'une main un rameau d'olivier,
de l'autre une corne d'abondance ; au deſſus le Soleil
qui diſſipe des nuages par ſes rayons.

SOLUS HÆC OTIA FACIT.

C'eſt luy ſeul qui nous donne la Paix.

JE

IL est à soûhaiter que la tranquillité qui regne dans l'Europe Chrétienne soit de durée, afin que toutes les Nations disent dans le même esprit de cette Medaille par une juste reconnoissance : C'est LOUIS LE GRAND qui nous a donné la Paix dont nous joüissons.

F I N.

TABLE
DES MATIERES.

A

B

C

D

E

F

H

R

FIN.

PRIVILEGE DU ROY.

LOUIS par la grace de Dieu Roy de France & de Navarre : À nos amez & feaux Confeillers les gens tenans nos Cours de Parlemens, Maîtres des Requêtes ordinaires de nôtre Hôtel, Prevôt de Paris, Bailifs, Senechaux, leurs Lieutenans & autres nos Officiers, Jufticiers qu'il appartiendra ; SALUT. Nôtre cher & bien amé PIERRE BIZOT Chanoine de faint Sauveur d'Eriffon , ayant toûjours eu beaucoup de curiofité pour les Medailles Antiques & Modernes, il en a acquis une connoiffance particuliere : & comme fon étude & fon inclination a été en cela fingulierement pour le Moderne, il a été bien-aife d'en donner une preuve publique par les foins qu'il a pris d'écrire l'Hiftoire Metallique de la Republique de Hollande , laquelle il defireroit faire imprimer & donner au public, fi nous avions agreable de luy en accorder nos Lettres de Privilege & permiffion fur ce neceffaires : A CES CAUSES, defirant favorifer un fi loüable deffein , Nous avons permis & permettons par ces Prefentes audit Expofant , de faire imprimer , vendre & debiter par tout nôtre Royaume, Pays, Terres & Seigneuries de nôtre obëïffance , *l'Hiftoire Metallique de la Republique de Hollande*, par tel Imprimeur ou Libraire qu'il voudra choifir , en tel volume, caractere & autant de fois que bon luy femblera pendant le temps de dix années entieres & confecutives , à commencer du jour que l'Hiftoire fera achevée d'imprimer , pendant lequel temps Nous faifons expreffes inhibitions & défenfes à tous Imprimeurs, Libraires & autres perfonnes de quelque qualité & condition qu'elles foient , d'imprimer , faire imprimer , vendre ni debiter ladite Hiftoire Metallique de Hollande, fous quelque pretexte que ce foit , même d'impreffion étrangere ou autrement,

fans

fans le confentement dudit Expofant ou fes ayans caufe , à peine de trois mille
livres d'amende applicables à l'Hôpital General de nôtre bonne Ville de Paris,
& l'autre moitié audit Expofant , confifcation des Exemplaires contrefaits & de
tous dépens , dommages & interefts , à la charge de mettre deux Exemplaires de
ladite Hiftoire en nôtre Biblioteque publique , un au Cabinet de nôtre Château
du Louvre , & un en celle de nôtre tres-cher & feal Chevalier le fieur le Tellier
Chancelier de France , & à condition auffi de faire enregiftrer cefdites Prefentes
dans le Regiftre de la Communauté des Libraires de nôtredite Ville de Paris : le
tout avant d'expofer ledit Livre en vente , & à la charge de le faire imprimer fur
du beau papier & en beau caractere fuivant les Reglemens de la Librairie & Imprimerie , à peine de nullité defdites Prefentes. Si vous mandons que du contenu
en icelles , vous ayez à faire jouïr & ufer ledit Expofant ou ceux qui auront droit
de luy , pleinement & paifiblement , ceffant & faifant ceffer tous troubles & em-
pêchemens au contraire. Voulons qu'en mettant au commencement ou à la fin de
ladite Hiftoire un Extrait defdites Prefentes , elles foient tenuës pour deuëment fi-
gnifiées. Commandons au premier nôtre Huiffier ou Sergent fur ce requis , faire
pour l'execution defdites Prefentes toutes Significations , Défenfes , Saifies & autres
Actes neceffaires , fans pour ce demander autre congé ni permiffion , nonobftant
clameur de Haro , Charte Normande & autres Lettres à ce contraires : Car tel
eft nôtre plaifir. Donne' à Chaville le quatriéme jour de Juillet , l'an de grace
mil fix cens quatre-vingt-trois , & de nôtre Regne le quarante-uniéme. Par le
Roy en fon Confeil. Signé PARAYRE , & fcellé du grand Sceau de cire
jaune.

Regiftré fur le Livre de la Communauté des Imprimeurs & Libraires de Paris , le 24.
jour d'Avril 1687 , fuivant l'Arreft du Parlement du 8. Avril 1653 , celuy du Confeil
Privé du Roy du 27. Fevrier 1665 , & l'Edit du Roy donné à Verfailles au mois d'Aouft
1686 , ledit Enregiftrement fait à la charge que le debit dudit Livre fe fera par un Im-
primeur ou Libraire , fuivant les Statuts , Reglemens & l'Edit du mois d'Aouft 1686.
Signé J. B. COIGNARD Syndic.

Ledit fieur Bizot a cedé & transporté fon droit audit Privilege à Daniel
Horthemels Marchand Libraire , pour en jouïr & difpofer à fa volonté,
fuivant l'accord fait entr'eux.

Achevé d'imprimer pour la premiere fois le 12 Juillet
mil fix cens quatre-vingts-fept.

De l'Imprimerie de François le Cointe, ruë des fept Voyes ,
proche le College de Reims.